焚书

Burning the Books

A
History of Knowledge
Under Attack

Richard Ovenden

［英］理查德·奥文登——著

刘佳玥——译

民主与建设出版社
·北京·

献给林恩

目 录

哪里有人放火烧书，最后就会有人放火烧人。

——海因里希·海涅，1823

忘记历史的人注定会重复历史。

——乔治·桑塔亚纳，1905

纳粹在柏林焚书, 1933 年 5 月 10 日

导　言

　　1933 年 5 月 10 日，柏林的第一要道，菩提树下大街（Unter den Linden）燃起了一堆篝火。篝火的位置极富象征意义，能引发许多共鸣：对面是大学，旁边是圣黑德维希主教座堂（St Hedwig's Cathedral）、柏林国家歌剧院（Berlin State Opera House）、皇宫和由卡尔·弗里德里希·申克尔（Karl Friedrich Schinkel）设计的美丽的战争纪念碑。在欢呼雀跃的人群的注视下，约 4 万名学生举着马格努斯·希施费尔德（Magnus Hirschfeld）的半身像，隆重地走向篝火堆。希施费尔德是个犹太学者，创办了突破性的性学研究所（Institute of Sexual Sciences）。他们高呼着"Feuersprüche"，即一系列放火的咒语，将半身像扔到了数千册书上，其中既有性学研究所图书馆的书，又有他们从各处书店和图书馆抢来的犹太人和其他"非德国"作家（尤其是同性恋者和共产主义者）写的书。一排排穿纳粹制服的年轻人站在篝火周围，行着纳粹礼，高呼"希特勒万岁"。学生们渴望讨好新政府，而这次焚书就是一场精心策划的具有宣传目的的表演。[1] 希特勒的新任宣传部部长约瑟夫·戈培尔（Joseph Goebbels）在柏林发表了一场振奋人心的演讲，这次讲话在世界范围内被广为报道：

　　拒绝堕落和道德败坏！拥抱家国的体面和美德！……

未来的德国人将不仅是读书人，而且是有品格的人。这就是我们教育你们的目的……将过去的邪恶精神付之一炬，你们做得很好。这是一项有力的、伟大的、具有象征意义的成就。

当晚，类似的场面出现在了全国其他的 90 个地方。尽管德国的许多图书馆和档案馆未受影响，但是这些篝火是一个很明确的警告：纳粹政权即将对知识发起攻击。

*

知识仍然遭受着攻击。系统的知识体系在今天仍然像在过去一样被攻击。随着时间的流逝，社会逐渐把保存知识的任务委托给了图书馆和档案馆，但如今这些机构正面临着多重威胁。试图否认真相和掩埋历史的个人、团体甚至国家视它们为眼中钉。同时，图书馆和档案馆的资金水平也在下降。资源的持续减少还伴随着科技公司的兴起，这些公司已有效地以数字的形式将知识的存储和传输私有化，将公共资助的图书馆和档案馆的一些功能带入了商业领域。这些公司的动机与向社会提供知识的传统机构截然不同。当像谷歌这样的公司将数十亿页的书籍数字化并开放在线阅读，像 Flickr 这样的公司提供免费的在线存储空间时，图书馆该何去何从？

在公共资金承受巨大压力的同时，我们发现民主制度、法治和开放社会也遭受着威胁。信息本身正在受到攻击。当然，这早不是什么新鲜事了。乔治·奥威尔在《1984》中指出："世界上有真理，也有非真理，如果你坚持真理，即使这会让你与世界为敌，你也不是疯子。"[2] 今天，当我们思考图书馆和档案馆在捍卫开放社会中必须发挥的作用时，奥威尔的话听起来真实得令人不安。图书馆和档案馆已经成为支持民主、法治和开放社会的核心，因为它们存在的目的就是"坚持真理"。

2017 年 1 月，美国总统顾问凯莉安·康威（Kellyanne Conway）提出了一个著名的概念：可能存在"另类事实"（alternative facts）。她之所以提出这个概念，是为了回应人们对特朗普的批评，特朗普声称，参加其就职典礼的人数比 5 年前参加贝拉克·奥巴马就职典礼的要多，而照片和数据显示恰恰相反。[3] 这及时地提醒了我们，信息的保存仍然是捍卫开放社会的一个关键手段。 捍卫真相，防止其被"另类事实"的兴起蚕食，意味着我们需要捕捉真相，同时捕捉那些否认真相的话语，如此我们就有了社会可以信任和依赖的参考点。

图书馆对于社会的健康运转至关重要。我在图书馆工作已超过 35 年，而我使用图书馆的时间比这还要长得多，所以我对图书馆的价值深有体会。这本书的创作初衷源于我个人的愤怒，愤怒于最近全球各地在确保社会可以依靠图书馆和档案馆来保存知识这件事上都出现了失败 —— 包括有意和无意的失败。图书馆和档案馆几个世纪以来遭到的反复攻击是人类历史上一个令人担忧的趋势，值得我们研究，而人们为了保护这些机构所持有的知识而做出的惊人努力值得我们赞颂。

2010 年，英国内政部故意销毁"疾风世代"（Windrush generation）抵英入境卡一事败露，表明了档案的重要性。政府还开始对移民实行"敌对环境"（hostile environment）政策，要求"疾风世代"移民证明他们在英国本土长期居住，否则就要把他们驱逐出境。[4] 然而，根据《1948 年英国国籍法》(the British Nationality Act 1948)，他们当时被许诺将会得到公民身份，因此才满怀希望地来到了二战后面临严重劳动力短缺的英国本土。到 2018 年春，英国内政部承认在所有这些被驱逐出境的公民中，至少有 83 人是被非法驱逐的，其中 11 人已过世，这引起了公众的强烈抗议。

政策之荒谬使我大为震惊。这项政策是由特蕾莎·梅领导的政府部门策划并积极颁布的（在事件曝光时她已成为首相），他们销毁了这里面的许多人用来证明自己公民身份的主要证据。[5] 虽然这些记录在政策实施之前就被销毁了，且销毁记录可能并非出于恶意，但英国内政部坚持对移民采取敌对态度的动机可能是恶意的。我曾为《金融时报》[6] 写过一篇专栏文章，指出保存这类知识对于一个开放、健全的社会至关重要——事实上，自人类文明开始以来就一直如此。

因为自从人类开始在有组织的社群中聚集在一起，有了彼此交流的需求，知识就被创造了，信息就被记录了。据我们所知，在最早期的社群中，知识的创造和记录靠的是口头交流，唯一幸存下来的永久记录是以图像的形式存在的：画在洞穴墙壁上的画或刻在石头上的符号。我们不知道这些标记背后的动机，人类学家和考古学家们只能做出一些基于经验的猜测。

到了青铜时代，社群变得越来越有组织，也越来越复杂。随着游牧民族逐渐定居，开始建立固定的社群以及从事农业和早期的工业生产，他们也开始发展出了组织中的等级制度，其中包括统治家族、部落首领和另外一些领导社群中其他成员的角色。

这些社群从大约公元前 3000 年起开始保存书面记录。从这些最早的档案库以及从中找到的文件里，我们收获了大量的有关这些社会如何运作的细节。[7]在其他文件中，人们开始记录他们的思想、观念、观察和故事。这些都保存在最早的图书馆中。这种整理知识的过程很快带来了开发相关的专业技能的需求，包括记录和复制知识的技术。随着时间的流逝，这些任务创造了一些专业岗位——与图书馆员或档案管理员大致相似。英文中"librarian"一词来自拉丁语"librarius"，"librarius"一词又源自"liber"，意为"书"。"archivist"一词来自拉丁语"archivum"，指书写的记录，也指保存这些记录的地点。这个词起源于希腊语"archeia"，意为公共记录。古人创建和经营图书馆以及档案馆的动机与现代世界不同，将这些古代的收藏机构与今天的图书馆和档案馆进行类比是危险的。即便如此，这些文明创造了知识体系，并发展出了整理这些知识体系的技术，这些技术中有很多是我们如今依然认可的，比如目录和元数据（metadata）。[8]

图书馆员和档案管理员通常还担任其他角色，比如牧师或行政官员，这种情况在古代的希腊和罗马更为明显，因为在这两个地方公共图书馆更常见，并且人们开始认为能够获取知识是构成一个健全社会的基本要素之一。[9]一份在公元前3世纪至公元前2世纪担任过亚历山大图书馆（Great Library of Alexandria）馆长的人的名单流传了下来——其中很多人也是那时的著名学者，比如罗得岛的阿波罗尼乌斯（Apollonius of Rhodes）和拜占庭的阿里斯托芬（Aristophanes of Byzantium）——前者关于伊阿宋和金羊毛的史诗激发了《埃涅阿斯纪》的创作，后者是标点符号最早的发明者之一。[10]

知识的存储从一开始就一直是社会发展的核心。尽管创造和保存知识的技术发生了根本性的变化，但令人惊讶的是，其核心功能的变化却微乎其微。首先，图书馆和档案馆收集、整理和保存知识，它们通过受赠、转让和购买的方式积累了泥板、卷轴、书籍、期刊、手稿、照片和许多其他记录文明的介质。今天，这些介质已通过数字媒体得以扩展，从文书处理文件扩展到了电子邮件、网页和社交媒体。在古代和中世纪，整理图书馆的工作具有神圣的含义：美索不达米亚古王国的档案通常保存在庙宇中；法兰西国王腓力·奥古斯都（King Philippe Auguste，又称腓力二世）建立了"宪典宝库"（Trésor des Chartes）。后者最初是一个"可移动的"档案收藏库，但到了 1254 年，它开始被保存在巴黎圣礼拜堂（Sainte Chapelle）的一套专门为其建造的房间中。[11]

通过建立和出版馆藏目录、提供阅览室、赞助研究资金，通过出版书籍、举办展览，以及最近通过数字化，图书馆和档案馆一直是思想传播这一广阔历史的一部分。18 世纪国家图书馆的创建和 19 世纪后公共图书馆的创立极大地扩大了这些机构在改变社会中所发挥的作用。

其中的核心是保存的概念。知识有时是脆弱的、易损坏的和不稳定的。莎草纸、纸和羊皮纸都极易燃烧；水也能轻易损坏它们，高湿度则会使其发霉。书籍和文档可能被盗、被损毁和被篡改。由于技术的过时、磁存储介质的非永久性以及所有在线存储的知识的脆弱性，数字文件可能比实体文件更转瞬即逝。任何一个碰到过网络连接中断的人都知道，如果没有保存电子文件，就再也无法访问它们了。

档案馆不同于图书馆。图书馆一次一本书地积累知识，通常具有很强的战略目的，档案馆则直接记录机构、行政部门，甚至政府的行动和决策过程。图书馆时常也有一些此类材料，例如印刷出来的《下议院议事录》(*Journal of the House of Commons*)。但就其本质而言，档案馆通常充满了乏味的材料，也并没打算给大众读者阅读。图书馆处理思想、野心、发现和想象，档案馆则详细记录了日常生活中常规但至关重要的事情：土地所有权、进出口、委员会会议记录和税收。其中一个重要的特点是清单，包括人口普查中记录公民的清单和乘船抵达的移民的名单。档案是历史的核心，记录可能被记录在书中的想法和思路的执行情况。

当然，这个问题的反面是，不仅希望保护知识的人了解书籍和档案资料的重要性，希望破坏知识的人也是如此。纵观历史，图书馆和档案馆一直遭受着攻击。有时图书馆员和档案管理员为了保存知识，甚至得冒着失去生命的危险。

我想探讨历史上的一些关键事件，用以强调人们破坏知识存储的不同动机，以及专业人士为抵制这种破坏而做出的反应。我关注的每个案例（其实还有其他几十个案例可供我选择）都能让我们了解到它们发生的时期，这些事件本身也非常引人入胜。

我们将在档案的脉络下考虑国家持续清除历史的动机。随着知识越来越多地以数字化的形式被创造，我们也将研究这种现状对知识的保存和开放社会的健全所带来的挑战。在本书的最后，我将为如何在当前图书馆和档案馆的政治和经济条件下更好地支持它们提出一些建议。在尾声部分，为了突出这些机构的价值，我将提出这些机构可以带给社会的五项功能，以及可以带给当权者的益处。

图书馆和档案馆自身每天也在破坏知识。当同样的书仅需要一本时，重复的书籍就会被例行处理掉。较小的图书馆经常会被并入更大的单位，在这一过程中，知识通常会转由那个更大的图书馆保管，但有时出于偶然或故意，一些独特的材料会丢失。档案是围绕一个名为"评估"的过程而设计的，而"评估"是一种清理和保留并存的系统，并不是一切记录都能够或应该被保留。虽然对于历史学家来说，这种系统有时看起来残酷且令人难以理解，但是"每份文件都该被保留"的这种想法在经济上是难以维持的。在这一过程中被破坏的信息大部分都已经被保存在了别处。

选择、获取、编目以及清理和保留的过程从来不是中立的行为。它们是由在特定社会和时间背景下工作的人类完成的。现在在图书馆书架上摆放的书籍和期刊，在电子图书馆中可供我们查阅的资料或档案馆中的文档和账目，都是由于人为因素才存在的。因此，过去人类在创立馆藏时，会受到偏爱、成见和个性的限制。大多数图书馆和档案馆的馆藏中都有许多遗漏，这些"沉默"通常严重限制了历史记录对有色人种或女性等的处理。今天每个使用这些馆藏的人都必须意识到这些历史背景。我同样鼓励本书的读者谨记这些背景，记住过去人们行事方式与我们不同。

在考察图书馆的历史以及其馆藏如何随着时间的推移演变时，从很多方面来看，我们其实都是在讲述知识本身是如何幸存下来的故事。现存于这些机构中的每一本书，所有汇集成更大的知识体系的馆藏，都是幸存者。

在数字信息出现之前，图书馆和档案馆就已经拥有了完善的保存其馆藏的策略：纸。这些机构会让读者一起承担保存馆藏的责任。比如直到今天，所有第一次使用博德利图书馆的人都仍然须正式宣誓"不将任何火种带入图书馆，不在馆内点火"，这个传统从400多年前一直延续至今。稳定的温度及相对湿度，水灾和火灾的防患，以及在书架上有条理的摆放是保存策略的核心。数字信息本来就不稳定，需要采取更加积极主动的方法，而不仅仅是针对技术本身（如文件格式、操作系统和软件）。大型技术公司，尤其是社交媒体领域的公司，所提供的在线服务如今被广泛采用，这一现象加剧了以上那些挑战，毕竟对于这些公司而言，保存知识纯粹是出于商业考虑。

随着世界上越来越多的记忆被存放到网上，我们实际上正在将记忆外包给现在控制着互联网的大型技术公司。"查找"（look it up）的原意是在印刷书籍的索引中进行搜索或在百科全书和字典中按字母顺序查找正确条目。现在，这个词的意思变成了在搜索框中输入一个词、术语或者问题，然后让电脑帮我们去查。社会曾经重视个人记忆的训练，甚至设计出了复杂的用于提高记忆能力的练习。那样的日子已经过去了。然而，互联网的便捷中也存在着危险，因为大型技术公司对我们的数字记忆进行的控制是极强的。一些组织，包括图书馆和档案馆，现在正努力通过独立保存网站、博客文章、社交媒体，甚至电子邮件和其他个人数字馆藏来收回控制权。

约翰·奈斯比特（John Naisbitt）早在 1982 年就在他的《大趋势》（Megatrends）一书中指出："我们被大量信息淹没，却极度缺乏知识。"[12] 自那时起，"数字过剩"（digital abundance）的概念就被提出，以帮助人们理解数字世界的一个重要方面，这也是我在图书馆员的日常生活中经常要考虑的一个问题。[13] 任何用户只要拥有一台计算机并连上了互联网，就能获得数字信息，这些信息的体量之巨大已远远超出了我们的理解范围。图书馆员和档案管理员现在都非常苦恼于如何在大量可用的知识中进行有效率的搜索。[14]

数字世界充满了二分法。一方面，现在创造知识非常容易，复制文本、图像和其他形式的信息也变得比以前更简单。大规模存储数字信息在现在不光可行，而且成本也低得出奇。但是存储（storage）与保存（preservation）是有区别的。存储在在线平台上的知识有丢失的危险，因为数字信息脆弱得惊人，既容易受到无意的破坏，也容易受到蓄意的破坏。还有一个问题是，我们通过日常互动创造的知识对我们大多数人来说是不可见的，但它可以为了商业和政治利益而被操纵和对社会造成不利。对于许多担心隐私被侵犯的人来说，将其销毁可能是一个理想的短期结果，但这最终可能会对社会造成损害。

我很幸运能够在世界上最伟大图书馆的其中一座工作。牛津大学的博德利图书馆正式成立于 1598 年，并于 1602 年首次向读者开放，从那时起一直屹立至今。在这样的机构中工作，我无时无刻不铭记着过去的图书馆员的成就。如今，博德利图书馆已拥有超过 1300 万册印刷书籍，还有一卷又一卷的手稿和档案。它的馆藏包罗万象，其中包括数百万张地图、乐谱、照片、短时效物品和许多其他类型的物品 —— 多达好几拍字节的数字信息，例如期刊、数据集、图像、文本、电子邮件。这些馆藏被存放于 15 世纪至 21 世纪期间建造的 40 座建筑中，而且这些建筑本身就拥有迷人的历史。

博德利图书馆的馆藏包括莎士比亚作品的第一对开本（1623 年）、谷登堡圣经（约 1450 年），以及来自世界各地的手稿和文件 —— 比如出自明朝晚期的塞尔登的中国地图，或出自 14 世纪的装饰华美的杰作《亚历山大传奇》（*Romance of Alexander*）。这些物件都有着迷人的历史，讲述它们是如何经历了时间的洗礼而如今被摆在博德利图书馆的书架上的。实际上，博德利图书馆确实是一个收藏品的集合，而那些关于这些收藏品是如何来到博德利图书馆的故事，则在过去的 400 年中帮助博德利图书馆建立起了它的名声。[15]

18 岁以前，我所受的教育因为学会了使用故乡迪尔镇（Deal）上的公共图书馆而发生了改变。在那栋建筑中，我发现了阅读的乐趣。起初，我只是通过阅读科幻小说（特别是艾萨克·阿西莫夫、布赖恩·奥尔迪斯和厄休拉·勒古恩的作品）逃离现实，接着我读了托马斯·哈代和 D. H. 劳伦斯的作品，还有英格兰以外的许多作家，例如赫尔曼·黑塞、果戈理和科莱特等人的作品；开始从图书馆借黑胶唱片后，我认识到古典音乐除了柴可夫斯基的《1812 序曲》以外，还有贝多芬、沃恩·威廉斯、莫扎特；我还能够阅读"严肃"的报纸和《泰晤士报文学增刊》。这一切都是免费的——这至关重要，因为我的家庭并不富裕，没有什么钱买书。

从过去到现在，这家图书馆都由地方政府运营，且馆内大部分服务都是免费提供给读者的。根据起初由 1850 年《公共图书馆法案》（Public Libraries Act）规定的法律条款，该馆的经费由地方税收资助。当时这一条款还遭到了一些政治上的反对。当法案上传到英格兰议会时，保守党议员西布索普上校（Colonel Sibthorp）对工人阶级阅读的重要性持怀疑态度，理由是他本人"根本不喜欢读书，而且在牛津求学期间也一直讨厌读书"。[16]

该法案启动的公共图书馆系统取代了各色的捐赠图书馆、堂区图书馆、咖啡馆藏书、渔民读书室、会员图书馆和读书俱乐部，这些都是"进步时代"和"有用的知识"这一概念的产物，"有用的知识"是 18 世纪各种思想发酵融合的产物。美国哲学学会（American Philosophical Society）由包括本杰明·富兰克林在内的一群杰出人士在 1767 年创立，旨在"推广有用的知识"。1799 年，英国皇家研究所（Royal Institution）成立，旨在"传播知识并促进有用的机械发明和改进方法的普遍引进"。这两个组织都有图书馆来支持他们的工作。

图书馆是一项扩大教育范围、造福个人以及整个社会的大范围运动中的关键部分。约一个多世纪后，有感召力的妇女权利倡导者，西尔维娅·潘克赫斯特（Sylvia Pankhurst）写信给大英博物馆馆长，要求进入图书馆的阅览室："因为我希望查阅各种政府出版物和其他作品，因为我无法以其他任何方式获取这些材料。"她在申请信的末尾提到了她的研究主题："获取有关妇女就业的信息"。[17]

《公共图书馆法案》的实施，使得地方政府能够建立公共图书馆，并通过地方税收支付公共图书馆所需的经费，但这种制度完全是自愿的。直到 1964 年，《公共图书馆和博物馆法案》才将提供图书馆服务规定为地方政府的**义务**，并且该系统在今天仍然作为一项宝贵的服务在公众意识中保留着重要的地位，它也是国家公共教育基础设施的一部分。[18]

尽管如此，英国的公共图书馆首当其冲地承受了中央政府施加在地方政府上的预算压力。[19]地方政府为了维持下去，不得不做出非常艰难的决定，许多选择了拿图书馆和郡档案局开刀。截至 2018/2019 年度，英国共有 3583 个公共图书馆，而 2009/2010 年度有 4356 个，其中 773 个已关闭。随着图书馆领域的就业人数下降到不足 1.6 万人，许多社区的图书馆现在都越来越依赖志愿者才能保持开放。[20]

知识的保存在全世界都是一场艰苦的斗争。在南非，种族隔离政权崩塌后，治愈一个被 20 世纪的暴力和压迫撕裂的社会的方法就是"忠实地记录过去的痛苦，从而一个统一的国家便能在完成艰巨的重建任务时将过去转变成一股激励的力量"。[21] 带着"回应他们艰难的过去"的目的，真相与和解委员会（Truth and Reconciliation Commission）成立了。[22] 该委员会的成立是为了协助社会和平过渡，同时也是为了直面最近的历史以及它对社会和个人的影响，并与其和解。该委员会不但涉及政治和法律，还肩负着历史、道德和心理的目标；《促进民族团结与和解法案》（Promotion of National Unity and Reconciliation Act）的目的之一是建立"严重侵犯人权的性质、原因和程度的尽可能完整的写照"。这项工作是与南非国家档案馆（National Archives of South Africa）合作进行的，其工作人员密切确保历史被妥善处理，且这些记录可供民众查阅。但南非的重心并不是通过开放国家档案馆来认识问题的"性质、原因和程度"，像 1989 年共产主义崩塌后的东德（德意志民主共和国的简称）一样，而是强调听证会，这些证词创造了深刻的口述历史，并形成了一份新的档案。

南非种族隔离政权的官员们大规模销毁了文件。真相与和解委员会因此一直备受阻碍，他们的最终报告有一整个章节都是关于记录销毁的。他们直言："种族隔离文件的故事，和其他事件一样，是对本应成为国家记忆一部分的成千上万人的声音的系统销毁。"该报告指责政府："悲剧是，前政府故意系统地销毁了大量的国家记录和文件，以期消除证明他们罪恶的证据，从而净化压迫性统治的历史。"破坏记录的行为恰恰凸显了这些记录的关键性："大规模的记录销毁……对南非的社会记忆产生了严重影响。一行行官方记录记忆，尤其是有关种族隔离国家安全机构内部运作的记录，已被抹去。"[23] 在伊拉克，正如我们将在第 12 章看到的那样，许多关键记录并未被销毁，而是移交给了美国，部分依旧保存完好。在这个内战肆虐的国家，它们的回归可以成为另一个国家"真相与和解"进程的一部分。

图书馆和档案馆共同肩负着为社会保护知识的责任。写作本书不仅是为了突出这些机构过去曾遭受的破坏，也是为了认可和赞扬图书馆员与档案管理员们做出的反抗。正是因为他们的工作，知识才得以被保存下来，世代相传，使人与社会能够发展，并从这些知识中寻求灵感。

1813 年，托马斯·杰斐逊在一封著名信件中将知识的传播比作用一根蜡烛点燃另一根蜡烛，他写道："一个从我这里获得了想法的人，在不减少我的知识的情况下，自己收获了指导；正如用我的烛芯点燃自己的蜡烛的人，在不使我的烛光变得昏暗的情况下，自己收获了光明。"[24] 图书馆和档案馆便是履行杰斐逊的"烛芯"诺言的机构——它们是保存思想、事实和真理的必不可少的点。他们在保护知识的火焰并使其能够启发他人的过程中所面对的一系列挑战构成了一段复杂的历史。

本书中的各个故事介绍了历史上知识受到攻击的种种方式，很有启发意义。如今杰斐逊的"烛芯"仍然没有熄灭，这多亏了保存知识的人们的不懈努力：收藏家，学者，作家，尤其是构成了故事另一半的图书馆员和档案管理员。

奥斯汀·亨利·莱亚德（Austen Henry Layard）在尼姆鲁德画素描

第 1 章

土丘下开裂的泥板

古希腊的将军和历史学家色诺芬在其最著名的作品《长征记》中讲述了他如何带领 1 万名被困的雇佣军从美索不达米亚回到希腊的戏剧性故事。据色诺芬的描述，军队穿过了现伊拉克的中心地带，并在底格里斯河岸边的一个被他称为拉里萨（Larisa）的地方停了下来。[1] 他在勘测周围的景观时注意到了一座巨大的、有着高墙的废弃城市。他们从这里行进至另一个城市，梅斯皮拉（Mespila），色诺芬称这里"曾经是米底人居住的地方"。根据色诺芬的说法，米底国王的妻子美狄亚在他们的帝国被波斯人围攻时曾在这里寻求庇护。色诺芬还称，波斯国王无法攻陷这座城市，直到宙斯"雷击了当地居民"。[2]

色诺芬在这片古老的景观中看到的是尼姆鲁德和尼尼微的城市遗迹——前者就是他笔下的拉里萨，后者则是他笔下的梅斯皮拉。这些城市位于伟大的亚述帝国的中心，并在著名的、令人敬畏的国王亚述巴尼拔王的统治下繁荣昌盛。亚述巴尼拔王死后，尼尼微在公元前 612 年被巴比伦人、米底人和斯基泰人的联盟摧毁。色诺芬把原先居住在这座城市的亚述人和后来攻取这里的米底人错当成了米底人和波斯人，后者是他撰写此书时主要的东方势力。[3]

今人想到色诺芬在两千多年前就看过这些巨大的土丘，便会感到震惊。这些废墟在他的时代就已存在几个世纪了，城市被毁灭的事件甚至对于这个伟大的历史学家来说都是遥远而模糊的。古希腊人将自己视为图书馆的先驱，到了色诺芬活跃的时期，希腊世界已有了蓬勃的书本文化，图书馆在其中起着重要的作用。色诺芬要是得知这片土地深处保存着壮丽的图书馆，想必一定很激动。这个图书馆后来会向世人揭示其古代创始人，亚述巴尼拔王的故事。

不过，还得再过 22 个世纪，等到多处亚述帝国的遗址被发现，尤其等到考古学家们从那些遗址中挖掘出文档，人们才能发现亚述巴尼拔王的伟大的图书馆，并且揭开这个帝国（及其前身和邻国）的全部历史。

在人类悠久的历史中，文字记述感觉像是一种最近才被采用的技术，以至于我们很容易假设那些最古老的文明主要依靠口头交流来传承知识。这些文明集中在今天的土耳其、叙利亚、伊拉克和伊朗地区，留下了许多庞大而令人叹为观止的物理遗迹 —— 地面上的以及考古发掘出的建筑和物件 —— 但是它们也留下了书面文献，这些文献清楚地表明在埃及、迈锡尼、波斯以及后来的希腊和罗马文明兴起的几个世纪之前，人类除了口头交流，已经开始用文字做记录了。这些书面记录向我们揭示了关于这些文化的许多事情。亚述人民及其附近的文明拥有发达的记录文化，并向我们传承了丰富的知识遗产。

19 世纪中叶，色诺芬在公元前 5 世纪和前 4 世纪之交所描述过的土地成了欧洲各帝国势力奋力争夺的对象。这场争夺后来帮助人们重新发现了在这些文明中发展起来的知识文化，不仅让地球上最早的一些图书馆和档案重见天日，还发掘了知识在古代遭受打击的证据。

英国出现在该地区最初是因为其帝国扩张引擎东印度公司的活动，该公司将贸易与军事强权和外交力量结合在了一起。克劳迪斯·詹姆斯·里奇（Claudius James Rich）是东印度公司在该地区的主要雇员之一，他是一名才华横溢的东方语言和古董的鉴赏家，那时的人认为除了当地的奥斯曼帝国统治者帕夏以外，他是巴格达最有权力的人。"甚至有人怀疑帕夏本人是否会随时根据里奇先生的意见和建议改变自己的行为，而不是按照他的议会的意愿来行动。"[4]为了满足自己"对见识新的国度的无限渴望"，[5]里奇甚至还乔装进入了大马士革的大清真寺，要知道，在当时，让西方客人进入清真寺是很困难的。[6]里奇游遍了整个地区，详细研究了该地区的历史和古迹，并收藏了一批手稿，这些手稿在他去世后被大英博物馆收购。1820 至 1821 年，里奇首次参观了尼尼微遗址和位于亚述城市中心的库云吉克（Kouyunjik）大土丘。在这次旅途中，里奇发掘了亚述巴尼拔王的宫殿中保存的刻有楔形文字的泥板，之后又有成千上万个这样的泥板在该地出土。

里奇把他业余挖掘出的文物收藏卖给了大英博物馆，随着楔形文字泥板第一次来到伦敦，英国人突然对该地区产生了强烈的兴趣，还纷纷猜测那里还可能掩埋着什么珍宝。法国亚洲学会（French Asiatic Society）干事尤利乌斯·莫尔（Julius Mohl）在伦敦看到了这些藏品，并阅读了里奇的著作，随后便立即鼓励法国政府向美索不达米亚派遣自己的探险队，以此与不列颠竞争学术荣耀。从 1842 年起，法国政府派学者保罗－埃米尔·博塔（Paul-Émile Botta）到摩苏尔担任领事，并给他足够的资金进行考古发掘。他开展的这一系列发掘行动是该地区第一次被正式发掘。1849 年，名为《尼尼微遗址》（*Monument de Ninive*）的书在巴黎出版了，书中配有画家欧仁·弗朗丹（Eugène Flandin）绘制的精美奢华的插图，使这些挖掘被欧洲精英们所熟知。后来，不知在何时何地，一位有冒险精神的英国年轻人奥斯汀·亨利·莱亚德翻开了这本书，被其深深吸引。

　　莱亚德在欧洲一个富裕的家庭中长大，在意大利度过了他的童年。在他童年读过的大量书籍中，《一千零一夜》对他的影响最大。[7] 他对古迹、艺术和旅游产生了兴趣，长大后便迫不及待地踏上了跨越地中海、穿越奥斯曼帝国的旅程，最终游历到现在被我们称为伊拉克的国家。起先，有位比他年长的英国人爱德华·米特福德（Edward Mitford）与他同游，后来就剩他自己了。到了摩苏尔市后，莱亚德遇到了博塔，博塔向他介绍了自己在库云吉克土丘中的发现，也许莱亚德就是在博塔处读到了《尼尼微遗址》。[8] 莱亚德因此受到启发，开始考古挖掘。他雇用了一支由当地人组成的劳动力队伍，人数最多时超过了 130 人。尽管当时科学考古学还处于起步阶段，他的工程却惊人地专业和富有成效。莱亚德的挖掘工作最初是由英国驻君士坦丁堡大使斯特拉特福德·坎宁（Stratford Canning）私人资助的，因为那时考古发掘已成为法英竞争的一个方面。在仅仅 6 年的时间里，来自摩苏尔的迦勒底基督徒霍尔木兹德·拉萨姆（Hormuzd Rassam）监督和资助了一支来自当地部落的工人队伍。拉萨姆是英国副领事的兄弟，和莱亚德成了密友和同事。从 1846 年起，拉萨姆担任莱亚德的挖掘工程的秘书和薪酬主管，同时也参与了该项目的学术部分。拉萨姆在这些轰动性发掘中的作用并未得到应有的关注，一部分原因是他不会巧妙利用出版物及时宣传他的发现，还有一部分原因是他的一些成就遭到了种族歧视者的贬低，并且他晚年深陷法律纠纷，导致梦想破灭。拉萨姆通过他的组织能力促使莱亚德的考古发掘取得了巨大成功，同时也为解读楔形文字做出了贡献。莱亚德返回英国从政后，拉萨姆继续在伊拉克监督由大英博物馆赞助的重大考古工作。[9]

随着挖掘一步步进行，他们发现了好几个放满泥板的巨大房间。莱亚德和他的团队不仅发现了亚述帝国的知识碎片，而且发现了其核心机构：伟大的亚述巴尼拔图书馆。大约 2.8 万块泥板将被带回大英博物馆，还有成千块如今保存于其他机构。[10]

泥板堆满了这些房间，最高的达到了 1 英尺① 高。有些泥板碎成了碎块，而另一些则奇迹般地在历经数千年后仍然完好无损。莱亚德写道，一个"由鱼神守护"的房间里"有亚述诸王的法令以及帝国的档案"。[11]他推测，其中许多是战争的历史记录，因为"有些看起来是皇家法令，并印有国王，即以撒哈顿（Essarhaddon）之子的名字，其他又被水平线划分为平行的几列，上面印着神明的名单，以及可能是供奉给诸神殿的祭品清单"。[12]尤其引人注目的是两个不完整的黏土封印，上面印有埃及国王沙巴卡（Shabaka）和一位亚述君主［可能是辛那赫里布（Sennacherib）］的皇家图章。莱亚德提出他们可能签订了一份和平条约。诸如此类的发现将开启一个进程，即给予传说中的著名事件以文献证据。直到今天，对这些古代文明的语言、文学、信仰和组织的研究仍然在继续。

我曾经有幸处理过一些美索不达米亚泥板，亲眼见识了古

————

① 1 英尺 = 30.48 厘米。——编者注

代社群记录知识的开创性方式。我查看过保存在牛津大学阿什莫林博物馆里的各种泥板，它们显示了这些文化发展出的复杂性。首先从博物馆的储物抽屉中拿出来的是椭圆形的小泥板，它们是在伊拉克南部捷姆迭特-那色（Jemdet-Nasr）的一处遗址中被挖掘的。这些泥板非常实用，被设计成适合放在手掌中的形状。信息是在泥板尚潮湿的时候刻上去的。这些泥板上的行政信息主要是关于交易中的农产品数量（例如，有一块泥板上显示了驴子的图像，前面是数字 7，指的就是"7 头驴"），它们很可能在使用后就被丢弃，因为被发现时，它们都是被堆在房间一角的碎块。其他泥板则是作为修补墙体或建筑物的废料被发现的。通常在历史中，此类记录都是偶然被保存下来的，古代的美索不达米亚也不例外。

更加令人兴奋的是不仅没有被丢弃，反而被保存并再次使用的泥板。我惊叹于稍大的泥板，上面刻着更加密集的文字。这些方形泥板被称为"图书馆"文件，因为它们上面刻着文学或文化文本，主题包罗万象，包括但不限于宗教和占星术，它们就是为长期保存以供阅读而设计的。其中一个文学泥板甚至包含一个信息页，抄书吏在这里记录了文档本身的详细信息——文本是什么，抄书吏是谁，他何时何地缮写的这块泥板（负责缮写的几乎都是男性）。这些细节与现代书籍的扉页相似，表明这些泥板是要与其他泥板一起被保存的，因为具体的信息有助于把它与其他泥板区分开。这就是最早形式的元数据。

存世的泥板显示出还有其他类型的档案文件，包括行政和官僚活动的记录。一组很小的泥板，看起来很像早餐谷物中的"碎麦片"，是"信使"文件。它们能够证明前来取走或交付某种货物的信使的身份。它们个头很小，因为需要便于携带；它们被信使装在一个口袋或包里，在到达时上交。目前我们尚不清楚这些泥板为什么被保留了下来而未被用于维修建筑物，可能是为了用于日后参考。

得益于将近两个世纪的考古工作，我们现在知道这些古老的民族有着高度发展的文化，促成了图书馆、档案和文书的诞生。随着最早的文明的形成，从游牧到定居，人们也渐渐意识到建立交流和存储知识的永久记录的必要性。当亚述巴尼拔王的图书馆运作时，其使用的泥板很笨重，因此它需要被存放在莱亚德发现的那种房间里，以便于人们缮写或者检索他们需要的信息。随着研究推进，学者们从泥板中发现了编目和整理的证据。

1846 年，莱亚德开始将资料运回英国，他的考古发现一在伦敦登场就立刻引起了轰动。在新闻报道和公众压力的推动下，大英博物馆董事会的看法得到了改变，同意为进一步的考古探险提供资金，还有一部分原因是政客们将考古挖掘的成功视为与法国对手竞争的胜利，因此他们十分鼓励继续考古活动。莱亚德成了民族英雄，得到了"尼尼微之狮"的绰号，并利用自己的新名气为其作家和政客的职业铺路。亚述巴尼拔图书馆也许是他最重要的发现。雕塑、陶器、珠宝和塑像（目前在伦敦、柏林、纽约和巴黎的大型博物馆中展出）在美学上令人惊叹，但对这些藏品所含知识的解密则真正改变了我们对古代世界的理解。

通过研究这些出土的泥板，如今的我们了解到，亚述巴尼拔的皇家图书馆也许是在一座建筑内集结当时能收集到的全部知识的第一次尝试。亚述巴尼拔图书馆的馆藏主要分为三类：文学和学术文本，神谕问询和占卜记录，以及信件、报告、人口普查、合同和其他形式的行政文件。这里的大量资料（与在美索不达米亚发现的许多其他古代图书馆一样）涉及对未来的预测。亚述巴尼拔王希望他的图书馆中的知识能帮他决定何时是开战、结婚、生孩子、种庄稼或从事生活中任何必要事情的最佳时间。图书馆对未来是必要的，因为它们从过去收集到的知识，要被交到决策者手中——在尼尼微，最重要的决策者是亚述巴尼拔。[13]

这些书稿文本涵盖了从宗教、医学、魔法到历史、神话等广泛主题，并且被整理得井井有条，按主题顺序排列并带有标签。我们今天可以将其视为目录记录，甚至是元数据。这些被保留为永久参考资源，而档案材料则被暂时保留，以解决有关土地和财产的法律纠纷。[14]莱亚德和拉萨姆在尼尼微的一项最重要的发现是包含了世界上现存最早的文学作品之一——《吉尔伽美什史诗》——的一系列泥板。人们在尼尼微发现了几组不同的泥板，显示了多代人对这一关键文本的所有权，它们都被保存在一起，从一代国王传给下一代国王，甚至还有一个信息页声称它是亚述巴尼拔王亲手书写的。

从美索不达米亚档案馆和图书馆内容的考古发现中，以及对出土泥板上的文字的研究中，我们可以识别出当时人们整理知识的独特传统，甚至还能确认当时负责这些藏品的专业人员的身份。在今天，档案管理员和图书馆员的职业角色划分得非常清晰；古代则不同，在古代社群中，这些界限不太明确。诸如亚述巴尼拔这样的图书馆展现了当时人们对管理信息的渴望，也使我们了解到知识对于统治者而言是多么宝贵，以及他们愿意以任何方式获取信息的决心。

最近40年有关亚述巴尼拔皇家图书馆的学术研究已经认定，

它的建立不仅是基于缮写和复制知识，也是基于从邻国获取知识。我们对此的理解来源于近几十年发掘出的各种资源，但这对于莱亚德或研究楔形文字的早期开拓者而言却并不明显。揭示了这些强迫收集行为的泥板也许是如今被我们称为"离散档案或被迁移档案"（displaced or migrated archives，我们将在第11章中介绍）的最早的雏形，这种做法已经存在了数千年。亚述巴尼拔图书馆中现存的大量泥板都是通过这种方式收集来的。[15]

在该地区许多其他地点［如现伊拉克南部的波尔西帕（Borsippa）］发掘出的泥板使我们对当时人们的这种做法有了更深的理解。在公元前第一个千纪，波尔西帕是被亚述征服的巴比伦帝国的一部分。在那发掘的泥板上保存了一封信的后期副本，这封信最初是从尼尼微寄给了一位名叫沙杜努（Shadunu）的代理人。沙杜努受命去一群学者的家中拜访他们，并"带走存放在埃兹达（Ezida）神庙［即纳布（Nabu）神庙，专门用于学术研究，位于波尔西帕］中的所有泥板"。[16] 亚述巴尼拔王的需求在信中被描述得很具体，暗示他知道这些学者的藏书中有什么。[17] 亚述巴尼拔王的指示明确且不留任何妥协的余地：

……任何宫里需要的，任何那里有的，以及一切你知道的但在亚述没有的稀有泥板，把它们找出来并带给我！……而且，如果你找到任何我没有写给你但是能让宫殿锦上添花的泥板或仪式指导，也都带给我……[18]

这封信证实了大英博物馆里其他泥板上的证据，即亚述巴尼拔王从学者们手中夺走了泥板，也付了他们钱让他们主动让出泥板，或缮写一些自己的泥板以及波尔西帕（以其复杂的缮写传统而闻名）著名藏品中的其他泥板。

一小部分添加记录得以幸存，这有助于我们更广泛地了解亚述巴尼拔王的这些夺取行为如何帮助他在尼尼微建立了大图书馆（也证实这座图书馆是被非常仔细地整理和管理的）。图书馆的规模之大令人惊讶。在已知的亚述巴尼拔王图书馆现存的 3 万块泥板中，一组添加记录显示有一次大约 2000 块泥板和 300 个象牙或木制书写板被添加进图书馆。这是一次规模巨大的单次添加，被添加的材料涵盖了从占星术到医学食谱的 30 个种类。并非所有材料的来源都被记录下来了，但这些泥板明显来自巴比伦尼亚的私人图书馆。其中一些似乎是拥有它们的学者所"赠送"的，也许是为了讨好尼尼微掌权的皇室，也许是故意放弃一些材料，这样就能保住他们图书馆里剩下的。唯一一个可以辨认的日期指向公元前 647 年，即巴比伦尼亚在亚述巴尼拔王和他的弟弟沙马什-舒姆-乌金（Shamash-shumu-ukin）之间的内战中陷落的短短几个月后。结论很明显：亚述巴尼拔王以军事上的胜利为契机，通过强制扣押知识来扩充自己的图书馆。[19]

然而亚述巴尼拔王的图书馆很快也遭受了类似的命运。他战胜巴比伦尼亚后激起了那里人们强烈的复仇欲望，这种复仇欲望后来被发泄在了亚述巴尼拔王的孙子，于公元前 631 年继承了父亲王位的辛沙里施昆（Sin-shar-ishkun）身上。巴比伦人与邻近的米底王国结盟，后者的军队在公元前 612 年包围了尼尼微，最终占领了这座城市并释放出破坏性力量的洪流，包围了被收藏在这里的知识，其中就包括亚述巴尼拔王建的图书馆。尽管莱亚德的考古工程发现了这座图书馆保存和获取的非凡藏书，但他挖掘的每处地方也都有焚烧和暴力的迹象 —— 挖掘发现了一层层灰烬，房间里的物件被故意砸碎，一些人类遗骸尤其骇人，在尼姆鲁德附近挖掘出它们的考古学家们发现，被扔进井里的这些人手脚还戴着锁链。[20]

尽管在尼尼微陷落时，亚述巴尼拔图书馆遭到的毁坏是灾难性的，但我们并不清楚具体发生的细节。主图书馆和档案馆藏可能直接在宫殿建筑群的全面破坏中被吞噬了。大火和抢劫遍布了整个区域，尽管的确有证据表明某些泥板（例如外交条约）被特意毁坏，但我们无法确定图书馆是否是被专门针对的目标。[21] 例如，在尼姆鲁德的纳布神殿，人们发现亚述巴尼拔王的父亲以撒哈顿盖过章的附庸条约泥板在地板上被砸成了碎片，当战争在这座伟大的城市中肆虐时，它被留在了那里，直到 2500 年以后才被发现。[22]

在美索不达米亚的文明中，尼尼微的皇家图书馆最为著名，但它却不是最早的图书馆。5000 多块公元前 4 千纪的泥板在伊拉克南部的乌鲁克（Uruk）被发现，它们主要涉及经济，但也涉及事物的命名。1000 年后，我们得到了来自叙利亚的证据。在古老的埃勃拉（Ebla）的位置 [现代城市阿勒颇（Aleppo）的南边]，我们发现了缮写室和图书馆或档案室，包括用于整理泥板的砖凳。尽管就建筑而言，这里没有一个特定的、独立的图书馆空间，但是从这一时期开始，越来越多的证据表明古人已经发展出处理信息的各种管理技术，包括各种不同的泥板存储技术。这些新技术中包括在豪尔萨巴德（Khorsabad，亚述的旧都，后迁都尼尼微）的纳布神庙的档案室中找到的木架或石制鸽子洞等装置，以及在巴比伦城市西帕尔（Sippar）的沙马什神庙（Temple of Shamash）里的架子，这些架子被用于将收集的泥板分类排序，意味着那时泥板的数量已经多到必须用特殊的技术来对它们进行分类和管理。[23] 使用元数据（以标签和其他形式描述泥板内容的方式）来辅助信息检索、文字缮写以及文本存储，也是整个美索不达米亚文明中的一个创新特征。保护知识的安全和通过复制实现知识共享的必要性与文明本身是息息相关的。

有关古代世界的图书馆和档案馆的直接证据很少，而发展出了这些藏书的社会与我们当今的社会差别太大了，因此将两者过多地比较并强行找出相似之处是很不恰当的。尽管有这些警告，我认为还是有可能提出一些笼统的规律。

美索不达米亚的图书馆和档案馆，特别是亚述巴尼拔王的图书馆，表明古人了解积累和保存知识的重要性。这些文明发展出了复杂的方法来整理泥板；随着藏书规模的增长，他们也会添加元数据以辅助存储和检索资料。文本的复制也是被支持的，其目的是让知识在获准使用这些文本的少数王室人员之间传播。

这些藏书通常是由统治者们收集的，这些统治者认为获取知识能增加自身的权力。从邻国和敌国强行夺取泥板，就是夺走了那些敌人的知识，削弱了他们的力量。由于许多泥板上的文本都与预测未来有关，因此获取这些泥板不仅可以帮助你做出更好的预测，而且意味着你的敌人在理解未来时更困难了。

从亚述巴尼拔王的图书馆中，我们能感受到它是为了造福后代而保存下来的，因为泥板是由一代代的父亲传给儿子的，其中包括刻有吉尔伽美什史诗的那些。即便在那时人们也明白，保存知识不光在当下有意义，在未来也很有价值。这些藏书本身能流传下来是个意外。美索不达米亚文明凋零了，没有经受住时间的考验。他们的图书馆和档案馆，即便是那些被设计用来永存知识的机构，也只是在最近几个世纪，在考古学的曙光中，才被学者们发现。

第 2 章

莎草纸柴堆

当我们在公众意识中思考古代图书馆的遗产时，有一个传奇图书馆的知名度超过了其他所有图书馆，那就是亚历山大图书馆。尽管它比美索不达米亚的图书馆出现得晚得多，而且图书馆本身没有留下任何实物证据，但亚历山大图书馆是西方想象中的图书馆的原型，且仍然经常被称为古代世界的伟大文明所组建过的最伟大的图书馆。

尽管我们对亚历山大图书馆的了解并不完整——至少可以说，一手资料寥寥无几，大多都是在复述已经丢失的或年代太久远而无法核实的其他资料——一个真正全面的图书馆、一个储藏着世界上所有知识的地方，这个理念也鼓舞了历史上无数的作家和图书馆员。我们知道，在古代亚历山大实际上有两个图书馆，缪斯神庙（Mouseion）和塞拉庇斯神庙（Serapeum），或称"内图书馆"和"外图书馆"。缪斯神庙即缪斯女神的庙宇，她们九姐妹掌管着人类的创造力和知识，从历史到史诗到天文，无所不包，英文中的 museum（博物馆）一词就是从这个词引申来的。然而，缪斯神庙根本不是博物馆：它是一座有生命力的图书馆，里面充满了（卷轴形式的）书籍和学者。

缪斯神庙是一座巨大的知识宝库，是学者们前来学习的地方。这座建筑位于皇家住宅区布鲁齐昂（Broucheion），靠近皇宫，这清楚地表明了它的重要性。[1]希腊历史学家、地理学家斯特拉波（Strabo）的创作时间是公元最初几年，他强调了皇家赞助对图书馆的重要性，并将其描述为一个共享的用餐空间，国王有时会去那里和学者们一起吃饭。[2]这些学者几乎就是古代世界的伟大思想家荟萃，不仅包括几何学之父欧几里得和工程学之父阿基米德，还包括埃拉托斯特尼（Eratosthenes）——世界上第一个精准计算圆周率的人。现代文明的许多知识上的突破都建立在他们的成就的基础上。

亚历山大图书馆的一个分馆设在塞拉庇斯神庙内，这是一座供奉"虚构的"神塞拉庇斯（Serapis）的庙宇。古代作家们争论到底是托勒密一世还是托勒密二世把信仰塞拉庇斯的宗教习俗引入了埃及，但考古证据表明，这座神庙是由托勒密三世（又称"施主一世"，公元前246—前221年）建立的。[3]图书馆的建立进一步将它正当化了。和缪斯神庙一样，它是为了引观者叹服而建造的。罗马史学家阿米阿努斯·马尔切利努斯（Ammianus Marcellinus）形容它"布置着宽敞的带柱子的大厅、栩栩如生的雕像，以及大量其他艺术品，即便在赋予了伟大的罗马以永恒的卡比托利山（Capitolium，罗马的中央神庙）旁边，它都是世界上最宏伟的"。[4]

根据一份写于公元前100年左右的名为《阿里斯提亚斯的信》（Letter of Aristeas）的稀奇文献，亚历山大图书馆在建馆后稳步扩张。这份文献告诉我们，图书馆成立后，馆藏很快就达到了50万份卷轴，而且塞拉庇斯神庙又为图书馆提供了更大的容纳空间。罗马史学家奥卢斯·格利乌斯（Aulus Gellius）在他的摘录本《阿提卡之夜》（Attic Nights）中称两个馆内共有

70万册藏书。约翰·策策斯（John Tzetzes）给出的数字更精确——毕竟图书馆员往往更乐于清点自己藏书的准确数量——缪斯神庙藏书49万册，塞拉庇斯神庙藏书4.28万册。我们必须极其谨慎地对待古人对藏书规模的估计。考虑到幸存古代文献的数量，以上给出的图书馆藏书数字根本不现实。虽然我们需要对这些估计数字持怀疑态度，但它们清楚地表明了，亚历山大图书馆规模巨大，比当时任何藏书的规模都要大得多。[5]

亚历山大图书馆在古埃及王国扮演了什么角色？它不仅仅是一个知识的仓库吗？虽然我们对图书馆是如何运作的几乎一无所知，但看起来这里除了获取和保存知识的明显野心，似乎也有一种鼓励人们学习的欲望。4世纪的作家阿甫托尼乌斯（Aphthonius）提到了"（知识的）仓库……向渴望学习的人们开放，鼓励整个城市收获智慧"。[6]亚历山大的"传奇"可能不光与知识的可及性相关，还和藏书的规模有关。我们从罗马史学家苏埃托尼乌斯（Suetonius）的书中了解到，1世纪末，罗马皇帝图密善（Emperor Domitian）曾派遣许多抄书吏到亚历山大，专门缮写在罗马的图书馆遭受的多次火灾中损失（但在亚历山大图书馆还留有副本）的文稿。[7]两个图书馆的庞大规模、缪斯神庙里学者们的居住社区，以及开放的准入政策，共同为亚历山大图书馆创造了一个光环，把它放在了学术和学习的中心。

当人们讨论亚历山大图书馆时，讲到的往往是它的毁灭这一警世故事——那座高耸的图书馆，据说蕴藏着浩如烟海的知识，却在一场熊熊大火中被夷为平地。对图书馆的遗产来说，图书馆的毁灭在某些方面，就算说不上比它的存在还重要，那至少也已变得和它的存在一样重要。当我们意识到亚历山大被一场灾难性的大火吞噬的经典故事是一个虚构的故事时，这一点就变得很清楚了。事实上，它的毁灭故事是一系列神话和传说（经常还相互矛盾），大众依然围绕这些故事发挥着想象力。

一种说法（有可能是最著名的一个）来自阿米阿努斯·马尔切利努斯，他在《历史》（写于380—390年左右）中宣称，"古代记录的一致证明表示，在亚历山大战争中，独裁者恺撒下令洗劫这座城市，托勒密国王通过不懈的努力收集的70万册书籍都被烧毁了"。[8]另一位古代作家，普鲁塔克，给我们提供了更多有关图书馆被烧的细节。亚历山大的群众开始反抗罗马人后，恺撒被迫撤到离造船厂很近的宫殿区域躲避。有人试图"切断他与海军的联系"，然后"他被迫用火来挡开危险，火焰从造船厂蔓延开来，摧毁了这个伟大的图书馆"。狄奥·卡西乌斯（Dio Cassius）给出了略微不同的记载，他在他的《罗马史》（*Roman History*，大约写于230年）中告诉我们，尽管"许多地方着火了"，但被烧毁的是造船厂的储藏室，而不是藏有"大量优质的粮食和书籍"的缪斯神庙（图书馆）。[9]

这个传说——即恺撒在某种程度上对此次破坏负有责任——必须与历史上的其他说法相竞争。到了391年，亚历山大已经成了一座基督教城市，它的宗教领袖，牧首提阿非罗（Patriarch Theophilus）对占据着塞拉庇斯神庙的异教徒们失去了耐心，便摧毁了神庙。642年，穆斯林占领埃及后第一次占领亚历山大，关于图书馆被毁的一个说法将其归因于阿姆尔（Amr，征服这座城市的阿拉伯军事领导人）在哈里发欧麦尔（Caliph Omar）的命令下对图书馆的蓄意破坏。这个说法给哈里发安了一个有悖常情的逻辑："如果希腊人的这些著作与神的书一致，那它们就是无用的，不需要保存。"所以这个说法告诉我们："如果这些书（与神的书）不一致，它们就是有害的，应该被销毁。"这个传说描述了哈里发的命令"（被手下）盲目地服从执行"，那些卷轴被分发到亚历山大的4000个浴场，在那里被用作烧水的燃料，花了6个月才耗尽。[10]

古代历史学家们一致认同的是，图书馆被摧毁了。他们观点的分量促进了这个传说的传播。18世纪末，随着爱德华·吉本的史诗级巨著《罗马帝国衰亡史》第三卷的出版，这一推进被大大加快了。这部著作中包含着英语世界有史以来对于亚历山大图书馆被毁的最生动的描写。这段文字令亚历山大的灾难成了迄今为止依然存在的野蛮的有力象征。吉本写道："亚历山大的珍贵图书馆或被掠夺或被摧毁；此后的近20年，任何一位没有完全被宗教偏见玷污其思想的目击者，看到空空如也的书架，心中都会涌起遗憾和愤慨。"他强调"古代天才的作品"被毁，并哀叹如此多的作品已经"无可挽回地消亡了"。[11]

这些传说的共同之处在于，它们都把亚历山大图书馆视为野蛮战胜知识的牺牲品而哀悼。这些说法催生出了亚历山大的象征意义：在讲述和复述这些传说的过程中，它的名字几乎总是被用作隐喻，要么是代表收集全世界知识的欲望，要么是表达海量知识的损失。但是亚历山大图书馆到底发生了什么？在传说背后，我们还能从它的毁灭和存在中学到更多东西吗？

亚历山大图书馆在古典时代结束前就被毁灭了，这一事实是毋庸置疑的，但具体的原因就不太明确了。恺撒本人把亚历山大的大火描述为他在公元前48—前47年与强大对手庞贝之间的战争的意外后果。运送敌军的船只停靠的港口旁边是一些仓库，被恺撒的军队放火点燃了。在随之而来的大火中，附近的一些仓库也被烧毁。亚历山大当时规定，所有入境船只都必须接受搜查，如果船上有书籍，就要被缮写复制后收入图书馆，这些被扣押的书籍可能就是被临时储存在这些码头仓库里。图书馆的藏书遭到了物理上的破坏，但这并不是它的终结。这与地理学家斯特拉波的描述一致：在公元前48—前47年的事件发生几十年后，他自己的研究中有许多部分都用到了亚历山大图书馆里的资料。[12]

这两个图书馆都非常脆弱。塞拉庇斯神庙似乎在181年左右和217年遭受了两次火灾，但是被重建了，尽管没有证据表明这场大火是影响了图书馆还是仅仅影响了神庙建筑群。[13] 273年，在亚历山大被巴尔米拉（Palmyra）起义者的叛乱占领后，奥勒良皇帝（Emperor Aurelian）夺回了这座城市，摧毁了宫殿建筑群，几乎可以肯定他对图书馆造成了破坏（尽管没有古代作家明确证实这一点），但如果这是真的（一个多世纪后，这一区域仍然没有被重建），那么也许塞拉庇斯神庙存在的时间比缪斯神庙更久。[14]

吉本关于亚历山大图书馆的损失的深刻陈述，源于他围绕这一主题进行的大量细致阅读，我们可以从他对图书馆毁灭最有可能的原因的判断中得到启发。他否定了将图书馆的毁坏归咎于埃及的穆斯林征服者和哈里发欧麦尔的命令的说法。这一版本描述的若干事件被一些早期基督教作家［如阿布法拉吉乌斯（Abulpharagius）］叙述过，特别是卷轴被拿去给城市中成千上万个浴场当烧水燃料这一引人共鸣的桥段。吉本知道这一说法在读过它的学者中引起了强烈的反响，他们"哀叹了古代的知识、艺术和思想遭受的不可挽回的灾难"。[15] 启蒙运动时期怀疑这一说法的人在对他的分析中严厉批评道：犹太和基督教的宗教书籍在伊斯兰教中也被认为是宗教经典，所以哈里发下令烧毁它们是丝毫不合逻辑的。此外，这个故事也不符合实际，因为"由于缺乏材料，大火很快就会熄灭"。[16]

对吉本来说，亚历山大图书馆是古典世界的伟大成就之一，而它的毁灭——他总结说，这是由一个漫长而逐步的忽视和日益增长的无知的过程造成的——是压垮罗马帝国的野蛮的象征，这种野蛮让文明把他那个时代重新遇到和欣赏的东西都过滤掉了。火灾（无论是偶然的还是故意的）是造成许多书籍丢失的主要事件，但亚历山大图书馆作为一个机构逐渐消失，既是由于组织的忽视，也是因为莎草纸卷轴本身逐渐被淘汰。

不久前在希腊的一座修道院图书馆内发现的医学家盖伦的一份手稿，记载了此前不为人知的192年罗马的帝国图书馆的一场大火。这座图书馆被称为"提比略宫"（Domus Tiberiana），坐落在市中心的帕拉蒂尼山（Palatine Hill）上。大火烧毁了一位著名希腊学者整理的荷马（古典世界最有影响力的，也许是有史以来最有影响力的作家之一）作品的原始卷轴。[17]这些卷轴之所以重要是因为它们是作为战利品被从亚历山大图书馆带到罗马的。公元前168年，著名的罗马将军西庇阿（Scipio）的父亲，卢基乌斯·阿埃米利乌斯·保卢斯（Lucius Aemilius Paullus）从落败的马其顿国王珀尔修斯（King Perseus）手中夺取了这些书，这是第一批成规模被带回罗马的莎草纸卷轴，对罗马的文学生活产生了深远的影响。[18]

莎草纸最初在埃及被用作书写材料。它是用纸莎草的茎中提取的木髓制成的。把木髓一层一层地叠放，用水融合在一起，放在阳光下烘干，然后把它弄平滑，使其表面能用某种墨水写上字。莎草纸通常一页页连在一起，卷在一根木棒上，形成卷轴［拉丁语将之称为 liber（书），英文的 library（图书馆）一词就是这么来的］。莎草纸后来将被一种更耐用的技术——羊皮纸取代，这种技术发源于地中海西部，然后被整个欧洲应用；再后来又被由阿拉伯工匠和商人从亚洲带到西方的纸取代，但莎草纸在长达 4 个世纪的时间里一直是主要的书写媒介。

莎草纸的问题之一是它很容易被点燃。它由干燥的有机物质制成，紧紧地卷在一根木棒上，这种构成决定了它易燃的特性。当它与类似材料一起被放进图书馆时，这些弱点就变成了隐患。大多数幸存的莎草纸是在埃及的垃圾堆中［如著名的俄克喜林库斯（Oxyrhynchus）遗址］作为废弃物，或作为包裹木乃伊的材料被发现的。现存的保存莎草纸卷轴的图书馆很少，其中最著名的在赫库兰尼姆（Herculaneum）——18 世纪中叶，人们在那里发现了"莎草纸庄园"（Villa of the Papyri），它在公元 79 年被埋藏在了其附近的维苏威火山喷发出的火山灰之下。那里总共出土了超过 1700 个卷轴，大部分都被烧焦或被火山喷发的热度完全熔化了，但还有足够多的书卷是可读的，让我们了解到这座图书馆背后的收藏家一定对希腊哲学［特别是菲洛德穆（Philodemus）的哲学］十分着迷。[19] 这些脆弱的卷轴如今仍然在展开和解读当中，学者们仍然在辨认其内容文字，最近他们采用了 X 射线：2018 年，他们宣布在其中一个卷轴上发现了塞涅卡著名的失传《历史》（Histories）的部分文稿。

莎草纸的储存环境对其能否长期保存至关重要。沿海港口城市亚历山大气候潮湿，这会影响比较老旧的卷轴，导致发霉和其他有机腐烂的发生。[20] 其他大型图书馆的莎草纸藏书［如位于今土耳其的帕加马（Pergamon）的藏书］都经历了一个将莎草纸卷轴上的文字誊抄到羊皮纸上的过程。羊皮纸是一种用经过处理的动物皮制成的书写材料。这是知识的技术迁移，从一种形式转变为另一种形式。

几个世纪以来，缺乏监督、领导和投资似乎是亚历山大图书馆被毁的根本原因。亚历山大的故事并没有突出蛮族无知战胜文明真理的灾难性本质，而是一个警世故事，讲述了由于资金不足、不受重视以及对保存和分享知识的机构的普遍忽视而导致的悄然衰落的危险。相比之下，亚历山大的强大竞争对手，帕加马的图书馆则发展并保住了自己的藏书。

现代学术将帕加马图书馆的建立追溯到了公元前 3 世纪末，尽管古代作家（如斯特拉波）认为它是在公元前 2 世纪早期被建立的，并将其建立归功于阿塔罗斯王朝（Attalid dynasty）的国王欧迈尼斯二世（King Eumenes II，公元前 197—前 160 年）。[21] 帕加马图书馆是最能挑战亚历山大图书馆作为古代世界最伟大图书馆的声誉的图书馆，这种竞争不仅基于它们的藏书的性质和规模，还基于作为图书馆的一部分的学者们所扮演的角色。[22] 我们从一些古代作家的书中得知，这场图书馆之间的竞争上升到了国家层面，引发了托勒密五世（公元前 204—前 180 年）和欧迈尼斯二世这两位国王之间的角逐。[23] 这两个图书馆都有自己的明星学者：亚历山大有阿里斯塔克斯（Aristarchus），他是关于赫西俄德著作的著名评论家；帕加马有马鲁斯的克拉特斯（Crates of Mallos），他是评论荷马作品的杰出学者。像亚历山大一样，没有任何具体的遗迹可以帮助我们确定这座图书馆的具体位置，它的衰落似乎与阿塔罗斯王朝的衰落密切相关，毕竟阿塔罗斯王朝将图书馆的声望与自己的地位联系在一起。公元前 133 年，阿塔罗斯王国被罗马人接管后，图书馆就不再与国家有如此重要的联系，它自己的衰落就此开始。

亚历山大图书馆帮助我们理解理想的图书馆该是什么样子，它创造了一个模板，在随后的几个世纪里，许多其他图书馆都

试图效仿 —— 尽管它的各种具体细节十分模糊。从亚历山大的例子中，我们了解到将大量藏书与一个由能够分享知识并通过其研究开发新知识的学者们组成的社区联系在一起的力量。斯特拉波在亚历山大图书馆进行了地理研究，把图书馆员们和学者们称为一个由 30 到 50 名有学问的男性（女性似乎不包括在内）组成的"synodos"（社区）。这个社区是国际化的：许多人来自亚历山大统治的希腊，但也有罗马学者在那里缮写、评论希腊诗歌和戏剧。

该机构的领导层在其成功过程中起到了非常重要的作用。前 6 位图书馆馆长中有 5 位都属于古典世界最重要的作家：泽诺多托斯（Zenodotus）、罗得岛的阿波罗尼乌斯、埃拉托斯特尼、阿里斯托芬和阿里斯塔克斯（Aristarchus）。[24] 罗得岛的阿波罗尼乌斯在大约公元前 270 年担任了院长，他是伟大史诗《阿尔戈英雄纪》（Argonautica）的作者，据说他曾鼓励叙拉古的一位名叫阿基米德的年轻学者来缪斯神庙研习。在缪斯神庙期间，阿基米德观察了尼罗河水位的涨落，还发明了一种被称为"螺旋抽水机"的工程装置，这种装置至今仍然以他的名字命名。[25] 数学家欧几里得被邀请加入了亚历山大图书馆的学者社区，人们认为他在那里编写了著名的《几何原本》，此书可以说是现代数学的基础。此外，他可能还教导过他的追随者，佩尔吉的阿波罗尼乌斯（Apollonius of Perga）。亚历山大的图书馆馆长和学者们不仅保存了知识，还统一了文本，加入了他们自己的想法从而创造新的知识。他们在亚历山大创造了一种在大火和漫长的忽视过程中不会被摧毁的东西：一种我们现在称之为"学术"的学习方法。

我们很难证明古代图书馆和后世图书馆之间的直接联系，

但发现人类整理和保存知识的普遍做法是有可能的。目前没有发现直接描述亚历山大或尼尼微的图书馆员的专业操作的内容，既没有任何手册，也没有流传下来的简洁扼要的语句，被保存下来的更多是一种精神——这种精神相信：知识拥有巨大的力量，寻求收集和保存知识是一个有价值的任务，而知识的丧失可能是一个文明正在衰落的早期预警信号。

今天，当我在博德利图书馆漫步时，我总是不断想起图书馆管理的历史。组成博德利图书馆的28个图书馆体现了保存和分享知识的实用方法的演变。许多年代久远的建筑现在依然被使用着，其中许多是很久以前（有些是在600多年前）被设计成图书馆的，这一点多年以来都一直激励着所有我们这些在那里工作的人。这些建筑现在有了电灯、中央供暖、电脑、无线网和其他学习辅助设备，但这种创新的过程早在亚历山大图书馆成立前近2000年就开始了。

当我们审视古代图书馆的物质遗产时，幸存下来的东西着实令人惊叹。例如，在20世纪40年代末，一位名叫穆罕默德·艾德-迪伯（Muhammed edh-Dhib）的年轻牧羊人在犹太沙漠的库姆兰洞穴（Qumran Caves）中发现了一组陶器。在这些容器里有数百个卷轴，这些是现存的希伯来圣经最古老的手抄本，几乎囊括了全文。考古发掘鉴定，该洞穴群周围遗址上人类生活的痕迹大致为公元前100—前70年，而这些手稿则写于公元前4世纪—前70年（耶路撒冷第二圣殿被毁的年份）之间。这些被称为《死海古卷》（Dead Sea Scrolls）的卷轴非常脆弱，而且支离破碎，因此它们能被保存到今天才显得格外不可思议。我们不明白这些文件是如何被储存（或者可能是被"藏"）在库姆兰的洞穴中的，但人们的共识是，它们是在公元 66—73 年第一次犹太战争后的罗马镇压期间，被一个犹太宗教团体故意藏起来的，现在人们认为这些人是艾赛尼派（Essenes）。被封在陶罐中藏在沙漠里，这种存储方式保证了这些档案得以保存。大部分死海古卷都是写在羊皮纸上的，但也有一小部分是写在纸莎草纸上的。相比之下，羊皮纸文件更耐用持久。

亚历山大图书馆给我们的一个关键教训是，它的消亡对后来的社会将是一个警告。爱德华·吉本宣扬的一个普遍观点是，罗马帝国衰竭之后就是欧洲的"黑暗时代"。今天的历史学家们很清楚，亚历山大图书馆被毁之后没有"黑暗时代"。我们现在以为的一切"黑暗"其实都是缺乏保存知识的证据导致的。在欧洲、亚洲、非洲和中东，人们在继续收集知识，学术研究也在繁荣发展，延续着曾经在亚历山大图书馆和其他知识中心开展的工作。希腊世界的学术成果通过阿拉伯文化以及抄写和翻译的力量得到了最有力的保存。阿拉伯学术中心的几个主要社区，比如在现今伊朗的大布里士（Tabriz），日后传播了希腊文化和科学，其中大部分后来被重新翻译成拉丁语，传回了西方，也通过像安达卢斯（al-Andalus，即穆斯林统治下的西班牙）的托莱多（Toledo）这种国际大都市的文化交流得以被传播。[26]

随着亚历山大图书馆在第一个千纪的前数百年中逐渐走向衰败，古代世界的知识继续在图书馆的作用下被保存。在女摄政者加拉·普拉西提阿（Galla Placidia）于拉文纳（Ravenna）陵墓上的马赛克壁画中，我们可以找到其中一座早期图书馆的证据。这些壁画位于一座建于 450 年、专门用来安置她的坟墓的礼拜堂内。它陈列着一个用来存放书籍的橱柜，里面有两个架子，每个架子上平放着不同的书，四卷书分别标着四位福音书著者的名字。橱柜有粗短的腿，把它与地板隔开（也许是为了保护里面的东西不被水淹）。[27]

意大利北部维罗纳（Verona）的牧师会图书馆（Capitular Library）起源于维罗纳主座教堂的缮写室。与这座图书馆相关的最古老的一本书可以追溯到 517 年，是由一个名叫乌尔西奇努斯（Ursicinus）的小品级教士写的，他在主座教堂拥有一个低级圣职。然而该图书馆收藏的书至少比这早 1 个世纪，那时亚历山大可能仍然保有一些昔日辉煌的痕迹。这些书很可能是为了建立这里的藏书而带来的一些书的副本，是在缮写室里被抄写下来的。6 世纪，在西奈（Sinai）的沙漠，一个宗教团体建造了一座圣凯瑟琳修道院，由此形成了一座图书馆，其中藏有极其重要的圣经手稿，尤其是著名的《西奈山抄本》（Codex Sinaiticus），这是最早、最完整的希腊语圣经手稿，其年代可以追溯到 4 世纪上半叶。这座图书馆至今依旧保存着手稿和印刷书籍，供自己的社区和其他学者使用。

然而，许多重要的作品在我们现在称之为"古代晚期"（Late Antiquity）的时期（约 3 世纪到 8 世纪）丢失了，我们在后来的书籍中或者偶然发现的莎草纸碎片中能偶尔发现它们的痕迹。在过去的 150 年里，人们通过考古挖掘发现了写在莎草纸上的以前不为人知的文本，这些发现也使在中世纪被人熟知的古典作家的作品的更好版本得以重见天日。拜占庭的约翰内斯·利杜斯（Johannes Lydus）在 6 世纪拥有的塞涅卡和苏埃托尼乌斯的作品比如今现存的还要多。5 世纪的北非主教圣富尔根蒂乌斯（Bishop St Fulgentius）和圣马丁（St Martin），以及公元 6 世纪的葡萄牙布拉加（Braga）的大主教，他们都曾引用（或抄袭）佩特罗尼乌斯（Petronius）和塞涅卡的文本，然而他们抄写的这些段落并未出现在当今拉丁作家的资料库里。[28]

希腊诗人萨福（Sappho）是文学损失的最好例子。她于公元前 7 世纪出生在莱斯博斯（Lesbos）岛，在古代世界是一个极为重要的文化人物，以至于柏拉图将她称为"第十位缪斯"。她以写给女性的爱情诗而闻名，英文中两个形容女同性恋的词sapphic 和 lesbian 分别来源于她自己的名字和她家乡岛屿的名字。从贺拉斯到奥维德，每个著名的古代作家都提到过她，她如此受欢迎，以至于亚历山大的学者们编了不是一两卷，而是整整九卷她的诗歌的评述版。她的作品现存的都不完整了，仅有的一首完整的诗歌来自一本希腊抒情诗选集，其余的都是从画在陶片上和从垃圾堆（尤其是埃及的俄克喜林库斯遗址）中发现的莎草纸上的引文拼凑而成的。38 号诗仅是一句片段："你令我燃烧"。像亚历山大图书馆一样，关于为何这样一位重要作家的作品没有被保存下来，人们争相提出了不同的理论。一直以来最受欢迎的说法是，基督教教会出于道德原因故意破坏了这些诗歌的书卷。文艺复兴时期的作家们甚至声称，萨福的作品于 1073 年在教皇额我略七世（Gregory VII）的命令下，在罗马和君士坦丁堡被焚毁。实际上，萨福的作品［使用的是一种晦涩难懂的伊欧里斯希腊方言（Aeolic dialect）］，可能是在人们将知识从莎草纸抄写到羊皮纸上的转变时期被丢失的，当时装订的手抄本取代了纸莎草卷轴，而萨福的诗歌被转移的需求并不是很大。1897 年，埃及探险协会（Egypt Exploration Society）开始挖掘俄克喜林库斯的垃圾堆，今日幸存的文学莎草纸超过 70% 即出自这里。

随着基督教的建立，书籍和图书馆遍布了欧洲和地中海世界。即使是在罗马帝国最边缘的不列颠，我们也能从零星的证据中推测那里有图书馆［2世纪初去世的诗人马提亚尔（Martial）曾讽刺地评论说，甚至在不列颠都有人阅读他的作品］。在君士坦丁堡（在330年重建之前被称为拜占庭）这样的主要学术中心，当狄奥多西二世（Theodosius II）皇帝在425年左右重新修建了一所帝国大学并建立了一所新的神学院时，亚历山大的精神再次焕发了生机。[29]6世纪，学者和政治家卡西奥多罗斯（Cassiodorus）离开了意大利狄奥多里克国王（King Theodoric）的宫廷，做了一名修道士。他在卡拉布里亚（Calabria）的维瓦利乌姆（Vivarium）建了一座修道院，并建立了一座重要的图书馆。这座图书馆的缮写室是一个重要的知识来源，至少有两本书是在那里被抄写的，并在写成之后被送到了英格兰北部的芒克威尔茅斯-贾罗修道院（Abbey of Monkwearmouth-Jarrow），供那里的基督教社群使用。一本是卡西奥多罗斯本人写的《诗篇评述》（*Commentary on the Psalms*）——达勒姆（Durham）的大教堂图书馆今日藏有这部作品的8世纪手抄本——另一本则是手抄本的圣经。这本圣经后来在芒克威尔茅斯-贾罗修道院的缮写室被复制，做成了一本现在被称为《阿米提奴抄本》（*Codex Amiatinus*）的书，被作为礼物送回罗马。它从未到达罗马，现在被收藏在佛罗伦萨的老楞佐图书馆（Laurentian Library）。阿米提奴抄本中甚至还有一幅图书馆的画，上面画着书架、书籍，旁边还有忙于写作的先知以斯拉（Prophet Ezra）。[30]

在这一时期，伊斯兰和犹太社群在基督教世界之外复制和传播着知识。在犹太教中，抄写《旧约》和其他宗教经典很重要，以至于渐渐有了关于如何处理书面文字的宗教法律。[31]纵观整个伊斯兰世界，尽管背诵《古兰经》的口述传统仍然占主导地位，但书籍成了传播圣书和其他思想的重要知识机制。伊斯兰社群从中国人那里学会了造纸，并且据 13 世纪百科全书编撰者雅古特·哈迈维（Yaqut al-Hallawi）所说，巴格达的第一家造纸厂成立于 794—795 年，那里生产的纸张足够官员们把以前羊皮纸和莎草纸上的记录都转移到纸上。[32] 纸（比莎草纸坚韧，且比羊皮纸便宜很多）可大规模获得，使穆斯林得以发展出复杂的书籍文化。因此，图书馆、纸商和书商在巴格达变得司空见惯，做书籍和纸张生意的人在这里都被誉为有文化的人。这种文化很快也传播到了伊斯兰世界的其他城市。

从伊斯兰统治下的西班牙到伊拉克的阿拔斯帝国（Abbasid kingdom），图书馆如雨后春笋般涌现。在叙利亚和埃及有大图书馆，伊斯兰西班牙有超过 70 座图书馆，仅巴格达就有 36 家，这里的第一批公共藏书是在巴格达的创建者，曼苏尔（al-Mansur，754—775 年）或他的继任者哈伦·拉希德（Harum al-Rashid，786—809 年）统治期间组建的。哈伦的儿子哈里发马蒙（al-Mamun）于 8 世纪建立了智慧之家（House of Wisdom），这里是一个致力于翻译、研究和教育的图书馆和学术机构，吸引了来自世界各地具有不同文化和宗教背景的学者。在这里，亚历山大的精神再次发挥了影响，老师和学生们一起翻译古希腊语、波斯语、叙利亚语和印度语手稿。在哈里发的赞助下，智慧之家的学者能够研究从君士坦丁堡带来的希腊手稿，并翻译亚里士多德、柏拉图、希波克拉底、欧几里得、托勒密、毕达哥拉斯、婆罗摩笈多（Brahmagupta）等许多大家的作品。接下来的几个世纪里，其他图书馆也纷纷涌现出来，比如由波斯人萨布尔·伊本·阿尔达希尔（Sabur ibn Ardashir）于 991 年建造的知识之家（House of Knowledge），这里收藏了一万多卷科学主题的书籍，但在 10 世纪中叶塞尔柱人（Seljuq）入侵期间被毁。[33]

一位评论家，埃及的百科全书编撰家加勒卡尚迪（al-Qalqashandī）提到，"阿拔斯王朝的哈里发在巴格达的图书馆……收藏了不可计数、比任何其他东西都有价值的书籍"。这些图书馆在 13 世纪蒙古人入侵期间受到了直接和间接的破坏。[34] 伊斯兰学者们也创造了自己的复杂学术研究，特别是在科学方面，一千多年后欧洲图书馆收集伊斯兰科学书籍的现象促进了新的科学方法的诞生。[35]

到了 7 世纪，北欧有了更多的修道院，大部分修道院也都设立了图书馆，不过大部分图书馆的藏书规模都很小。在英格兰，坎特伯雷、马姆斯伯里、芒克威尔茅斯-贾罗和约克的早期基督教社区有足够被称为图书馆的藏书规模，但这些岛屿上的书籍在北欧海盗入侵后幸存下来的少之又少。[36]

9 世纪初，圣高隆（St Columba）在爱奥纳（Iona）岛创立的一个修道院多次遭受维京人的攻击，院内多位僧侣被杀害，他们重要的缮写室也被摧毁了。有一种理论认为，著名的泥金装饰手抄本《凯尔斯经》（Book of Kells）实际上是在爱奥纳岛上被写成的，后来因为担心维京海盗劫掠而被移到了凯尔斯（Kells）。[37] 其中有一本书在北欧海盗的入侵中幸存了下来，那就是举世闻名的《林迪斯法恩福音书》（Lindisfarne Gospels），现藏于大英图书馆。其创作者是 8 世纪林迪斯法恩的基督教社群，当该社群在大约 150 年后搬到大陆上一个更安全的地方时，他们带上了这本书和他们的精神领袖圣卡斯伯特（St Cuthbert）的遗体。这本书是当今著名的早期基督教艺术作品，里面的绘画美丽而复杂精细，令人炫目，但在当时，它是北欧基督教化的有力象征。

离开林迪斯法恩岛一个世纪后，这本奢华地用贵金属、宝石和珠宝装帧的伟大书籍在杜伦的宗教社区安了家。到了10世纪中期，这里有位名叫奥尔德雷德（Aldred）的僧侣给经书的拉丁文本加上古英文注释；事实上，这是《新约》第一次以英语的形式出现。这位后来在达拉谟与切斯特勒街（Chester-le-Street）的姊妹社群产生关联的僧侣增添了一篇序文，记录这部经书的传统：担任圣职的修道士，在《福音书》的拉丁语文本中添加了古英语的注释，奥尔德雷德加了一页信息页，记录了这本书的信息：它由林迪斯法恩主教埃德弗里德（Eadfrith，约698—722年）所写，由继任主教艾希尔瓦尔德（Aethilwald，死于740年）装帧，由比尔弗里斯（Billfrith）用金、银和宝石装饰封面。在12世纪，杜伦的修道士西米恩（Symeon）认识到，这本"保存在这座教堂里的"书和圣卡斯伯特的遗体一样珍贵。[38]

博德利图书馆里有两本书来自这个时期的君士坦丁堡的一个图书馆，它们是现存最古老的完整的欧几里得《几何原本》和柏拉图《对话录》的副本。这两本书在9世纪末时都在帕特雷的阿雷萨斯主教（Bishop Arethas of Patras）图书馆里。

到了1066年诺曼入侵时，规模最大的藏书，如在伊利（Ely）的藏书，只有几百卷，比伊斯兰世界的要少得多。在诺曼征服之前，英格兰的大多数图书馆都很小，几个结实的箱子或橱柜就能放下，只有少数修道院有专门作为图书馆的房间。例如建于7世纪的彼得伯勒修道院（Peterborough Abbey）有一份幸存的赠给温彻斯特主教艾希尔瓦尔德——这位主教在970年重建了彼得伯勒修道院——的书的清单，上面只列了20本书。[39]尊者比德（the Venerable Bede）告诉我们，7 世纪初，教皇额我略一世（Gregory the Great）向坎特伯雷的奥古斯丁（Augustine）赠送了许多书籍，但这些书可能是礼拜仪式书和圣经。尊者比德唯一明确提到过的图书馆是诺森伯兰郡（Northumberland）赫克瑟姆（Hexham）的图书馆，那里存有殉教者们的受难史和其他宗教书籍。[40]

古代文明结束后，图书馆继续存在着，尽管希腊、埃及、波斯或罗马的图书馆都遭受过不同程度的破坏。通过抄写，新的图书馆很快成立，用来存放新书。其中一些新的基督教图书馆，比如圣凯瑟琳修道院的图书馆，或者维罗纳的牧师会图书馆，在古代世界的最后几年建成后一直沿用至今。有许多在后来几个世纪里创立的图书馆也存活了下来。他们创造了知识繁荣发展的典范，并形成了一个机构网络，这个网络后来在整个中世纪支持了西方和中东社会。

亚历山大图书馆的传奇产生了一种概念，即图书馆和档案馆是能够创造新知识的地方——这就是我们在缪斯神庙的书籍和学者中看到的。亚历山大图书馆的名声传遍了整个古代世界，并流芳百世，激励着其他人效仿它收集和整理这个世界的知识的使命：在 1647 年出版的《托马斯·博德利爵士生平》（*The Life of Sir Thomas Bodley*）的序言中，博德利吹嘘道，他建立的伟大图书馆甚至超越了 "那座埃及图书馆的伟大名声"。[41] 亚历山大图书馆的遗产也激励了为保护和保存知识而斗争的图书馆员和档案管理员们。

圣邓斯坦（St Dunstan）跪在耶稣脚下。来自《圣邓斯坦的课本》（*St Dunstan's Classbook*），10世纪晚期

第 3 章

书一文不值的时代

　　在中世纪的英格兰，有一个人受国王亨利八世的委托，从一座修道院到另一座修道院，游遍了全国。在动荡的都铎时期的背景下，马背上形单影只的约翰·利兰（John Leland）格外引人注目。在修道院图书馆被以宗教改革的名义摧毁之前，他的旅程给了这些图书馆藏最后一瞥。

　　利兰出生在一个发生着剧变的世界里。1000 多年以来，教育和知识一直由天主教会（Catholic Church，"catholic" 这个词的意思就是 "普遍共同"）控制着。一个由修道院和宗教团体构成的网络维持着图书馆和学校。英格兰仍然在从漫长而血腥的内战中恢复，一个新的王室家族 —— 都铎家族 —— 登上了王位，整个欧洲对于教会的财富与权力的不安情绪与日俱增。一场新的思想运动 —— 人文主义，鼓励学习古希腊、拉丁语和研究古典作家 —— 创造了一种思想的发酵，使人们得以通过一种新的方式看待世界。一种通过审视思想来源来质询假设的思潮在欧洲精英中流行了起来。英格兰主要的人文主义学者们［枢密院顾问、《乌托邦》的作者托马斯·莫尔（Thomas More）和圣保罗座堂的教长约翰·科利特（John Colet）］想要教导能传播这一信息的新一代学者。虽然利兰在童年就成了孤儿，但他的养父把他送去了约翰·科利特重建的学校，他在那里作为首批学生之一学习了拉丁语和古希腊语。这些学校与以前的学校很不一样，因为它们除了要求学生学习圣经和天主教作家的作品，还鼓励他们阅读古典著作。

从剑桥毕业后，利兰成了第二代诺福克公爵托马斯·霍华德（Thomas Howard）的儿子的家庭教师，之后去了牛津，可能在万灵学院（All Souls College）从事学术研究。虽然利兰并不富有，也没有贵族血统，但他像他的赞助人，红衣主教沃尔西（Cardinal Wolsey）一样聪明和有野心。在后者的鼓励下，他跨过英吉利海峡来到了巴黎，进入了当时一些最伟大的知识分子的圈子，其中包括博学的皇家图书管理员纪尧姆·比代（Guillaume Budé）和才华横溢的修辞学教授弗朗索瓦·杜·博瓦（François Du Bois）。在这些人的鼓励下，他钻研诗歌创作，并全身心投入到了人文主义的治学方法中，寻找并研究手稿中的素材。[1]

1529 年，利兰离开法国，回到英格兰。此时沃尔西已失势，而利兰就像他的新赞助人托马斯·克伦威尔一样，不得不在亨利八世充斥着阴谋、暗算、治罪和处决的宫廷的危险环境中找到生存的方法。

此时，亨利八世正在积累反对天主教会的论据。起初，这些只是为了找到一个办法好与他的王后，阿拉贡的凯瑟琳（Catherine of Aragon）离婚，并迎娶年轻漂亮的侍臣安妮·博林。他手下最好的顾问使用神学论点来支持他，但最初的离婚上诉后来升级成了一场更重大的争夺英格兰教皇权威的斗争。大胆的机会主义日益掩盖了辩论本身。如果亨利八世能成功，那他不仅能够掌控国家的宗教权威，还可以控制天主教会在前几个世纪积累的巨额财富。英格兰人所经历的这些事件我们现在称之为宗教改革。它是一场始于 1517 年德意志，由马丁·路德领导的强大改革运动，在 16 世纪蔓延到整个欧洲。利兰和克伦威尔都决心成为其中的核心人物。

亨利八世是都铎王朝的第二位统治者，由于没有男性继承人，他的王位岌岌可危。篡改历史成为王权争斗中的一件关键武器。在修道院图书馆中发现的手稿上的历史和编年史成了古代英格兰，特别是在诺曼征服之前，独立于教皇权威的珍贵证据。甚至像亚瑟王这样的英格兰神话人物的故事也被扯进了辩论。由此看来，这些图书馆里的内容可能是解开亨利未来的钥匙。利兰欣然接受了这个机会，利用他的学术才华来支持他在法庭上的地位。他成了研究亚瑟王的专家，并写了两部著作来证明他的历史真实性。他从此被称为"古文物学家"，这并不是一个官方职位，但用于描述一个对过去非常感兴趣的人很合适。

亨利八世的计划逐渐看到了成果。1533 年 5 月 31 日，安妮·博林胜利进入了伦敦，第二天在西敏寺加冕为王后。利兰甚至为这个由托马斯·克伦威尔精心安排的辉煌时刻写了官方的拉丁文庆祝诗，其中 8 次提到了国王的期望——希望安妮早生贵子。然而，亨利八世想让利兰为他效力并不是因为看重他的诗。利兰后来回忆道，在王后加冕礼之后，国王即让他去"详细考察和搜寻全国所有修道院和学院的图书馆……这是一次无比慷慨的委任"。[2] 通过这次委任，利兰积极参与了国王的"大事"——收集支持废除他与阿拉贡的凯瑟琳的婚姻以及他的新妻子安妮·博林的合法性的论据。在这些争论之后英格兰正式脱离教皇权威，并主张英格兰国教会的最高权威是国王而非教皇。

在利兰非凡的旅程中，他仔细阅读了他在 140 多座图书馆的书架上找到的书籍。他是一名热忱的研究人员，记录下了他考察过的书籍，并在每次旅行结束时为遇到过的情况写下笔记。他死后，他的朋友们试图整理这些笔记，但这并非易事。1577年，历史学家约翰·哈里森（John Harrison）说，它们已经"被虫蛀、发霉、腐烂"了，他的笔记本"完全损坏了，字迹因受潮和磨损而难以辨认，而且有几本笔记遗失了，所以不完整"。从哈里森的文字可以看出，试图理清这样一堆混乱的素材令他十分沮丧："他的注解如此混乱，以至于没有人能（以某种方式）读懂分毫。"[3]

这些笔记在 18 世纪被送来博德利图书馆时已被整齐地装帧起来了（这对我来说很是方便）。但起初，它们只是一大堆有着利兰字迹的纸，上面还有一层层叠叠的勾画和更正，有些带折痕，有些带污渍或者被水泡坏，还有一些被撕破或磨损严重。虽然利兰只列出了他认为特别有趣的书，它们也揭示了关于被毁的书的大量细节，能帮助我们确定许多幸存下来的书来自何处。这些书被毁或被移动有时是利兰的活动直接造成的。他的笔记中还记录了他对去过的图书馆的大量个人见解。利兰经常要长途跋涉才能抵达这些图书馆，很多行程是提前计划好的，它们被有序地列在清单上，利兰有时甚至还绘制粗略的地图来帮助他制定路线。

如今我们在乡间行走时会理所当然地使用地图辨认方向，但利兰游历全国时，距离克里斯托弗·萨克斯顿（Christopher Saxton）制作第一版印刷的英格兰地图还有 30 年。利兰的笔记显示了他仔细的准备，包括打算前往的图书馆的清单，甚至一些地点的小型缩略图，这些能帮助他有效地安排时间。有一张坎伯河口（Humber estuary）的地图显示了利兰在 1534 年参观

过的在林肯郡（Lincolnshire）和约克郡（Yorkshire）的一片修
道院。[4]

利兰试图记录标注的是中世纪英格兰分布在近 600 家图书
馆的丰富知识储备，其中有 8600 多册幸存的书籍。中世纪的
藏书包括规模较小的堂区图书馆拥有的为数不多的礼拜仪式书，
也有宗教团体的图书馆中非常整齐的大规模藏书。中世纪英格
兰最著名的图书馆之一是位于坎特伯雷的圣奥古斯丁本笃会修
道院（Benedictine Abbey of St Augustine）图书馆，其最后一
批中世纪目录被汇编时（1375 年至 1420 年间，1474 年至 1497
年间又扩充了目录），拥有近 1900 卷藏书。[5] 现知其中只有 295
本被保存到了今天。[5] 按照中世纪的标准，圣奥古斯丁修道院的
图书馆是很大的，其馆藏目录涵盖了最早在 10 世纪末于修道院
写就的或被送给修道院的书。大多数书都是宗教著作，要么是
圣经文本，要么是后来的神学家（例如尊者比德）对圣经的评
注，或者是教父的作品。图书馆使其修道院社区的人得以广泛
地阅读学习人类知识：从历史（包括古代和现代历史学家的作
品）到科学（包括天文学、数学、几何学）和医学，还有一大
块是有关古代伟大的博学者亚里士多德的著作。该目录中也有
少数的诗歌段落，有关法国、语法、教会法、逻辑学、圣人的
生平的书目以及一些信件。

格拉斯顿伯里（Glastonbury）位于英格兰西部，是英格
兰最伟大的修道院之一，也是利兰万分期待的目的地。这座修
道院不仅是亚瑟王陵墓的所在地（因此与亨利八世的政治诉
求极度相关），它的图书馆还是全国最著名的图书馆之一。利
兰生动地描述了他的首次参观："还没等我跨过门槛，仅仅是
看到这些无比古老的书籍，我就已肃然起敬，事实上我直接惊

呆了，因此我在此停留了一段时间。之后我拜见了这里的天才们，然后花了几天的时间怀着极大的好奇心查看了书架上的藏书。"[6] 利兰的笔记只提到了 44 本书，这些书基本契合他寻找古代证据的主要目标。他查阅了许多伟大的英格兰年代编撰者的作品，如马姆斯伯里的威廉（William of Malmesbury）、威尔士的杰拉尔德（Gerald of Wales）、蒙茅斯的杰弗里（Geoffrey of Monmouth）和道明会修道士尼古拉斯·特利维特（Nicholas Trivet）。除此之外，他还仔细查看了许多古代手稿，如阿尔琴（Alcuin）、尊者比德和阿尔弗里克（Aelfric）的作品副本，以及圣奥古斯丁或圣额我略·纳齐安（Gregory of Nazianzus）等教父的作品。它们在格拉斯顿伯里修道院被保存了几个世纪。这些书中有一些是亨利八世的政治运动所关注的重点，但另一些纯粹是服务于利兰自己的古文物研究项目，其中最引人注目的项目之一是他的巨著《名人传》（De uiris illustribus），此书汇编了所有不列颠的重要作家的记述。他对蒙茅斯的杰弗里的记录证实，他查阅了亨利二世的批准法令，以及石碑上的铭文，但他在格拉斯顿伯里的图书馆里读得最"如饥似渴"的是杰弗里的《梅林传》（Life of Merlin）这样的手稿。[7]

　　用利兰的话说，格拉斯顿伯里修道院是"整个（不列颠）岛上最古老、最著名的修道院"。利兰后来回忆他当时是如何"因长时间的研究工作而感到疲倦，多亏了……我的一位特别的朋友，无比正直的修道院长理查德·怀廷（Richard Whiting）无微不至的关怀，我才恢复了精神"。[8] 利兰获准进入了大多数他参观过的图书馆和修道院，这实属难得。我们可以想象一些东道主十分享受与他这位博学的参观者谈论英格兰的历史。在《名人传》中较晚的一篇记录里，我们可以一窥在格拉斯顿伯

里的此类景象 —— 利兰描述了他看到一部康沃尔的约翰（John of Cornwall）的手稿作品时的情形，当怀廷带领他穿过书架时："这本书实实在在地在我手中，第一次触碰它令我无比欣喜"，当修道院长"在别的地方叫我"时，利兰"忘了再回过头找这本书"。[9]

利兰在那里看到的一些书幸存了下来，其中最伟大的一些现藏于博德利图书馆。格拉斯顿伯里最著名的书叫《圣邓斯坦的课本》，这是一本杂集，有些部分可以追溯到9世纪、10世纪和11世纪，是从威尔士和布列塔尼（Brittany）的凯尔特文明带到英格兰的。[10]这本手稿由4个不同的元素组成，从字体风格到承载这些字迹的羊皮纸，每个部分看起来和感觉起来都非常不同：有些感觉像麂皮，柔软、厚实，近似丝绒的触感；而另一些部分要更薄、更易皱裂，这显示了中世纪早期制作羊皮纸的不同传统。

这本书提供了一个难得的机会，让我们得以一窥英格兰历史上一段流传下来的学术生活的迹象相对较少的时期。第一部分，也是最古老的部分，是一本由名为优迪克（Eutyches）的古代作家所著的语法写作书，称为《论遣词》（De Verbo），带有9世纪和10世纪的拉丁语和布列塔尼语注释，显示出它与欧洲思想的联系；第二部分写于11世纪下半叶，是一篇关于寻找真十字架的古英语布道文；第三和第四部分写于9世纪的威尔士，包括一本实用知识选集和一首著名的关于诱惑技巧的古罗马诗歌 —— 奥维德的《爱的艺术》（Ars amatoria），文中带有威尔士语注释。我们不能确定这些单独的部分是何时被收集在一起的，但扉页上有一幅画描绘圣邓斯坦（先后任伍斯特主教和伦敦的主教，最后于959—988年任坎特伯雷大主教）跪在基督的脚下，乞求他的保护。后来的题词表示这是圣邓斯坦自己的作品。[11] 圣邓斯坦是早期英格兰教会中最有影响力的人物之一，在这一深受欧洲修道院观念，尤其是本笃会运动改革影响的时期领导英格兰教会。

多亏了格拉斯顿伯里修道院的中世纪书籍目录被保存下来，让我们得知《圣邓斯坦的课本》1248 年就出现在这里了，我们还知道它在 15 世纪由一位兰利修道士（Brother Langley）保管着。这本书也是利兰在 15 世纪 30 年代来访格拉斯顿伯里修道院时无比着迷的 40 本书之一，他在笔记中称其为"优迪克语法书，曾被圣邓斯坦所有"。

不过，《圣邓斯坦的课本》和它的邻居们在图书馆书架上安居的日子此时已进入了倒计时。1534 年，《至尊法案》（Act of Supremacy）通过，亨利八世成了英格兰教会的领袖，标志着英格兰和威尔士的宗教生活正式脱离了教皇权威。在此之后，修道院开始被正式解散，在 1536 年通过了《土地没收法院法案》（Act for the Court of Augmentations，该法案创建了处理前修道院财产的机制）和《解散小型修道院法案》（Act for the Dissolution of the Lesser Monasteries）之后更甚。在短暂的喘息之后，当一些较大的修道院以为它们能侥幸逃脱时，托马斯·克伦威尔的计划加大了力度，1539 年通过了《解散大型修道院法案》（Act for the Dissolution of the Greater Monasteries），使最后剩下的一些大型修道院成了视察目标，最后这些修道院要么自愿放弃抵抗，要么被武力镇压了。其中一座"大型修道院"就是格拉斯顿伯里修道院，它不久后成了英格兰宗教改革中最后也最暴力的行为之一的发生地。

1539 年夏天，修道院幸存的财务记录记载了这个大社区延续了几个世纪的自然节奏：为食堂购买食物、维护场地、清理沟渠，70 岁的修道院长继续主持着机构的各项事宜。[12] 也许怀廷认为他的修道院得以幸免于难，一是因为他与利兰的友谊，二是因为他没有阻碍议会的改革（他是上议院的一员），并同其他很多修道院长一样，宣誓接受了国王在英格兰教会的最高领袖地位。但格拉斯顿伯里是一座出了名的富有的修道院，而亨利八世对于增加财富有着贪婪的欲望。1539 年 9 月，克伦威尔派专员前往格拉斯顿伯里修道院，指控怀廷"目无上帝，目无君主，根本不是真正的基督徒"。9 月 19 日，他在夏普汉姆园（Sharpham Park）的家中接受了检查，委员们发现了他"腐烂和不忠的心"的证据。但是，当怀廷不愿意交出修道院时，委员会的视察人员搜查了修道院，并"发现"了能将怀廷治罪的谴责国王离婚的文件以及私藏的钱。这就是委员们所需要的全部。怀廷于 1539 年 11 月 14 日在附近的威尔斯（Wells）小镇受审，他被指控的主要罪名是"窃取格拉斯顿伯里教会的钱财"。第二天，他被拖着穿过街道，然后被带到格拉斯顿伯里山丘，在那里，"他祈求上帝的怜悯，请求国王原谅他的严重罪行"，然后他被处以绞刑。他的尸体被切割，其中四分之一被带到了威尔斯示众，另四分之一被带到了巴斯（Bath），其余部分留在了伊尔切斯特（Ilchester）和布里奇沃特（Bridgewater）。他的头颅被放在了格拉斯顿伯里修道院的大门上。

这一血腥的进程带来了格拉斯顿伯里修道院的毁灭。不出几天，修道院的每一个角落和缝隙都被洗劫一空，[13] 所有财产都被挂牌出售：包括烛台和圣餐杯等银器，法衣和管风琴等教堂的设备，但也包括更普通的东西，如烹饪设备、陶器、餐具，甚至玻璃杯、床、桌子和铺地砖，还有屋顶上的铅和钟上的金属这些尤其值钱的东西。

格拉斯顿伯里修道院里的书籍很快就消失了。利兰的笔记是我们手头仅有的对宗教改革前夕修道院图书馆的描述，但根据早期的目录和关于其他修道院损失的更宏观的描述，我们可以估计有大约 1000 份手稿被毁。现在只剩下 60 本能够辨认的来自格拉斯顿伯里的手稿，散落在世界各地的 30 座现代图书馆中，但实际的数量很可能比这要高，因为许多手稿缺乏能够将它们锁定在具体某座中世纪图书馆的标记。

在格拉斯顿伯里托尔山发生的事情，只是宗教改革给不列颠群岛和欧洲带来的暴力和破坏的一小部分。仅在英格兰，就有数万本书被烧毁或拆散，被当作废品出售。用 17 世纪作家、历史学家安东尼·伍德（Anthony Wood）的话说："书一文不值，整座整座的图书馆几乎不用花什么钱就能全买下。"[14]

欧洲的修道院和其他宗教团体的图书馆也深受宗教改革影响。在德意志的下萨克森（Lower Saxony），修道院被拆除，包括书籍在内的所有可移动财产都被逃亡的天主教修道士和牧师带走了。在 1525 年的德意志农民起义（Peasants' War）中，许多图书馆和档案馆受到了农民们的针对，因为它们是存放奴役农民的封建契据和税单的地方。在这里，宗教改革是引发更广泛的社会运动的导火索，而被记录的历史是这些运动攻击的主要目标之一。16 世纪的德意志历史学家约翰·莱茨纳（Johann Letzner）曾经在瓦尔肯里德（Walkenried）进行自己的学术研究，并哀叹当地的图书馆在 15 世纪 20 年代被烧毁时令人惋惜的损失。修道院图书馆的珍贵书籍有的被用来当作泥泞道路上的垫脚石。希里亚库斯·斯潘根伯格（Cyriakus Spangenberg）

描述过，在 1525 年有手稿被填进修道院的井里。莱茨纳指出，在卡伦堡（Calenburg），市民因为书籍与旧宗教有联系而将其焚烧。[15]

约翰·贝尔（John Bale）是利兰的继任者，他在关于利兰艰苦旅程的作品《约翰·利兰艰苦的旅程和搜寻》（*The laboryouse journey & serche of John Leylande*）中对此进行了更详细的描述：

> 不假思索地毁灭一切，现在是，将来也永远会是英格兰最可怕的耻辱。他们中的许多人购买了那些充满迷信的府邸，保留了图书馆的书籍，有些被拿来擦鞋，有些被卖给了杂货商和肥皂贩子，有些被送到了海外的装帧商手上。令那些国家惊讶的是，送来的书数量不少，有时甚至是满满几船的书……还有什么比让国外以为我们是鄙视知识的人能为我们的国家带来更多耻辱和指责的呢？[16]

书籍被故意销毁的证据可以从那个时期的装帧材料中幸存下来的书籍碎片中找到。在 19 世纪中叶书籍生产被机械化之前，书都是手工装帧的，手工制作的装帧材料经常用废纸或羊皮纸加固，这一部分叫作"衬页"，通常是回收废弃书籍的材料制成的。

以不寻常的方式回收再利用旧书，这种做法可以追溯到中世纪，一些书（通常是礼拜仪式书 —— 牧师主持礼拜时所需的书籍）被拆散，当它们过时或破旧到不能用时就会被出售或回收。被再利用的羊皮纸除了加固书籍还有别的作用。现存于哥本哈根大学的一份冰岛的"手稿"就是作为一顶主教法冠的加固物被发现的。

宗教改革为图书装帧师们创造了大量的新材料，这些装帧商大部分集中在主要的图书生产中心，在英格兰即伦敦、牛津和剑桥。牛津的学者们对装帧时使用手稿碎片这一做法进行了最详细的研究。[17] 在 1530 年到 1600 年之间，装帧师们使用来自过时的或被用坏了的书籍（特别是大学生用的书）的印刷废料。随着宗教改革势不可挡地进行着，我们从后来书籍的装帧中找到了它对藏书的影响的证据，其中许多书至今仍然留在牛津的图书馆里。在 1540 年之前，礼拜仪式书在牛津很少被用作衬页，但从 15 世纪下半叶开始，它们也被频繁用作衬页了。对这一时期幸存的书籍装帧进行的研究表明，礼拜仪式书、圣经评注、圣人传记、教会法著作、经院神学、教父和中世纪哲学都成了可供装帧师使用的废料。

多亏了牛津大学仔细保管的学院历史记录，我们甚至有一些详细的例子。1581 年，1569—1573 年在安特卫普出版的著名的印刷版圣经被赠予万灵学院图书馆；普朗坦圣经（Plantin Bible）是一套庞大的 8 卷巨著，被牛津大学雇来修理这套书的装帧师多米尼克·皮纳特（Dominic Pinart）要了大量的羊皮纸来支撑其皮制封面的结构。于是有人从一本学院在 15 世纪收到的 13 世纪大开本《利未记》（Leviticus）评述中拆下了 36 到 40 页给他，这些书页也在皮纳特为温彻斯特公学（Winchester College）装帧的一本书中被找到了。奇怪的是，这本评述的其他书页没有被使用，且这份被破坏了的手稿至今仍然留在万灵学院图书馆里。[18]

不仅以前的修道院的图书馆被摧毁、藏书四散流失，其他种类的书籍也被挑出来销毁了，这些是现在被视为非法的天主教礼拜仪式书：神父和其他人长期以来在未经改革的中世纪教会中为钦崇而进行的复杂的正式宗教仪式中使用的弥撒经书、交替圣歌集、日课经、手册和其他书籍。在宗教改革早期，这些书开始在修道院和教堂被销毁，但随着 1549 年《废除及处理各类书籍和圣象法案》（Acte for the abolishinge and putting away of diverse books and images）的通过，国家加强了对销毁的支持力度。

当然，这并不意味着没有人抵制这种破坏和审查。一本为圣海伦的兰沃斯（St Helen's Ranworth）的堂区教堂制作的交替圣歌集（唱诗班使用的带有乐谱的大型礼拜仪式书）流传至今。为了符合有可能决定圣海伦堂区的神父、堂会理事及其他官吏的性命的新的宗教审查法律，这本书经过了仔细的调整。根据 1534 年的法案，有关英格兰圣人托马斯·贝克特（Thomas Becket，他因为违抗英格兰国王而殉道）——的内容需要从历法中删除：当时所有礼拜仪式书中都有一部分详细说明了一年当中纪念每个圣人和其他重要宗教节日的日期（各地通常还会加上当地的圣人）。兰沃斯交替圣歌集中用非常浅的对角线"抹去"了圣托马斯的词条，使这些文字仍然能被轻松阅读。当玛丽·都铎掌权并重新推行天主教时，有关圣托马斯的文本就又被写回了这本交替圣歌集中。[19]

虽然宗教改革期间的损失是巨大的，但幸存下来的案例——目前已知只有 5000 或更多本的书籍从不列颠群岛中世纪修道院的图书馆中幸存下来了——生动地证明了个人能够如何抵抗知识被毁坏。这些人有时是被迫离开修道院的修道士、修女、托钵修会修道士和教堂教士，有的间或带走了其修道院最珍贵的书籍。在约克，本笃会修道院的前修道士理查德·巴维克

（Richard Barwicke）从修道院图书馆带走了一些书，把它们留给了一位世俗的朋友。威廉·布朗（William Browne）是约克郡的蒙克布雷顿的最后一位小修道院院长，当本笃会解散时，他带走了 148 本书。1557 年，伍斯特郡的伊夫舍姆（Evesham）本笃会修道院的最后一位院长菲利普·霍福德（Philip Hawford）去世时，他名下有 75 本书，大部分是他当修道士时得到的。[20]即使是这些幸存的书中最著名的中世纪手稿《凯尔斯经》（现在是都柏林圣三一学院最伟大的宝藏）也极有可能是被凯尔斯的圣马利亚修道院（St Mary's Abbey）的院长理查德·普朗基特（Richard Plunket）带走的。它们是危险的纪念品，在宗教改革最激烈的新教时期更是代表着无穷的隐患。在那个时期，整个北欧的教堂的装饰、色彩、雕像和宗教肖像都被剥除了。

《圣邓斯坦的课本》之所以能幸存下来是因为它到了文艺复兴时期的收藏家托马斯·艾伦（Thomas Allen）名下。艾伦从全国各地被拆散的修道院图书馆收集书籍。牛津的一位书商似乎买了许多旧手稿，因为"在爱德华六世统治时期，在宗教被改革时，一车手稿被运出了墨顿学院（Merton College）的图书馆……艾伦先生告诉他，是老加布兰德，那个书商……从墨顿学院买下了它们……艾伦先生从他那里买了一些"。如此推测，加布兰德·哈克斯（Garbrand Harkes）从 15 世纪 30 年代到至少 70 年代一直很活跃，他可能已经能够为他的常客从更远的地方寻找手稿了。[21]

直到 16 世纪末，即便在偏远地区的英格兰，收藏家也可以买到格拉斯顿伯里的其他手稿。在 1639 年，学者出身的阿马大主教（Archbishop of Armagh）詹姆斯·乌雪（James Ussher）就已经看到了格拉斯顿伯里修道院的《大图表》（*Magna Tabu-*

la），这是一块巨大的折叠木板，写着文本的羊皮纸贴在其上。它被保存在坎布里亚郡的一个偏远角落，纳沃斯城堡（Naworth Castle），离哈德良城墙很近。《大图表》上记录了亚利马太的约瑟（Joseph of Arimathea）——他被认为是耶稣的舅父——建立格拉斯顿伯里修道院的传说，以及埋葬在那里的圣人的故事，它采取这种材料和设计的目的似乎是让其立在修道院教堂里，以便于修道士和其他礼拜者看到和阅读。它仅合上的尺寸就超过了2英尺乘3英尺①，同时也是博德利图书馆最重的手稿之一，每当有学者要求看它时，图书馆负责取书的工作人员都叫苦不迭。把它从格拉斯顿伯里运到纳沃斯绝非易事，这证明了近代早期英格兰的旧书贸易不仅很坚决，而且有很高的效率。[22]

一位保护了一些书籍免遭破坏的重要人物就是一直履行国王要求的约翰·利兰。在他的《艰苦的旅程》中，他讲述了他是如何"保存"了修道院书籍，并在他的诗《反权力之爱》中说，他为格林尼治、汉普敦宫（Hampton Court）和西敏寺的皇家图书馆配备了新的书架，以容纳他找到的一些被解散的修道院的藏书。利兰为皇家图书馆识别了一些书籍，其中许多现在被视为文化瑰宝，例如现藏于大英图书馆的一本9世纪的福音书，它与盎格鲁-撒克逊国王埃塞尔斯坦（Athelstan）有密切的联系，就在利兰从坎特伯雷的圣奥古斯丁修道院为国王获取的一批书当中。[23] 这本书是都灵的克劳迪乌斯（Claudius of Turin）所著的《马太福音》评注的12世纪手抄本，这本书与盎格鲁-撒克逊王室的关系是很清楚的，但更难令人理解的是，为什么这本利兰曾于1533—1534年在兰索尼修道院（Llanthony Priory）看到过的

---

① 即 0.6096 米乘以 0.9144 米，约为 0.56 平方米。——编者注

晦涩的评注也被他收入了国王在西敏宫的图书馆。[24]

利兰可能在访问期间就选择了书籍，并快速将它们转移了出去，但更有可能的是，在委员们视察修道院之前，它们一直留在原地。作为皇家藏书（目前大部分位于伦敦的大英图书馆）幸存下来的大部分书籍都没有留下明确的被利兰经手的迹象，但他肯定在保存这些书籍方面发挥了重要作用。[25] 在一封关于沙福郡（Suffolk）的贝里圣埃德蒙兹镇（Bury St Edmunds）的本笃会修道院的大图书馆的信件中，我们可以一瞥这个过程可能是如何运作的。在 11 月 4 日，修道院正式解散 5 天后，利兰回到了贝里圣埃德蒙兹镇"看那里的图书馆还剩下什么书，或者有哪些书被藏进了修道院建筑的其他角落"。[26] 我们还知道，当利兰的朋友兼继任者约翰·贝尔看到利兰的个人图书馆时，图书馆里有至少 176 册藏书，而贝尔可能只列出了其中的一部分。

虽然利兰造成了一些图书馆的藏书的散落，但他对书籍的破坏是感到无比惊骇的。他写信给他的赞助人托马斯·克伦威尔说，"现在德意志人意识到了我们的……疏忽，他们必然会每日派遣年轻学者到这里来收集战利品（书本），把它们带出图书馆，回国后把它们作为自己国家的不朽杰作留在异乡"。[27] 但是，利兰可能是在经历其旅程的激烈阶段，并在 45 岁左右于宫廷中经历了失宠大约 10 年后，才逐渐充分领会了解散修道院对图书馆的全部影响，以及自己已经偏离了人文主义的初心多么远。一封幸存下来的信"悲痛地哀叹他突然的崩溃"。[28]

1547 年，约翰·利兰发疯了。他陷入了一种狂乱的状态，他位于伦敦加尔都西修道院（Carthusian priory）[被称为"卡尔特修道院"（Charterhouse）]旧址的小住所，变得杂乱无章，文件四处散落。他的朋友们前来帮忙，但为时已晚。利兰已经深深陷入了"疯狂或精神错乱，因为他的头脑突然崩溃，因为他的大脑有缺陷，因为他的痛苦使他发狂，因为他的抑郁或其他精神上的任何不起眼的特质"。1547 年 2 月 21 日，亨利八世去世几周后，利兰被正式宣布精神失常，"他从那一天起发狂了，之后一直如此"。1551 年的一份官方文件记载道，他"疯了，精神失常、精神错乱、暴怒、发狂"。[29] 他可能受了精神疾病的影响。我们无法重建他精神状态的衰退，但对于这样一个好读书的人来说，当他意识到自己的事业参与了对知识如此巨大的破坏时，这可能是十分难以承受的。1552 年 4 月，利兰去世了，但宗教改革仍然在继续。[30]

破坏不限于摧毁旧宗教的文本及其被容纳的机构，修道院和其他宗教场地的中世纪档案也受到了影响。它们之所以被保留了下来，主要是它们为热衷于向租户收取租金的新的所有者提供了法律和管理上的便利。拥有地契对组织收租或日后出售地产是至关重要的。在 16 世纪 20 年代，宗教改革的前兆之一是镇压牛津的两座修道院：圣弗丽德丝维德（St Frideswide）修道院和奥斯内（Osney）的奥古斯丁修道院。这两所修道院都被关闭了，其部分财产被转移去修建了红衣主教学院（Cardinal College），后者在 1525 年开始改造旧建筑和建造新建筑。这所新学院是亨利八世送给沃尔西红衣主教的"礼物"。沃尔西于 1529 年失宠后，红衣主教学院又经历了一段变革时期，于 1546 年成了新教的机构，更名为基督堂学院（Christ Church），同时圣弗丽德丝维德的旧修道院教堂成了牛津的新主教座堂。基督堂学院的新管理者们决心对他们现在拥有的巨大土地保持组织上的把握。这两座修道院档案室内的文件肯定在 15 世纪 20 年代的某个时候被转移到了一个中央记录仓库，地契和其他文件在那里开始被整理分类。这一过程导致基督堂学院的回廊附近的一个房间里堆积了大量文件。在 17 世纪中叶，古文物研究者安东尼·伍德就在那里查阅了这些文件。

在整理地契和其他土地权属记录的过程中，一些文件被故意忽略了："而且由于这些人员不是这些证据所涉及的土地的主人，他们丝毫不爱护这些证据，而是把它们放在一个临时露天的地方，因此（这些文件）严重受损，变得难以辨认。"[31] 伍德可以随心所欲地支配他在那里找到的材料，在他保留下的文件中，至少有 2 份，甚至可能有 3 份是 13 世纪最早的《大宪章》（Magna Carta）的官方副本，这是中世纪英格兰最重要的政治文件。

约翰王（King John）和英格兰诸侯在 1215 年 6 月最后一次会面后在兰尼米德（Runnymede）战场上签署的最初协议没有流传下来，但是皇家大法官法庭（Royal Chancery，英格兰君主的法律管理机构）的官方国家抄书吏缮写的一系列副本，上面盖着国王的印，并与正本具有相同的法律效力。这些文件在 13 世纪定期发布，送到各郡县，由国王的代表郡长大声朗读，然后郡长们找个安全的地方保存这些文件。在牛津郡，最近的适宜妥善保管文件的地点是奥斯内修道院。16 世纪 20 年代，1217 年和 1225 年的《大宪章》正式缮写副本正是从奥斯尼修道院与其余的修道院档案一起被转移到了红衣主教学院。[32]

由于《大宪章》与土地所有权无关，这些文件被转移到了一堆无用的文件中。安东尼·伍德一下就看出了这些文件的重要性，并将其保存了下来。它们最终被送到了博德利图书馆。多亏了像伍德这样的个人和博德利图书馆这样的机构保留了《大宪章》的正式缮写副本，其文本的内容成了 17 世纪和 18 世纪支持民主和法治的宪法论点的关键部分，至今仍然对我们心目中好政府的概念有着重大影响。

16 世纪的欧洲宗教改革在很多方面都是知识史上最糟糕的时期之一。数十万本书被毁，还有其他不计其数的书被从它们所在的图书馆移除，其中许多书连续好几个世纪流落在外。处于宗教改革第一线的修道院的档案没有得到同样程度的研究，但正如有关《大宪章》的描述所显示的那样，大量的档案文件被毁了。担任图书馆员和档案管理员的修道士和修女们无力阻挡宗教改革的力量，因此保存书籍和档案的任务落在了一群特殊的人肩上。用 17 世纪作家约翰·厄尔（John Earle）的话说，他们"在过去的岁月里节俭得出奇"，他们通常会"仰慕古老古迹的锈迹"，他们"迷恋皱纹，喜欢一切发霉和被虫蛀的事物（就像荷兰人对奶酪的喜好一样）"。这些人都是古文物研究者，而且根据厄尔的说法，是一种典型的"永远都喜欢钻研手稿，尤其是被虫蛀了的"手稿的人。[33] 他们对过去非常感兴趣，并渴望收集图书馆的遗存。他们的动机经常一部分源自他们的天主教信仰［比如威廉·霍华德勋爵（Lord William Howard）］，但有时也是源自他们的新教信仰（毕竟利兰是为了支持亨利八世离婚和脱离罗马教廷的论点）。对过去的热情以及对恢复思想和知识的热情把他们团结在了一起，组成了人际网络，这意味着他们可以互相抄写彼此的书籍，甚至在 1607 年成立了一个协会——这个协会起初的寿命很短暂，但是在一个世纪后被重组，并以古文物协会（Society Of Antiquaries）的名字存在至今。对于中世纪时期的知识，这些人帮助保存了可观的一部分。他们的功绩触发了许多最重要的现代图书馆的创建，并促进了图书馆员和档案管理员的职业发展。

托马斯·博德利爵士（Sir Thomas Bodley，1545—1613）。肖像，不知名艺术家，约 16 世纪 90 年代

第 4 章

拯救知识的方舟

由于修道院的图书馆不是关闭了，就是缺乏运营资金的支持框架，所以知识保存方面出现了缺口。一些人在填补这些缺口上发挥了重要作用，其中最重要的人物之一就是托马斯·博德利爵士。英格兰当时最伟大的知识分子弗兰西斯·培根将博德利的贡献——创建至今仍然以他的名字命名的图书馆——描述为"从洪水中拯救知识的方舟"。[1]培根所指的洪水显然是宗教改革。当这场宗教变乱席卷牛津时，牛津大学图书馆的规模和质量都已经成长为一处大型的藏书机构，是最大的非修道院图书馆之一。

在牛津大学建一座图书馆这个想法是随着 4 个世纪前的借贷箱（loan chests）的概念出现的，后者允许人们以书籍——当时的贵重物品作为抵押借钱。宗教团体对牛津市和新兴的牛津大学的图书馆文化的发展具有重要意义。牛津市最早的几所有组织的图书馆是由奥古斯丁会（Augustinian Order）和熙笃会（Cistercians）分别在 12 世纪和 13 世纪建立的，前者建立了奥斯内修道院和圣弗丽德丝维德修道院，后者建立了鲁利修道院（Abbey of Rewley）。这些宗教机构都有图书馆，虽然它们不是牛津大学的一部分。托钵修会（mendicant orders）——

指在城市旅居的笃信天主教的男男女女，专注于学习和布道——与大学的融合程度要高得多，特别是道明会和方济各会（Franciscan）的修道士，这两个宗教团体在牛津的修道院也都有图书馆。[2] 道明会还设有"抄写员"（librarius）一职，即他们的社群中负责照看和管理书籍的使用的人。从 13 世纪末开始，修道士们开发了一套整理藏书的系统，使一些书籍组成了一套"流通"藏书，学生（新修道士）们能拿到被分配给他们的书，并且允许把这些书带回房间供个人使用。一些较为富裕的学院很快开始模仿这些修道士的做法开发起了自己的藏书。同时还存在公共图书馆，它们成了参考藏书，被保存在一个特别指定的房间里，供人们安静地查阅，这些书经常是被链子拴在图书馆的书架上的。这种做法在牛津第一次出现是在 13 世纪的方济各会修道院，那里修道院图书馆（libraria conventus）与学生图书馆（libraria studencium）是分开的。[3] 这种"两套藏书"的方法很快被牛津大学的各学院采用了，大学学院（University College）1292 年的新章程正式表示了这一点，但在奥里尔（Oriel）、墨顿、埃克塞特（Exeter）、王后（Queen's）、贝利奥尔（Balliol）、莫德林（Magdalen）和林肯等学院也有体现。尽管人们很容易将实体房间认作"图书馆"，但实际上真正的图书馆是这两套藏书的总和。[4]

　　到了 14 世纪初，牛津大学（而非单独的学院、府邸和女修道院）借贷箱中的藏书开始大幅增长，以至于需要有一个新的专门建造的图书馆房间来存放这些书籍。有人提议在存放抵押书籍的大学教堂（University Church）旁边另盖一栋图书室来存放书籍。然而，在 1439—1444 年，亨利五世的弟弟格洛斯特公爵汉弗莱（Humfrey, Duke of Gloucester）慷慨赠送的 5 批书籍使图书馆的规模扩大了1倍，并首次让人文研究的作品出现在主要藏书为经院哲学书籍的中世纪图书馆中。这些新书中除了柏拉图、亚里士多德和西塞罗等古代作家的作品，还有法国人文学者尼古拉·德克莱芒热（Nicolas de Clamanges）的作品和意大利人文学者莱奥纳多·布鲁尼（Leonardo Bruni）翻译的普鲁塔克的作品。[5]牛津大学立即决定改造一个已经开工的新建筑项目［今天被称为神学院（Divinity School）的宏伟的中世纪房间］，在其上加了一层楼来容纳大学图书馆。这间新图书馆既是被设计来存放藏书，也是为了让大学的学者们能够使用这些藏书。尽管自15世纪中叶以来，牛津市和牛津大学都发生了惊人的变化，但这座空间的石头结构至今仍然奇迹般地未被改变，依然作为一个图书馆房间被使用着。[6]

　　这间今天被称为汉弗莱公爵图书馆（Duke Humfrey's Library）的房间里的书籍是被链条拴住的，以确保这些贵重的书籍能留在原位供其他人使用，图书馆也成了学习的中心场所。这个工作环境是在克里斯托弗·哥伦布登陆美洲大陆4年前开放的，今天使用这所图书馆的学生和研究人员们仍然可以看到石窗和装饰着人和动物头像的屋顶托梁。

　　中世纪大学图书馆的学者们对藏书的使用权被粗暴地打断了。1549—1550年，国王爱德华六世的特派员访问了牛津大学。虽然我们不知道确切的情况，但到了1556年，这里的书已经全没了，大学选举了一群高级官员负责把图书馆的家具和装置卖掉。据估计，大学图书馆最开始的书有96.4%丢失了。[7]留存至今的只有寥寥数本，以及那15世纪的原始书架在石头墙墩上留下的阴影。

　　那些书怎么了？在这些事件发生一个多世纪后，安东尼·伍德在他的《牛津大学的历史与文物》（*the History and Antiquities of the University of Oxford*，1674）一书中写道："被宗教改革运动者们拿走的书有的被烧了，有的被廉价卖给了书商，或卖给了手套贩子用来压手套，或卖给了裁缝用来当尺子，或卖给了装帧商制作书籍封面，还有一些被改革运动者们留下自用了。"[8]

只有 11 本书幸存下来。在博德利图书馆中目前仅存 3 本：一本约翰·卡普格雷夫（John Capgrave）的《〈出埃及记〉评注》（*Commentary on the Book of Exodus*），古典作家小普林尼的《书信集》（*Letters*）——这部抄本大约在 1440 年誊抄于米兰——以及一本 1444 年被赠予牛津大学的尼古拉·德克莱芒热的《作品集》（*Works*）。[9]

但从这场破坏中诞生了世界上最著名的图书馆之一。博德利图书馆最新的部分，韦斯顿图书馆（Weston Library）里挂着一幅 16 世纪的油画，画中人就是造就了博德利图书馆的托马斯·博德利爵士。今天你仍然能从这幅肖像中发现博德利像坏小子一样的魅力。他衣着考究，胡须修剪得很整齐，眼睛里闪烁着坚定的光芒。博德利于 1547 年出生于一个富裕的家庭，但他的童年仍然被宗教改革的暴力和不确定性破坏了。他的父母完全皈依了新教，以至于玛丽·都铎于 1553 年继承王位并将天主教重新引入英格兰时，整个博德利家族都被流放了。玛丽去世后，博德利家族回到了英格兰，托马斯进入了牛津莫德林学院，并于 1566 年毕业。在接下来的 30 年里，他在埃克塞特成了一名成功的商人（他娶了一位从事沙丁鱼贸易的富有寡妇，这场婚姻大大帮助了他自己的事业）和伊丽莎白一世的外交官，成了她的宫廷圈子中的一员。16 世纪 90 年代回到牛津后，他和老朋友亨利·萨维尔爵士（Sir Henry Savile）开始着手重建牛津大学图书馆。[10]

托马斯·博德利爵士在他的自传中阐述了自己的个人使命。"我终于决定从此在牛津大学图书馆门口安家，"他写道，"我完全确信……没有别的事业比把这里（当时到处都被荒废糟蹋了）还原成能供学生们公开使用的状态更值得我投入一切精力的了。"[11] 他在 1598 年已经向牛津大学校长详细阐述了这个想法，指出"牛津以前有一个公共图书馆，但您也知道，现在只剩下房间了。我会按照您的规章制度，自己全权负责并自费把它还原到以前的使用状态：放置合适且美观的座椅、书架、书桌，并……协助提供书籍"：博德利愿意自掏腰包，为这个项目投入巨额资金。[12]

从 1598 年开始，大量书籍快速涌入了这座新图书馆，这显示了人们对其需求之迫切。托马斯爵士从他的个人藏书中捐赠了超过 150 卷手稿，其中有的可以说是博德利图书馆所拥有的最华丽的泥金装饰手稿：1338—1344 年于佛兰德（Flanders）写就及绘制的，12 世纪诺曼诗人，巴黎的亚历山大所著的《亚历山大传奇》；与之装订在一起的还有同样讲述了亚历山大大帝传奇故事的中古英语手稿以及《马可波罗游记》（*Li livres du Graunt Caam*）的中古英语译本。这部手稿的这一部分中有史上最有名的描绘威尼斯的图画之一，约 1400 年绘制于英格兰，这幅画多年以来几乎出现在了每一本有关威尼斯历史的书中。毫无疑问，《亚历山大传奇》是由一位非常富有的赞助人委托制作的——很可能是一个有权有势的贵族甚至是王室——因为最出色的抄写员和艺术家强强联手，这本书才能如此华美。对于这一时期的中世纪手稿来说，它的尺寸很大，每一页都装饰着大量的花卉图案，以及富有想象力、引人入胜的描绘日常生活场景的页边插画。即便我已经在博德利图书馆工作了 17 年，每当看到这本书，我仍然会因喜悦而激动得颤抖——闪闪发光的金箔带来的感官愉悦，点亮页面的多彩颜料与手写文字之美的完美结合，以及翻动大张羊皮纸书页时发出的低沉声响，无不显示出它是世界上最伟大的文化瑰宝之一。

1857 年 4 月 27 日，埃克塞特学院的一名年轻本科生获得了查看《亚历山大传奇》的特殊许可。他是威廉·莫里斯（William Morris），后来成了 19 世纪最有影响力的艺术家、设计师、作家和政治思想家之一。在看到这本手稿后不久，莫里斯和爱德华·伯恩-琼斯（Edward Burne-Jones）与他们的前拉斐尔兄弟会同僚们受其启发，以亚瑟王的故事为主题装饰了牛津大学联合图书馆的墙壁，展示了骑士战斗、侠义事迹和宫廷礼仪的画面。查阅这些华美的泥金装饰书籍对于莫里斯和伯恩-琼斯来说是一次影响深远的经历，帮助他们将中世纪美学牢牢熔铸在了脑海中。[13] 莫里斯余生持续从中世纪美学和中世纪制作物品的方法中获取灵感，体现这一点的核心就是他以同样的风格创作了自己的书籍，甚至还为此在伦敦设立了自己的印刷作坊——凯尔姆斯科特印刷所（Kelmscott Press）。

托马斯·博德利人际网络里的朋友和合作伙伴们都站出来赠送了手稿、档案、印刷书籍、硬币、地图和其他材料，还提供了购买新书的钱财。这些材料中有许多来自已经解散了的修道院的手稿，但也有 15 世纪关于国家事务的国家文件。他们认识到，这个新的机构提供了一系列不同于当时其他任何图书馆的属性。这些早期捐赠者中有的是古文物研究者，如伟大的历史学家威廉·卡姆登（William Camden）、罗伯特·科顿爵士（Sir Robert Cotton）、《圣邓斯坦的课本》的所有者托马斯·艾伦和沃尔特·科普爵士（Sir Wlater Cope）。其他人是博德利自己的家庭成员，比如他的弟弟劳伦斯，是埃克塞特座堂的一名法政牧师，曾于1602年说服其座堂主任牧师和全体教士从座堂图书馆拿出了81卷手稿捐赠给牛津大学图书馆。但博德利除了保留图书馆过去的优点，还热衷于做出一些超越，他希望图书馆在未来也能保持其价值和意义。1610年，他与伦敦书商公会（Stationers' Company）签订了一项协议，这意味着书商公会成员出版的每一本书，以及在公会会所注册过的每一本书都要在这座新图书馆里放一册。[14]

西方文明的梦想之一就是在一个图书馆里积累人类的所有知识，这一目标始于亚历山大图书馆的传说，并在文艺复兴后强势回归，因为越来越多的人意识到，图书馆可以帮助他们的社区解答人类的所有问题，或者至少为他们提供查阅一部重要学术著作中所有参考文献的机会。宗教改革摧毁了欧洲尤其是不列颠群岛的许多图书馆。这些损失无法被准确量化，但我们从各种不同的证据中得知，不列颠群岛上宗教改革前的图书馆藏书中的70%—80%丢失了，欧洲修道院图书馆的书籍被毁或丢失的比例略低。

宗教改革也在其他方面对书籍造成了损害——尤其是反宗教改革（Counter-Reformation）引发的对希伯来语书籍的强烈抵制。看一眼从这些不同的袭击中幸存下来的为数不多的几本书，我们不可否认地已失去了大量天主教中世纪的知识——不仅是去世的作家的作品，还有知名作家的作品被不同宗教社区或不同人阅读的证据。由于中世纪修道院档案遭到破坏，我们丢失了有关那时人们的日常行为的文件证据，正如我们通过

《大宪章》的例子所了解到的那样，这些档案有时为了妥善保管，会保有一些出人意料但极其重要的文件。

在图书馆的成立章程中，托马斯·博德利爵士对图书馆的安全、维护和谨慎管理做出了许多详细的规定，部分直接回应了之前发生的对知识的破坏。通过确保图书馆的维护，托马斯爵士还可以确保不仅是牛津大学的成员，而且他所说的"知识世界的所有公民"都能够使用图书管理的材料。他在提供知识方面的想法很新颖。欧洲没有哪家其他图书馆能如此致力于维护自己的藏书、积极扩充藏书，同时将其使用权扩展到其直接成员以外的群体。博德利图书馆自身的档案记录了其藏书在1602年正式开放后几年的使用情况，使用者包括来自但泽、蒙彼利埃、汉堡，还有来自英格兰其他地区的学者。[15]

托马斯爵士的另一项创新是出版图书馆的藏书目录。第一本内容翔实的图书馆目录是莱顿大学图书馆在1595年出版的，这本目录也标志着其新图书馆建筑的开放。一幅绘于1610年、描绘莱顿大学图书馆的著名版画显示，这里的藏书被分成了7个门类：神学、法律、医学、数学、哲学、文学、历史。[16]

1627年，颇具影响力的、创作过图书馆方面的专著的作家加布里埃尔·诺代（Gabriel Naudé）批评米兰的盎博罗削图书馆（Ambrosian Library，欧洲为数不多的向公众开放的图书馆之一）缺乏学科分类，且书籍"乱糟糟地堆在一起"，他写道："图书馆最大的功劳应该是让每个人都能找到自己所搜寻的内容。"[17]与之相反，博德利图书馆就十分有条理。1605年（向读者开放3年后），它成了英格兰第一个印刷并传播其目录的图书馆。该目录只将知识分为了4类：艺术、神学、法律和医学，但也提供了一份作者的综合索引，以及亚里士多德和圣经的评论家的专门索引。这个目录是博德利图书馆的第一位馆长托马斯·詹姆斯（Thomas James）的杰作。他和博德利之间的大部分书信都幸存了下来，其中数量惊人的一部分都与目录有关。

博德利图书馆最早的目录是在这个新修复的、被今天我们称为汉弗莱公爵图书馆的空间里，在每排书架尽头被放在木框里的列表（被称为"表格"）："在放置和处置图书馆书籍时，你绝不能有疏忽，必须仔细注意它们的字母顺序或科系分类。"[18] 最后，除了放在书架上的最早目录，还有形成了该目录的科系列表。这本目录的外观是一本小书，其尺寸曾被称为"四开本"，即一本书的开本；虽然它只有约 22 厘米高，有 400 多页正文、200 多页附录和 64 页索引，但它的规模与一本内容充实的出版物相当。该目录被广泛传播，在法兰克福书展（至今仍然是全球出版商最重要的年度集会，也是新书推广的地方）上出售，并开始被其他收藏家和图书馆使用。例如，伟大的法国收藏家，巴黎的雅克–奥古斯特·德图（Jacques-Auguste de Thou）和苏格兰诗人，爱丁堡霍所顿的威廉·德拉蒙德（William Drummond）就拥有 1605 年的目录。1620 年，博德利图书馆进行了创新，按照作者的字母顺序制作了新版的目录——这一做法在之后的几个世纪内成了编目的标准，但后来成了思想史上的里程碑。[19]

博德利图书馆与其他欧洲近代早期的图书馆的不同之处，在于它使被保存下来的知识能够为人们所用的方法。今天，人们可以在世界任何地方搜索博德利图书馆的目录，2018—2019 学年的搜索量超过了 1400 万次；超过 30 万牛津大学之外的读者前来使用了博德利图书馆的阅览室，还有数百万人从世界各国（朝鲜除外）下载了我们的数字藏书。这种保存和访问的结合意味着 17 世纪和 18 世纪初的博德利图书馆将成为实际意义上的国家图书馆。

　　档案文件的保存也发生了变化。在中世纪时期，牛津大学的复杂性质及其多所学院、府邸和旅馆意味着需要维护的文献和行政信息过剩。随着大学获得了管理权、授予学位的权力和其他对于其成员的权利，保存记录也立刻变得有必要了。最早的记录是关于学生的学业和纪律的章程和指示。现存最古老的一封给牛津大学的信——这可能是显示这所大学是一所著名机构的最早迹象——写于 1217 年或 1218 年，来自教廷使节瓜拉红衣主教（Cardinal Guala）。[20] 随着牛津大学规模逐渐变大，整体也变得更有组织，大学的早期官员（其中一些官职至今仍然存在，比如学监）开始保存入学注册表（学生登记选修某学科的正式表单）和大学教职员表（大学校长以及其他大学研究人员表）。直到今天，大学里的人们依然会查阅与这些登记表性质相同的名单，它们现在被称为"主档"，上面记录着现在（或曾经）拥有学位和其他形式的大学成员特权的人。

　　同样的方法也延伸到了大学以外的领域。为政府目的收集知识的过程是在中世纪建立的，但在 16 世纪，在亨利八世与他的牧师（沃尔西红衣主教和托马斯·克伦威尔）带来的宗教变革的推动下，这一过程在英格兰向前迈出了戏剧性的一步。沃尔西在 16 世纪 20 年代的调查成果《教会财产登记》（*Valor Ecclesiasticus*）——亨利八世的皇家专员在 1535 年进行的教会财政收入调查的一份大型反馈目录——以及 16 世纪 40 年代的祈唱堂委员会（Chantry Commissions）的目的都是准确了解教会的财政状况，以便于国王能够控制教会。克伦威尔在 1538 年引入的法律，要求所有堂区都应保存洗礼、结婚和葬礼登记以及引入的土地转让登记，它们共同构成了一个史无前例的国家信息收集时期，这预示着政府开始监控数据，且这些数据最终会被保存在国家档案馆中。[21]

至此，保存知识的过程中都一直使用着一个现在很少被用到，但概括了保存知识的价值的术语：契据（muniment）。契据是用于保存权利和特权的证据的记录。保存这些文件的做法发展到了一个非常有系统性的活动的水平。第一个中央国家档案馆是于1542年由查理五世在锡曼卡斯（Simancas）建立的，用于保存西班牙的记录。在英格兰，詹姆斯一世于1610年任命莱维纳斯·蒙克（Levinus Monk）和托马斯·威尔逊（Thomas Wilson）为"文件与记录的保管人和登记员"。[22]像英格兰财政法庭副管家西皮奥·勒斯奎尔（Scipio le Squyer）这样的人，其职责不仅是维护他们管理范围的记录，还包括为其制作复杂的列表。[23]1610年，现代形式的梵蒂冈档案馆（Vatican Archives）也应运而生。

整理信息的过程与管理的发展以及国家财政的增长是密不可分的，但它也开始被视为具有有益的公共目的，毕竟政府的部分作用就是确保公民得到良好的治理。在17世纪以伦敦皇家学会（Royal Society）和格雷沙姆学院（Gresham College）为中心的圈子里，杰出的知识分子们推动社会统计数据的收集，以此作为一种使政府变得"更加确定和规范"并确保人民"幸福和伟大"的途径。[24]

政府如果想要接受纠正，就必须向公众传播和提供信息，这一想法也开始被理解。约翰·格朗特（John Graunt）是这一理论的重要支持者，他在其著作《对于死亡统计表的自然和政治观察》（*Natural and Political Observations...Made Upon the Bills of Mortality*，1662）中对于死亡统计表（列出伦敦死亡人数并分析其死因的文件）中整理的数据是否应被认为只对国家政府有用，还是对更广泛的社会群体也有用这个问题犹豫不决：这"对很多人来说是必要的"吗？[25] 这些统计表的公布是为了提供"清晰的知识"，旨在鼓励人们更全面地了解伦敦的社会状况，并鼓励公民个人行为更检点，或者用格朗特的话说，确保"酒吧的安全，让一些男人守规矩"，远离"越轨行为"。[26] 制作统计表的原始数据能够在伦敦堂区职员公司的档案中查阅到，收集这些数据是该公司的职责。正如塞缪尔·佩皮斯（Samuel Pepys）后来的日记所示，普通公民确实依赖这些报告来管理自己的行为。1665 年 6 月 29 日，佩皮斯记录道："这个小镇的这一区域，每天的瘟疫都在加剧。本周的死亡统计表上的死亡人数达到了 267 人，比上周多了大约 90 人，其中只有 4 人在城市里——这对我们来说是莫大的幸事。"[27]

科学理论家塞缪尔·哈特利布（Samuel Hartlib）提出了"事务办公室"（Office of Address）的想法，旨在向公众提供关于经济、地理、人口和科学信息的充分交流："整个王国里所有美好和令人向往的东西都可以通过这种方式传达给任何有需要的人。"哈特利布的计划得到了一些有影响力的杰出改革家的大力支持，尤其是在牛津，当博德利图书馆的第二任馆长约翰·劳斯（John Rous）病倒时，哈特利布被郑重地提名为劳斯的继任者，因为他想要建立一个"建议、提案、条约和各种稀缺思想的中心和聚集地点"，而当时人们认为他发展一个大型交流机构的计划放在一个大型图书馆里开展是最好不过了。然而，也有人反对这项计划，最终同情保皇派的托马斯·巴洛（Thomas Barlow）——用历史学家查尔斯·韦伯斯特（Charles Webster）的话说，他"在学术方面很正统"——被任命为了博德利图书馆的第三任馆长。[28]

许多重要文件都被博德利图书馆保存了下来，其中《大宪章》是多年以来影响最深远的：我们仍然坚持其至关重要的第39条，即任何自由人"除了被其同侪或该国法律依法判决"，都不应被监禁或剥夺财产；以及第40条，该条款将出售、拒绝或拖延裁决定为非法行为。这些条款至今仍然被神圣地保留在英格兰以及世界各地的法律中，包括美国宪法，同时也是联合国人权宪章（UN Charter）的关键来源。[29]

启蒙运动最伟大的法律思想家之一威廉·布莱克斯通（William Blackstone），使人们更广泛地认识到了《大宪章》的法律和政治意义，从而影响了18世纪更广泛的辩论。他1759年的著作《大宪章和森林宪章》（*The Great Charter and the Charter of the Forest*）利用了他对1754年被赠予博德利图书馆的《大宪章》正式缮写副本的详细研究。[30]这本书和他的代表作《英格兰法律评注》（*Commentaries on the Laws of England*，1765—1799）对美国独立战争的国父们（例如，托马斯·杰斐逊的私人图书馆里就有这本书）以及法国大革命时期的知识分子产生了极大的影响。如果说13世纪的《大宪章》的实际文件遗留在威力方面存疑，那么还有一个事实：17份幸存副本中的1份被温斯顿·丘吉尔在1941年作为确保美国在第二次世界大战期间参与盟军事业的图腾送到了美国。

宗教改革期间图书馆和档案遭到的破坏促使一代古文物研究者去抢救过去的记录，并尽可能多地收集这些材料。自从一个世纪前利兰自豪地担任亨利八世的"古文物研究员"以来，情况发生了变化。现在的古文物研究者们在其同时代的人看来十分怪异，以至于他们经常是戏剧、诗歌和讽刺画讥讽的对象。1698 年出版的《新古今词典》（*New Dictionary of the Terms, Ancient and Modern of the Canting Crew*）甚至将古文物研究者定义为"对古钱币、石头、铭文、虫蛀了的记录和古老手稿的奇怪的评论家，并且喜爱以及盲目地沉溺于遗迹、废墟，以及老旧的习俗、短语和作风"。但这些人保存的"虫蛀了的记录和古老手稿"后来成了为 16 世纪末和 17 世纪大型制度化的图书馆打下根基的藏书。[31] 古文物研究者们对过去的痴迷使之在未来被保存了下来。

博德利是一场运动的一部分，在这场运动中，一些人决心不再让知识受到破坏。该运动的另一位参与者是不伦瑞克-吕内堡的小奥古斯特公爵（Duke Augustus the Younger of Brunswick-Lüneberg），他是一位痴迷于书籍的收藏家。在他于 1666 年去世时，他的图书馆里有 13 万本印刷书籍和 3000 份手稿——这比当时博德利图书馆的馆藏规模大得多。[32] 公爵的青年时期是在德意志度过的，那时的德意志被宗教剧变和暴力包围着，这场动乱最终演变成了三十年战争（Thirty Years' War）。在此之后，他的动机是保存知识。像博德利一样，他利用代理人的帮助建立自己的藏书（其藏书的来源地有的远至维也纳和巴黎），甚至在博德利图书馆于 1603 年正式开放的几个月后前来参观。博德利图书馆启发了公爵追逐收藏的新高度，他的藏书后来成了沃尔芬比特尔（Wolfenbüttel）的奥古斯特公爵图书馆（Herzog August Bibliothek）的基石，后者现在是一所伟大的独立研究图书馆，由联邦和州政府资助。

博德利对未来的准备一丝不苟，在他的监督下，章程得以起草，图书馆收到了捐赠的资金，旧建筑被重建，新建筑被规划并破土动工。他希望"博德利的图书馆馆长"这一新职位能由"一个因学习勤奋而被人知晓且认可,谈吐值得信赖、积极且慎重,受过大学教育且精通语言学,不受婚姻和圣职束缚的人"(即不是堂区神父的人)来担任。当曾经参与詹姆斯王圣经(King James Bible)的翻译的著名学者托马斯·詹姆斯被任命为"博德利的图书馆馆长"时,博德利作为创始人和赞助人时常监督他的工作。他们幸存下来的信件为我们描绘了一幅迷人的画面,展现了建立一个伟大的图书馆所涉及的众多琐碎细节。直到今天,这个职位仍然被称为"博德利的图书馆馆长"(我是第25任)。

拯救知识的方舟必须是滴水不漏的。1609年,托马斯爵士编写了一份建立捐赠基金的契据,因为他"通过仔细观察发现,基督教世界的一些著名图书馆彻底覆灭和被摧毁的主要原因是缺乏持续维护它们的稳定收入"。[33] 然后博德利言行一致地把自己的钱全都捐赠给了博德利图书馆,没给自己的家庭留下可继承的财产。

海军上将乔治·科伯恩男爵（Sir George Cockburn）于华盛顿大火，约翰·詹姆斯·霍尔斯（John James Halls）绘，C. 特纳（C. Turner）制版，1819 年

第 5 章

征服者的战利品

多处起火，火焰照亮了天空；一道暗红色的光洒在路上，足以把每个人照亮，让其同僚看清……我有生之年从未目睹过比这更惊人或壮观的景象。[1]

乔治·格莱格（George Gleig）是一名在英国陆军服役的苏格兰青年，他怀着复杂的心情目睹了 1814 年的华盛顿大火。他曾作为科伯恩海军上将和罗斯将军（General Ross）率领的远征军的一员横渡大西洋，与美国交战，并参与了华盛顿有史以来最具破坏性的袭击。格莱格是一名文化水平很高的观察者。尽管对于 1812—1814 年的英格兰远征，他无疑是一名有偏见的见证者，但他对自己的所见所闻也备感忧虑。

当英国人袭击华盛顿时，他们放火烧了白宫［当时被称为"总统府"（Presidential Mansion）］和国会图书馆（Library of Congress）所在的国会大厦（the Capitol）。国会大厦骄傲地矗立在国会山上，"建造得很有品位，打磨得很精心"，有"许多扇窗户""漂亮的螺旋形悬空楼梯"和房间，"两个大房间被布置成了公共图书馆，藏有珍贵的书籍，藏书大多是现代语言写就的，还有别的房间存放了档案、国家法令、立法法案等文件，

以及图书管理员的私人房间"。格莱格的描述中明显流露出一丝
不适:"一座宏伟的图书馆、几间文印室和所有国家档案都被大
火吞噬了,尽管这些无疑是政府的财产,但如果能被放过的话
就更好了。"[2]

华盛顿大火对美国来说确实是一个沉重的打击,未来几代
人依然会感受到其冲击。英国人因其暴行而备受诟病,以至于
成了一个帮助美国世世代代团结在一起的有益的传说——这是
美国人有能力克服逆境、重建首都及政府的证据,表现出了美
国政府的韧性、智慧和成功的决心。

1814年,国会图书馆才建成数年。在独立战争中击败英国
人后,新政府是基于由参众两院组成的国会建立的。第一届国
会(1789—1791)考虑了首都和政府的选址,美国的三位开
国元勋,托马斯·杰斐逊、亚历山大·汉密尔顿和詹姆斯·麦迪
逊将其定在了乔治·华盛顿本人喜欢的波托马克河(Potomac
River)沿岸的一个地点。现在的华盛顿特区的所在地起初是一
片森林和农田,远离波士顿、费城、纽约等城市。将政府设在
远离主要城市中心的地方,此举体现了一种限制政府对这个新
兴国家的影响的象征性意图,这一政治比喻在今天的美国政治
中仍然保持着核心地位。

随着政府开始发展壮大,它对获取信息和知识的需求也随
之增加。政治家和政府官员大多是受过良好教育的人,但早在
1783年,国会就提出了从欧洲进口书籍的提案。一个国会委员
会建议购买"有关各国法律、条约、谈判等方面的著作,因为
这些书籍能帮助我们的司法行政程序变得正规",以及提供"所
有与美国历史和美国事务有关的书籍和材料",该委员会由今天

被誉为"美国宪法之父"的詹姆斯·麦迪逊担任主席。[3]此举并非纯粹出于对历史的兴趣，也是为美国抵御欧洲列强即将对美国领土提出的占有权提供证据。[4]

1800年，一项法案被通过，允许国会资金用于购买书籍。麦迪逊的委员会列出了300多条书目，其中包括伟大的启蒙运动"圣经"，夏尔-约瑟夫·庞库克（Charles-Joseph Panckoucke）版，狄德罗和达朗贝尔在1782—1832年编撰的《百科全书》（*Encyclopédie Méthodologique*），全书总共192卷；法学理论家例如胡果·格劳秀斯（Hugo Grotius）和爱德华·科克（Edward Coke）的著作，尤其是英国法学家威廉·布莱克斯通的著作，如他的《英格兰法律评注》和《大宪章》（1759）；约翰·洛克和孟德斯鸠等政治理论家的作品，以及经济学家亚当·斯密颇具影响力的著作《国富论》（1776）也在其中。这份书单中还包括爱德华·吉本和大卫·休谟，几乎囊括了18世纪全部有影响力的思想家，但也列出了实用品的购买计划，比如地图。[5]

尽管这是一份令人难以抗拒的书单，但国会一开始并没有批给委员会购买这些书的资金。这次是这个问题第一次出现，但后来这个问题也并没有消失：图书馆依赖国会提供资金，但在国会眼中图书馆并不总是具有优先性。

独立战争后，美国非常重视教育，并发展成了一个有着繁荣图书贸易的国家，其图书贸易很大一部分与英格兰和其他欧洲印刷中心有关联。早期美国拥有大量的商业性流通图书馆和非商业性的社会和社区图书馆，以满足买不起书的人对新闻和知识的渴望。[6]私人图书馆仍然是中产阶级和上层阶级的专利，但流通图书馆、订阅图书馆和咖啡馆等地点的图书馆的崛起使更广泛的受众更加容易地接触知识，这一过程将在 19 世纪的大西洋两岸大规模扩展。早期的国会议员们大多来自富裕的家庭，许多人受过良好的教育，大多数人都有自己的私人图书馆，这可能是他们最初认为没有必要建立一所中央国会图书馆的原因之一。

1794 年，国会拨款购买了威廉·布莱克斯通的《英格兰法律评注》和艾默瑞奇·德瓦特尔（Emerich de Vattel）的《万国律例》（*Law of Nature and Nations*）供参议院使用，但这些明显是例外——直到 1800 年即国会迁往华盛顿，麦迪逊的法案获得通过时，图书馆才获得了拨款。即使约翰·亚当斯总统在那一年签署的法案"为美利坚合众国政府的搬迁和安置做出了进一步的规定"，但该法案本身关注的更多是街道铺设和总统的住房问题，而不是图书馆。它为图书馆提供的资金是为了：

> 购买所需的书籍，以供国会在华盛顿市使用，并布置一间合适的房间以容纳这些书籍，现予拨款 5000 美元……应当进行上述购买……依据……由为此目的而任命的国会两院联合委员会所提供的目录；上述书籍应放置在该市国会大厦的一间合适的房间内，供国会两院及其议员按照上述委员会制定的规章使用。[7]

这里显示出的优先顺序是很重要的，因为国会的第一直觉是，他们的信息需求将仅限于直接的功能目的，基本上只需涵盖法律和政府问题。为其自身的运作效率做好准备尤为重要，因为不同于纽约和费城，华盛顿并没有其他图书馆。

图书馆的藏书不是很多，但增长很快。第一本印刷的目录于1802年发行，包含了243本书，但刚过了一年就需要补充了。最初的图书馆藏有基本的法律和政府著作，大部分是英文的，包括英国的《普通法令》(*Statutes at Large*)、《下议院议事录》和14卷的《国家审判集》(*State Trials*)。[8]之后图书馆又从伦敦的书商和出版商购买了更多的书。[9]国会图书馆第一任馆长帕特里克·马格鲁德（Patrick Magruder）甚至在报纸上刊登广告，建议作家和出版商们向国会图书馆赠送书籍，因为这会把他们的书介绍给这个国家最杰出的人。《国家情报报》(*National Intelligencer*)的一则通知夸耀道："我们欣喜地看到，书籍、地图和图表的作者和编辑们开始发现，把他们的作品放在这个机构的书架上，比任何一般的目录和广告更能传播他们的知名度。"[10]

到了1812年，国会图书馆的目录列出了3000多册图书和地图，需要101页才能把它们全部描述完。[11]在美国独立的最初几年，国会图书馆及其增长迅速、涵盖面广泛的藏书象征着一个国家正在缔造自己的身份。正如一句古老的谚语所说，知识就是力量。尽管图书馆的藏书仍然很少，但是它们正在随着国家政府的发展而不断增长，它们诞生的宗旨也正是为这个国家政府服务。

因此，当英国军队抵达华盛顿时，国会图书馆理所应当地成了他们的主要目标之一，这一点也就不足为奇了。战争已经带来了巨大的破坏，这甚至不是第一个被摧毁的图书馆。英美两军在1813年4月初次交锋时，美军袭击了英属城市约克（即今天的多伦多），烧毁了立法机构大楼里的图书馆。[12]

1813年，帕特里克·马格鲁德病倒了，被迫离开图书馆长期养病。他的兄弟乔治被任命为代理书记员。英国人于8月19

日抵达了美国，当他们推进的消息传来后，华盛顿政府开始安排转移。[13] 乔治·马格鲁德下令，在看到陆军部的办事员收拾他们的行政记录之前，不得转移图书馆，然而他没有意识到，大多数政府部门已经开始收拾材料，并征用了马车，帮助他们将关键物品运到乡下的安全地带。

虽然许多在政府工作的人也是保卫城市的自卫队志愿兵，但仍然有少数人留了下来，其中有留下来负责打开和晾晒书籍（这在华盛顿夏季非常潮湿的气候中很重要）的馆长助理 J. T. 弗罗斯特（J. T. Frost）。21 日下午，塞缪尔·伯奇（Samuel Burch）获准离开他在自卫队的岗位，回到了图书馆。22 日，他和弗罗斯特终于接到通知称，陆军部的办事员已经开始搬离华盛顿。

他们终于决定开始行动，但为时已晚。其他部门已经征用了城里所有剩余的马车，伯奇花了几个小时才在华盛顿郊外的一个村庄找到了一辆。他带回了 1 辆马车和 6 头牛，在 22 日剩下的时间里，他和弗罗斯特把一些书和文件装上了车，并于 23 日早上将其驾车送到了距华盛顿约 9 英里①的一个安全的地方。除此之外还有其他一些小措施，例如最高法院的书记员埃利亚斯·考德威尔（Elias Caldwell）把一些法庭卷宗转移到了他家。[14]

英国军队于 8 月 24 日进入了华盛顿，在那之后，事态急转直下。罗斯将军起初送出了休战的旗帜，但之后英军向他开火，将他的马打死了。乔治·格莱格生动地描述了接下来发生的事情。然而，值得注意的是，在休战期间开火的指控是其他图书

---

① 1 英里 = 1609.344 米。9 英里约为 14.48 千米。——编者注

馆破坏事件中常用的借口：

> 一切和解的想法立刻被搁置了；军队很快开进了镇上，先杀死了一处发出反抗火力的房子里的所有人，将整座建筑烧成了灰，然后毫不迟疑地焚烧和摧毁了一切与美国政府有关的东西。在这场大破坏中遭殃的有参议院会议厅、总统府，还有宽阔的船坞和军火库、可容纳两三千人的营房、几个装满海军和军用物资的大型仓库、上百门不同型号的大炮，以及近 2 万件小型武器。[15]

国会图书馆的历史学家简·艾金（Jane Aikin）告诉我们，英国军队在建筑内堆放了书籍和其他易燃物，然后放火焚烧。虽然我们不知道事件经过的确切细节，但这一说法被渐渐具体化了。很久以后，在 19 世纪，《哈泼斯新月刊》（*Harpers New Monthly Magazine*）刊登了一篇对这场火灾的描述，其坚定地声称英国士兵是点燃了国会图书馆的书籍放的火。[16]

这场破坏在相当长的一段时间内阻碍了美国政府的有效运作（尽管时间还没长到能阻止他们的军队在巴尔的摩赢得麦克亨利堡战役的决定性胜利）。虽然图书馆并不是唯一的目标，但它位于美国政府的中央建筑内，这使得它成了一个理想的目标以及供大火持续燃烧的可燃物的来源。然而，看来至少有一名英方人士认识到了图书馆被摧毁的象征性力量。在华盛顿市中心被摧毁的过程中——格莱格报告称那里"只剩一堆冒烟的废墟"——一本书被当作征服军的领导人的纪念品带走了。[17] 1940年 1 月 6 日，传奇的书商 A. S. W. 罗森巴赫向国会图书馆赠送了一本《1810 年美国收支账目》（*An Account of the Receipts and Expenditures of the U.S. for the Year 1810*，华盛顿：A & G Way，Printers，1812 年），封面上有一个皮革标题标签，写着"美利坚合众国总统"。这本书是海军上将乔治·科伯恩送给他兄弟的，显然是一件纪念品。我们不知道这本书是科伯恩自己捡起的，还是一名英国士兵发现的。选择这本书作为纪念品带回，此举代表了千言万语。乔治·格莱格写道："根据所有战争习俗，任何出现在被占领的城镇里的公共财产，都会不容置疑地成为征服者的正当战利品。"[18]

在大火之后的几天里，破坏明显是全方位的 —— 石头筑的大厦幸存了下来，但里面的一切都没了。英国人直击了羽翼未丰的美国政府的核心。国会议员安然无恙，但由于他们的大厦被烧毁，他们赖以运作的信息也被破坏，因此他们的政治状态亟须重建。

在首个国会图书馆的废墟中，一个新的、更好的图书馆即将出现。这场复兴的主要推动者是美国独立战争和美国建国的思想缔造者之一，托马斯·杰斐逊。1814 年之前，这位前总统一直在位于华盛顿西南 100 英里的弗吉尼亚州蒙蒂塞洛过着半退休生活。杰斐逊的个人藏书，在当时可以说是全美最复杂、涉猎最广泛的私人图书馆，是其通过一生的认真阅读积累起来的。杰斐逊知道在大火中失去一座图书馆是什么滋味：他的第一座法律书籍图书馆在 1770 年被烧毁，此后他不得不再次重建他的藏书。华盛顿大火的几周后，杰斐逊给总部设在华盛顿的首要共和党报刊，《国家情报报》的主编塞缪尔·哈里森·史密斯（Samuel Harrison Smith）认真写了一封信：

敬启者：

我从报纸上了解到，敌人的破坏行为已经通过摧毁公共图书馆，在华盛顿把科学和艺术踩在了脚下……在这场事件中……这个世界只会感受到一种情绪。他们将看到一个国家突然从一场大战中撤出，全副武装地欺压另一个他们最近强迫其与之交战的手无寸铁、毫无准备的国家，大肆上演着不属于文明时代的暴行……

此时此刻，我猜想国会应该有很多初期目标要达成，而其中一个目标应该就是重新建立馆藏，这在战争期间将会是很困难的，与欧洲来往会伴随着很多风险。你对我的藏书的状态和范围是有所耳闻的，那是我50年来不遗余力、抓住一切机会、不惜花费的心血造就的……这些藏书，我估计有9000到1万册，大致包含了科学和文学方面最有价值的著作，尤其包含了任何能为美国政治家所用的内容。我在议会和外交方面的藏书尤其充分。我很久以前就意识到，这些藏书不应该继续仅作为我的私有财产，以及在我死后，国会也不该因为这些藏书的价格而无法得到它们。国会现在所遭受的损失，使此时此刻成了安置这些藏书的合适时机，无须考虑我所剩不长的时间和我个人对这些书的无益的享受。因此，我请求您看在我们的友谊的份上，为我向国会图书馆委员会投标……[19]

随后，美国政府就杰斐逊提议的价值进行了漫长的讨论，他们就在国家资源稀缺、资金可以更好地用于军事目的时，花费大笔资金重建被毁的图书馆的相对益处展开了激烈的辩论。在接下来的几个世纪里，这些争论在图书馆的历史上重复了多次。

杰斐逊提出向"美国政治家"提供他们所需要的一切（当然这些政客当时都是男性）其实是一件幸事，因为不管是重建最初 3000 卷的藏书，还是复制杰斐逊的 6000 到 7000 卷的个人图书馆，都需要很长时间和仔细的策划。因此，杰斐逊提供了一条建立大型图书馆藏书的捷径，其附加值在于，这些藏书是由一个奠定了美国政府基石的人收藏的，他在完成当时的伟大计划时，就是用了现在他所提供的一些书籍作为智力燃料。

杰斐逊的提议也并不完全是出于利他目的，因为他有相当多的债务需要清偿。他还明确表示，他是在同胞需要帮助的时候给予支持，同时确保了他的藏书是作为一个整体被出售的，避免了许多藏书家所担心的自己的藏书被出售时会被挑三拣四的情况。他在给史密斯的信中写道："我不知道国会会不会想剔除藏书中的一些科学方面的书目，但其实任何主题都是国会议员有可能会需要援引的。"他明确地表示，这是一项全有或全无的交易。[20]

1814 年 10 月，国会开始认真考虑重建图书馆的问题，并成立了一个联合委员会进行独立的评估，以帮助他们对杰斐逊的提议做出有依据的决定。他们和参议院在 11 月提出了一项法案，"授权购买美国前总统托马斯·杰斐逊的图书馆"，并在 12 月通过了这项法案。[21]

然而，众议院将审议推迟到了 1 月份，其辩论冗长且充满了敌意。联邦主义者担心这些藏书暴露了杰斐逊的无神论和不道德倾向。他们当中的一位政客认为，这笔收购将"掏空财政部让人民沦为乞丐，让国家蒙羞"。其他反对意见则与杰斐逊藏书中的约翰·洛克和伏尔泰等启蒙思想家的作品有关，认为这些作品揭露了杰斐逊令人反感的"无神论、不道德、软弱的知性主义和对法国的迷恋"。[22] 报道这些辩论的美国众报刊也分别加入了这两个阵营,《美国纪事报》(*American Register*)预测道:"下一代将会……为国会对购买杰斐逊图书馆的反对意见而感到无地自容。"[23]

支持这项收购的人认为这是建立一个"伟大的国家图书馆"的机会。他们使用这个词时对其的理解可能与我们今天所理解的含义有所不同,但杰斐逊的藏书有足够的广度和深度来作为这一进程的开端,虽然最后他的藏书没有被全部收购。麦迪逊在 1815 年 1 月 30 日签署了授权购买的法案,众议院仅以 10 票的多数通过了该法案。这项与杰斐逊达成并在华盛顿获得通过的交易,以 23950 美元的价格购买了 6487 册书籍。[24] 国会图书馆一夜之间成了仅次于哈佛大学图书馆(其藏书数量在 1829 年达到了 3 万—4 万册)的北美最大、藏书最丰富的机构图书馆。[25] 国会图书馆的规模比火灾前增加了 1 倍以上,并极大地扩充了涵盖的主题范围,拥有了欧洲各地启蒙出版商的作品,这些在 1812 年的目录中都是几乎没有的。

尽管注入了大量的书籍,但与其他大图书馆相比,国会图书馆仍然很小。都柏林圣三一学院图书馆的藏书在 1802 年超过了 5 万册。剑桥大学图书馆在 1715 年收入了摩尔主教(Bishop Moore)的藏书后,总藏书超过了 4.7 万册,到 1814 年之前更是大幅增长,可能已接近 9 万册。与此同时,大英博物馆(现全部藏书存于英国国家图书馆)的印刷书籍目录在 1813 年至 1819 年间出版了 7 卷,共列出了约 11 万条书目,除此之外还有手稿、地图等其他资料,藏书量超过了国会图书馆的 15 倍。[26]

将杰斐逊的藏书收入囊中后,国会面临的下一个挑战是为它们找一个合适的家。起初,在原来的国会大厦进行修缮和翻

新时，国会和图书馆都被临时设在了布洛吉特酒店。1815 年 5
月，这些书从蒙蒂塞洛运抵达了华盛顿；两个月后，它们被从
包裹中取出，按照杰斐逊自己的分类系统的精简版排列，他的
分类系统是基于英国文艺复兴时期哲学家弗朗西斯·培根和法国
启蒙思想家达朗贝尔开发的知识组织系统制定的。[27]

1815 年 3 月，麦迪逊任命乔治·沃特斯顿（George Watterston）
为第一位真正的国会图书馆馆长。乔治·沃特斯顿是一位作家、
出版过作品的诗人、报纸编辑和接受过正式培训的律师。这些
藏书是一座"国家图书馆"的核心，这一想法似乎实实在在地
激发了沃特斯顿的想象力，他在《国家情报报》上发出通知，
呼吁作家、艺术家和版画家把他们的作品送到国会图书馆。该
报认为，"美国国会或国家图书馆（应该）成为世界文献的伟大
仓库"，政府有责任提供"巨大的教学储备……供公众及政府成
员使用"。当时的其他文章也附和了这些观点。尽管他们没有将
美国与其他国家进行比较，但言下之意很明显，美国需要一个
国家图书馆来收集世界上所有有用的知识。19 世纪的美国再次
感受到了亚历山大的阴影。

新国会图书馆的第一本目录于 1815 年秋天出版，名为《美
国图书馆目录》（Catalogue of the Library of the United States）。
联合委员会提高了图书管理员的工资，并将允许使用图书馆的
人员扩大到了司法部部长和外交使团的工作人员。[28] 1817 年，
人们首次尝试向国会图书馆提供一些存放在国务卿那里的版权
书籍；同年，人们开始呼吁为国会图书馆建造一座独立的建筑。
然而，这些呼声在相当一段时间内都没有得到回应。

决定收购杰斐逊的图书馆的过程引出了这样一个观点，即
国会图书馆实际上是国家图书馆的核心，并且政府图书馆应该

成为更广泛的藏书的中心，而不是仅仅局限于服务政客和他们周围的官僚这一纯粹的实用层面。尽管如此，这场大火为美国国家图书馆的想法提供的动力是沉闷且成长缓慢的，实际上需要另一场大火（这一次是意外的），才能使这项计划真正积聚动力。

1851 年平安夜，国会图书馆的一支烟囱起火了，图书馆 5.5 万册图书超过一半都被烧毁，其中包括杰斐逊图书馆的大部分。图书馆的重建是在美国内战结束、林肯总统任命安斯沃思·兰德·斯波福德（Ainsworth Rand Spofford）为第 6 任国会图书馆馆长后才开始的。斯波福德清楚地看到了国会图书馆将成为国家图书馆的趋势，并明确表达了他的愿景，增加了国会的采购资金，安排了史密森尼学会图书馆的转移。最重要的是，他终于在 1870 年的版权法中确保了国会图书馆成为美国出版物的合法存放地点。[29]

1814 年英国人摧毁国会图书馆是一个国家打击另一个国家的行为，是一次蓄意的政治行为，旨在削弱美国的政治和政府的中心。从这个意义上说，这一事件再现了古代世界的一些攻击知识的事件。事实证明，国会图书馆被毁的后续发展对其历史的影响与牛津大学图书馆在 16 世纪 50 年代的被毁一样具有变革性。新的国会图书馆不仅将比被摧毁的旧馆规模更大，它还将成为一个更适合这个根据现代理念打造、走在探索民主和开明前沿的国家的资源。它的成熟建立花费了不少时间，但当它真正走向成熟时，它走在了全世界保存知识的前列，并为这个地球上最强大的国家提供了信息和思想的养料。

弗朗茨·卡夫卡，布拉格，1906 年

第6章

如何违抗卡夫卡

知识的命运的关键是"管理"（curation）的理念。"curation"这个词有着神圣的起源，意为"照看"，作为名词，它通常指的是"照顾"教区居民的牧师。牧师据说拥有"治愈灵魂的方法"或可以对其信众进行精神关怀。在许多基督教教派中，助理牧师仍然被称为"curate"。图书馆或博物馆的负责人（curators）有照料他们所负责的物品的责任。就图书馆员而言，这一责任则延伸到了知识的概念本身，即物品中包含的知识资料。管理的行为可能还包括决定：哪些物品一开始就要被纳入馆藏，如何收藏，哪些该保留，哪些该丢弃（或销毁），哪些该向大众开放以及哪些在一段时间内不开放。

销毁或保存一份个人档案的决定可能是至关重要的。托马斯·克伦威尔在 16 世纪 30 年代保存了大量个人文件，大部分是信件的形式。在这段时期，英格兰的行政管理经历了大规模的现代化，这些文件协助他履行了亨利八世交给他的任务。克伦威尔自己的档案一开始就很有条理，且内容广泛，但我们是通过它现存的部分（现存于英国国家档案馆和大英图书馆）才得知这一点的。个人档案自然会包含此人收到的信件，但在近代早期，家庭秘书也会将所有寄出的信件复制一份，以保持对双方信息流动的控制。"克伦威尔这样一丝不苟的人会确保他的信件都保存完整，以便于他在任何需要的时候参考。"仅收到的信件幸存下来，这一事实必然会引出一个结论，即"如此巨大的外发信件的损失只能是故意破坏的结果"。[1]

当克伦威尔在亨利八世那里失宠并于1540年6月被捕时，他的手下开始销毁他发出的信件的副本，以防它们被用于指控他有罪。霍尔拜因（Holbein）著名的克伦威尔肖像画中描绘的克伦威尔是向左看的，几乎只剩一个侧脸，身上有一种严肃感和严厉感。他穿着一件黑色带毛皮衬里的外套，戴着一顶黑色帽子，这朴素的着装完全显示不出他的个性。这张画像显示的不是他的财富或特权，而是他对知识的掌握，最直白的表现就是他左手紧握着一份法律文件，面前的桌子上还放着一本书。展示克伦威尔的财富和权力的不是房间的内饰或他的衣着，而是这本书，及其真皮封面和鎏金装饰，甚至还有两个镀金的钩扣。画家向我们展示了克伦威尔认为的真正重要的东西。

克伦威尔的外发信件的存档是在家庭环境——他私人家中的办公室——中被销毁的。至今，每天依然有知识在家庭环境中被破坏。我妻子与我有次需要清理一名家庭成员的家，翻出了许多信件、照片和日记。我们必须决定其中哪些应该销毁，而且我们有许多非常正当且合理的理由销毁它们，无数其他家庭肯定也会根据这些理由销毁材料：可能是内容过于无关紧要，或者保存它们会占用过多空间，又或者它们可能会唤起依然健在的家庭成员的不愉快的回忆，或者会揭示后代第一次发现并可能希望永远掩埋的信息。

每天都有人做出这样的私人决定，但对于一些文件的存亡的决定有时可能会对社会和文化产生深远的影响，尤其是当死者是知名公众人物的时候。他们的家属或爱人有时不得不决定其个人档案材料的命运——特别是信件和日记——这些材料后来对文学史产生了重大影响。这些决定往往是出于挽救逝者的声誉，但同时也是出于挽救那些仍然健在的人的声誉。因此，我认为这些行为实际上是具有"政治性"的，即与权力的行使有关——操控公众声誉，以及决定哪些东西公开、哪些东西保持私密性的权力。

如今在数字时代，坚持写私人日记的人变少了，但是私人日记在19世纪和20世纪是一个显著的文化现象。通信至今仍然是一种主要的私人交流方式，但现在主要都是以电子邮件和数字消息的形式：私人通信往往可以像私人日记一样揭示很多信息。作家可以也会保留其文学创作的早期草图、草稿和版本，这些和正式作品本身一样受试图理解文学创作过程的学者和评论家的重视。这类个人档案还可以包括其他材料：财务记录（如能揭示各种文学作品成功与否的账簿），相册（它可以显示信件不能揭示的人际关系的一些方面），以及各种各样的短时效物品（戏剧节目单或订阅的杂志都可以对文学学者有所启发）。博德利图书馆特殊馆藏的书架上堆满了一箱箱这种吸引人的材料，其中包括我们一些最受欢迎的藏品——玛丽·雪莱和珀西·雪莱、J. R. R. 托尔金、C. S. 路易斯、W. H. 奥登（W. H. Auden）、布鲁斯·查特文（Bruce Chatwin）、乔安娜·特罗洛普（Joanna Trollope）和菲利普·拉金以及其他许多人的文稿。

作者故意破坏文学稿件是一种极端的自我编辑行为。他们这么做考虑的是后世的眼光。违抗他们愿望的行为也是如此。这种未来的人将带着批判的眼光看待过去的观点，奠定了历史长河中对图书馆和档案馆袭击的大部分动机。

从很久以前，作家们就想要毁掉自己的作品。古罗马诗人维吉尔的传记作者多纳图斯（Donatus）的说法是，维吉尔想把他伟大（但当时尚未出版）的史诗《埃涅阿斯纪》的手稿付之一炬。这篇传记称，当维吉尔在布林迪西（Brindisi）奄奄一息时，

> 他提议……如果他出了什么意外，那么瓦利乌斯（Varius，诗人、维吉尔的好朋友）应该烧掉《埃涅阿斯纪》，但瓦利乌斯说他不会这么做。因此，在他疾病的晚期，他不断叫人送来他的书盒，打算自己烧掉，但当没有人送来给他时，他也没采取任何具体的措施。[2]

后来的作家和学者们对这一说法有不同的解读。一些人认为，这是一种至高无上的谦逊的做法：维吉尔认为他的作品没有任何价值，想把它毁掉。也有人说，这一决定显示出维吉尔是一个饱受折磨的人，他的这一做法是黑暗且神经质的，是一种极端的对自己作品的管控筛选行为。第三种解释将这一事件视为构建其文学声誉的一部分，即将决定权交给了另一个人，后者承担了其作品的"管理人"的角色。在这种情况下，奥古斯都的赞助对于维吉尔来说是很关键的，因为正是罗马皇帝本人帮后世将这部伟大的经典保存了下来，同样保存下来的还有维吉尔的声望。

这些不同的解释同样可以应用于人们对之后的作家的手稿和声誉所做的决定。例如可以称为 19 世纪初最著名作家的乔治·戈登·拜伦勋爵——"声名狼藉"可能是更合适的描述。年轻时，他广泛游历了地中海地区，尤其爱上了希腊，并且认为

希腊应该从土耳其的统治中被解放出来。他的《英格兰诗人和苏格兰评论家》(*English Bards and Scotch Reviewers*，1809)为他赢得了同时代文人的注意，这是一部强有力的讽刺文学批评作品，回应了对他青少年时期的作品《懒散的时刻》(*Hours of Idleness*，1807)的不友好的评论。长大后，他依然在写诗，第一部严肃的作品是《恰尔德·哈罗德游记》(*Childe Harold's Pilgrimage*)，是一部诗歌形式的游记。这本书是在拜伦写成每一章后分次出版的。前2章是在1812年出版的，他在其出版后说过一句著名的话："有一天早上我睁开眼……就发现自己出名了。"之后他出版了更多诗歌，包括《阿比道斯的新娘》(*The Bride of Abydos*，1813)和《海盗》(*The Corsair*，1814)，但他的代表作是《唐璜》(*Don Juan*，前2章于1819年出版)。拜伦与安娜贝拉·米尔班克(Annabella Milbanke)有一段不成功的婚姻，他们在1815年生下了一个女儿，爱达，即后来的先驱数学家勒芙蕾丝伯爵夫人(Ada, Countess of Lovelace，1815—1852)。(博德利图书馆藏有这对母女之间的信件。)拜伦的另一个女儿阿利格拉(Allegra)是与玛丽·雪莱同父异母的妹妹，由克莱尔·克莱蒙特(Claire Clairmont)所生。阿利格拉在5岁时死于斑疹伤寒或疟疾。

拜伦的生活方式让他成了名人，并让他进入了伦敦的精英圈子，但他与卡罗琳·兰姆女爵(Lady Caroline Lamb)轰轰烈烈的恋情以及与同父异母的姐姐，奥古斯塔·利(Augusta Leigh)的不伦恋[很多人认为奥古斯塔的女儿梅多拉(Medora)的父亲就是他]则让他一天比一天出名。1816年，在他最声名狼藉的时期，拜伦离开英国前往了欧洲。他一开始去了日内瓦，在他位于日内瓦湖畔的科洛尼的别墅里招待珀西·雪莱和玛丽·雪莱。

就是在这里，玛丽在一场派对游戏中创作了弗兰肯斯坦的故事。在科洛尼逗留了一段时间（这是历史上最伟大的文学聚会之一）之后，拜伦继续与雪莱夫妇一起环游意大利，一路上都在创作和出版诗歌。他与珀西·雪莱的友谊在这一时期一直很稳固，但在雪莱溺死时被悲伤地画上了句号。为了拜伦，雪莱不情愿地将他心爱的帆船命名为了"唐璜"。在拜访朋友后回家的途中，船只在维亚雷焦（Viareggio）附近的一场风暴中遇到了事故。

　　拜伦生活的方方面面都成了被八卦和评论的对象，包括他的宠物——他在意大利时收集了一群野生动物。雪莱说："有 10 匹马、8 只大型犬、3 只猴子、5 只猫、1 只鹰、1 只乌鸦和 1 只猎鹰；除了马，所有这些动物都在屋子里走来走去，不时因为冲突而吼叫聒噪，好像它们是这里的主人一样。"[3] 拜伦于 1824 年继续他的旅程，前往了他心爱的希腊。同年晚些时候，他因发烧在希腊去世。这样富有创造力、高产但又富有戏剧性的一生立刻使拜伦闻名全世界。他的离世令作家和诗人们悲痛不已。丁尼生多年以后回忆道。"听到他去世的消息时我只有 14 岁。那似乎是一场可怕的灾难；我记得我冲出门，独自坐下来，大声喊叫，并在砂岩上写道：**拜伦死了！**"[4]

　　他的诗歌在德国、法国、美国和英国广为流传。尽管他声名狼藉，丑闻缠身，但他的朋友和文学崇拜者仍然对他保持着热烈的忠诚，几乎相当于一个邪教。正是这种邪教般的忠诚在日后对他的私人文件的处理产生了影响。

　　在拜伦的整个文学创作生涯中，是伦敦的约翰·默里出版社将他的作品带给了大众。约翰·默里（John Murray）于 1768 年创立了这家出版社，之后有 7 个他的同名后代接连掌管了这家公司，直到 2002 年被阿歇特图书集团（Hachette Group）收购，结束了作为私人出版企业的历史。在公司被收购之前，出版社位于伦敦皮卡迪利街旁边的阿尔比马尔街 50 号一处漂亮的房产内。这座建筑至今仍然被用于文学聚会，人们仍然可以爬上雅致但吱吱作响的楼梯来到二楼的客厅，这个房间的墙壁依然镶嵌着木板，排列着书架。壁炉上方挂着一幅拜伦的肖像。站在这个房间里，你会感觉出版商和这位作家的对话才刚刚结束。[5]

约翰·默里二世是一位出色的出版商，他对于出版哪些作家的作品有犀利的眼光，也很擅长与公司于 19 世纪初帮其在文学界确立了地位的作家们一起反映和塑造时代气氛。这些作家中包括詹姆斯·霍格（James Hogg）、塞缪尔·泰勒·柯勒律治和简·奥斯汀。默里与拜伦的关系虽然时有起伏，但是一直非常密切，因为这位穷困潦倒的作家依赖他的建议、支持和资金。1819 年，在拜伦的《唐璜》正处于公共争议中时，拜伦把他的私人回忆录的手稿送给了他的朋友，托马斯·穆尔（Thomas Moore），一位当时居住在英格兰的爱尔兰作家，并鼓励穆尔与任何他认为"配得上读这本回忆录"的朋友传阅。前前后后读过它的人包括珀西和玛丽·雪莱、爱尔兰诗人亨利·勒特雷尔（Henry Luttrell）、小说家华盛顿·欧文（Whashington Irving），以及他的朋友道格拉斯·金奈尔德（Douglas Kinnaird）和卡罗琳·兰姆女爵。拜伦知道穆尔负债累累，所以后来建议他卖掉手稿，在自己去世后出版。1821 年，约翰·默里同意向穆尔支付预付款，因为他知道穆尔会编辑回忆录以便出版。关键是，默里拿到了回忆录的手稿。[6]

1824 年 5 月，拜伦在希腊去世的消息传到了伦敦之后，回忆录的地位开始发生了变化。读过它的拜伦的密友圈子里并不包括他的直系亲属。一些人认为回忆录应该被出版，另一些

[如拜伦的朋友，约翰·卡姆·霍布豪斯（John Cam Hobhouse）和约翰·默里]则认为，它的出版会在公众舆论中激起强烈的道德厌恶，以至于拜伦和他仍然在世的亲属的声誉将受到不可挽回的损害。这两群人之间很快划起了一道战线。威廉·吉福德（William Gifford）是颇具影响力的期刊《季度评论》（*Quarterly Review*）的主编，他认为这本书"只适合妓院，如果出版的话，拜伦勋爵一定会声名狼藉"。[7]

那些不反对出版回忆录的人可能是被潜在的经济收益动摇了。穆尔试图违背与默里的协议，因为他认为把手稿卖给另一家出版商可以赚更多的钱。约翰·卡姆·霍布豪斯知道穆尔想从这本书的出版中获取最大的个人利益，但他认为应该由拜伦的家人来决定是否出版。霍布豪斯不是唯一这么想的人。他在1824年5月14日的日记中写道："我拜访了金奈尔德，（他）非常慷慨地写信告诉穆尔，愿意立即给他2000英镑，以确保不管手稿现在在谁手中，这笔钱都足以将其买下。他是为了拜伦勋爵的家人而这样做的——也就是说，他们也想摧毁这份手稿。"[8]道格拉斯·金奈尔德也是拜伦的密友，拜伦于1816年最后一次离开英格兰后，授予了他委托人的权利，负责自己的财务。这封信让穆尔陷入了困境，他通过出版回忆录以谋取私利的想法开始动摇了，并暗示，"一定数量的人"将决定这份手稿的命运。默里也希望回忆录被销毁，霍布豪斯还力劝他仔细检查自己与拜伦之间的信件，并销毁任何有失体面的信件。所幸默里克制住了这种冲动。

这件事在1824年5月17日星期一发展到了紧要关头。穆尔和他的朋友亨利·勒特雷尔试图直接恳求管理拜伦姐姐和他遗孀的事务的罗伯特·威尔莫特-霍顿（Robert Wilmot-Horton）

和弗兰克·道尔上校（Colonel Frank Doyle）。他们同意上午11点在约翰·默里的住处，阿尔比马尔街50号会面。这些男士聚集在前厅，没过多久就开始互相人身攻击，除了讨论手稿的命运这一核心问题，绅士们的节操也遭到了谴责。最后，默里把这份文稿和穆尔抄写的一份副本一起带进了房间。我们不知道接下来到底发生了什么，但手稿最终被撕毁，并在客厅的壁炉中被烧毁了。

烧毁手稿的过程肯定花了一些时间，因为至少有288页被烧毁（我们是从幸存副本的封皮和其中的空白页知道这一点的，空白的页码是从289开始的）。从参与者的各种描述来看，威尔莫特-霍顿和道尔最终代表奥古斯塔和安娜贝拉同意了把手稿销毁——尽管他们似乎没有明确表示许可。虽然默里是手稿的合法拥有者，但是他令手稿的销毁成为可能，尽管他自己是有权阻止的（不管有没有穆尔自己的恳求）。

默里和霍布豪斯的动机可能都很复杂。霍布豪斯最近当选了国会议员，可能急于保护自己的声誉不受拜伦的影响。两人可能还都有些许嫉妒，因为诗人把回忆录交给了穆尔，而不是他们。对于默里来说，他也想让自己的社会地位显得更高一点——通过站在拜伦家人一边，他也许试图让自己看起来更像一个绅士，而不是商人。道德感的重量是默里受到的另一个同样强大的影响，但他必须权衡出版回忆录的短期商业收益和与一本在道德上不太可靠的出版物的联系将带来的潜在损害。约翰·默里的出版社当时才成立不久，只有谨慎和冒险相结合才能生存下来。在当下的情况下，默里选择了谨慎。[9]自从拜伦的回忆录的原件在阿尔比马尔街50号的壁炉里被烧毁以来，没有一份副本被曝光，这在某种程度上表明了他的朋友们对未来的担忧，以及他们对于控制历史的需求。

　　如果拜伦的朋友们做出了作品管理上的最终决定，通过销毁他的回忆录来挽救他的声誉，那么这样的决定可能走向另一个方向，作家的密友们有时可能会违背朋友的意愿。作家弗朗茨·卡夫卡给他的遗嘱执行人马克斯·布罗德（Max Brod）留下了与维吉尔的遗愿非常相似的命令。布罗德和瓦利乌斯一样，决定不服从他的朋友。现在，卡夫卡被誉为有史以来最伟大、最有影响力的作家之一。

　　弗朗茨·卡夫卡是一名职业作家，但他在 1924 年去世之前出版的作品并不多。在他生命的最后一年，患有肺结核的卡夫卡与年轻女子多拉·迪亚曼特（Dora Diamant）开始了一段认真的恋情。两人是一起在德国海滨度假胜地格拉尔-米里茨（Graal-Müritz）参加犹太夏令营时认识的。迪亚曼特爱上了卡夫卡这个人，而不是作家卡夫卡，而且显然在《审判》于 1925 年即卡夫卡死后出版之前，她都不知道他写了这本书。短暂返回家乡布拉格后，卡夫卡于 1923 年 9 月到柏林生活了一段时间，并与迪亚曼特一起在施泰格利茨（Steglitz）郊区安了家，双方的家人都对此感到不快，因为他们没有结婚。卡夫卡在那段时间里生活得比较如意，因为他得以远离家人，独立生活。尽管他的健康状况一直不佳，而且居住在当时陷入了恶性通货膨胀的柏林，经济上很拮据（他只有少量养老金，而且因为生病提前领取了），但卡夫卡和多拉那时是很幸福的。

　　卡夫卡生前只出版了少数几部作品，包括一本短篇小说集《乡村医生》，这些作品没有给他带来多大的经济回报，只有来自出版商库尔特·沃尔夫（Kurt Wolff）的微薄的版税收入。考虑到卡夫卡生前作为一名作家知名度很低，许多人不理解他不想让自己未发表的作品在他死后被保留并被其他人看到的这种想法。在1921年和1922年，他决定销毁自己的所有作品，并在与他的密友兼遗嘱执行人马克斯·布罗德的对话和信件中提到了这一点。后来，布罗德回忆了他给卡夫卡的回答："如果你真的认为我能做出这种事，那我现在就在这里告诉你，我是不会替你实现这个愿望的。"[10]

1923年秋天的柏林天气寒冷，很多人生活艰难。卡夫卡几乎没有钱维持生计，他原本就脆弱的健康状况也每况愈下，因此他（和迪亚曼特）实际上已经一起烧掉了他的一些笔记本（用于取暖），至少迪亚曼特在卡夫卡刚去世时是这么告诉布罗德的，她所指的主要是他们一起在柏林时手头上的笔记本。卡夫卡有一个习惯，当他在城市里散步时，会随身携带一本笔记本，忘带的时候则会买一本新的。迪亚曼特告诉布罗德，她应卡夫卡的要求销毁了大约20本。然而，这些笔记本其实都好好地放在迪亚曼特的书桌抽屉里。她认为它们是她最重要的私人财产。[11]不幸的是，盖世太保在1933年3月没收了她所有的文件。尽管人们后来多次寻找，但这些笔记本连同卡夫卡写给迪亚曼特的约35封信，以及他的第4部小说的唯一一份文本都再也没有被找到，可能已经被销毁了。[12]

然而，尽管经历了这起破坏事故，卡夫卡的大量文学作品依然幸存了下来，其中大部分仍然在他父母位于布拉格的公寓里。尽管布罗德找到了一些笔记本的封皮，但内页都没了，想必这些是被卡夫卡成功销毁了。

在卡夫卡去世后，布罗德从他去世的维也纳附近的医院里和他父母的布拉格公寓的房间（这里有卡夫卡的一张书桌）里获取了他的文稿。在这一过程中，布罗德发现了两张卡夫卡写给自己的便条，他在卡夫卡去世后不久将其公开了。第一张给出了非常清楚、毫不含糊的指示：

> 最亲爱的马克斯：
>
> 　　我最后的请求是：不要读并烧掉我留下的一切……日记、手稿、信件（别人写给我的和我写给别人的）、草图……以及你或别人手里可能有的所有作品和草图……如果人们不给你他们的信，那至少让他们发誓自己把信烧掉。
>
> 　　　　　　　　　　　　你的，弗朗茨·卡夫卡 [13]

在布罗德收集这些作品的过程中，卡夫卡给他写了第二张便条，但这张便条把第一张中清晰而简单的指示变得复杂了：

> 亲爱的马克斯：
>
> 　　这一次我的病可能真的不会好了，我的肺炎应该会在我得肺热一个月之后发作。尽管把它写下来并不能阻止我的发病，但写作能给我某种力量。
>
> 　　这样，我对于我的所有作品的最后愿望是：
>
> 　　在我写的所有书中，唯一有价值的是这些:《审判》《司炉》《变形记》《在流放地》《乡村医生》和《饥饿艺术家》……我说这 5 部作品有价值，并不意味着我希望它们被重印并流传下来，相反，我真实的愿望是它们完全消失。但既然它们已经面世了，如果有人想留着它们，我也不会阻止。
>
> 　　然而，我写的其他所有东西……无一例外，只要是你

能找到的或者能从接收者（他们大多你都认识，主要的几位是费利斯·M夫人、尤丽叶·沃里泽克夫人和米莱娜·波拉克夫人——尤其不要忘记她手里的几本笔记本）手中追回的——无一例外，最好不要读（我不会阻止你看它们。我更希望你不要看，但无论如何，一定不能给别人看）——全都要无一例外地烧掉，我希望你能尽早去办这件事。

弗朗茨[14]

尽管这些指示很明确，但是它们令布罗德陷入了一个严重的两难境地，这个困境挑战着友谊的原则。他们的友谊十分长久，二人在布拉格查理大学念书时相识于1902年。他们的智力是不平等的，但建立起了私交，布罗德为卡夫卡奉献了许多精力。他有一种出色的为人处世之道，伴随着他对朋友的文学才华的钦佩，于是成了卡夫卡尝试发展文学事业时的类似"经纪人"的角色。他自愿肩负起了这项任务，然而卡夫卡糟糕的健康状况、天生沉默寡言的性格和深刻的自我批评使他的工作变得极其困难。尽管面临着这些挑战，布罗德一直是一个忠实的朋友，他的鼓励促成了卡夫卡的文学作品得以成熟和出版，他也在与出版商交涉方面提供了切实的帮助。[15]

因此，布罗德的困境显而易见：他是应该听从朋友的遗愿，还是应该让他的文学作品留存下来，被更多人看到呢？他知道后者会让卡夫卡高兴。最后，布罗德选择了违抗他的朋友。他为自己辩护道，卡夫卡应该知道自己不可能服从这一决定——如果他确实是认真的，那他会找别的人来销毁这些文稿。

布罗德下定了决心要让卡夫卡在文学世界中占有他应得的一席之地，只是卡夫卡在自己的有生之年从未意识到这一点。

布罗德也知道拉金后来所说的手稿的"有魔力的"品质，并将利用它们来协助打造卡夫卡的文学声誉。格奥尔格·朗格尔（Georg Langer）的一个故事（也许"传说"这个词用在卡夫卡身上更合适）回忆了一位作家在 20 世纪 40 年代到特拉维夫访问布罗德的经历。这位作家是来看卡夫卡的手稿的，但被一场停电阻挠了。虽然最终电力恢复了，但布罗德还是拒绝了给作家第二次看手稿的机会。布罗德对档案材料的严密保护，他为出版卡夫卡的作品所做的努力，以及他在 1937 年出版的卡夫卡传记，都共同为卡夫卡创造了令人惊艳的文学光环（至少最初在德语文学界是这样）。[16]

布罗德编辑了《审判》，并安排柏林的锻造出版社（Die Schmiede）在 1925 年将其出版了，他还编辑了一部卡夫卡未完成的作品，卡夫卡最初的出版商库尔特·沃尔夫于 1926 年将其以《城堡》为标题出版了。小说《失踪者》也于 1927 年出版，是布罗德用从卡夫卡的底稿中搜寻到的篇章"补完"的。随后的其他作品需要从卡夫卡的日记和信件中进行更加大量的编辑选择和汇编，全都是在布罗德拥有这些实体材料的情况下才得以实现的。它们没有占据太多空间，但是它们在卡夫卡死后还原了他的整个职业生涯，为卡夫卡确立了现代最伟大作家之一的声誉，也为布罗德自己带来了收入和名气。

1930 年，卡夫卡作品的英文译本首次出现，译者是苏格兰文学夫妇埃德温·缪尔（Edwin Muir）和薇拉·缪尔（Willa Muir）。早期的英语读者包括奥尔德斯·赫胥黎和 W. H. 奥登，他们都是卡夫卡作品的热情拥护者。在他们之前，卡夫卡的读者当中还有一系列欧洲作家，尤其是瓦尔特·本雅明和贝托尔特·布莱希特，他们在两次世界大战中间的时期帮助卡夫卡建立了声誉。如果布罗德没有违背他朋友的命令，而是销毁了卡夫卡的文档，世界将痛失 20 世纪最具原创性和最有影响力的文学声音之一。

自 1924 年布罗德的保护行动以来，卡夫卡的文档从多次危险中幸存了下来。1939 年，当纳粹准备进入城市并实施他们的反犹太主义统治时，布罗德带着装满文稿的行李箱，登上了最后一班离开这座城市的火车。20 世纪 60 年代，卡夫卡的文稿所在城市因阿拉伯和以色列的冲突有被轰炸的风险，布罗德决定将这些文稿转移到瑞士的一个银行保险库。它们现在主要被存放在 3 个地方——大部分在牛津的博德利图书馆，另外一大部分在德国马尔巴赫的德国文学档案馆（Deutsches Literatur Archiv），还有一些在耶路撒冷的以色列国家图书馆（National Library of Israel）。这 3 个机构正在共同努力，致力于保护和分享卡夫卡非凡的文学遗产。

对伟大文学作品的"管理"做出决定的伦理问题是复杂而困难的。托马斯·克伦威尔的信件被故意销毁是为了保护他和他的手下的一种有计划的政治上的权宜之计，但其结果是大大减少了我们对一个关键历史人物的理解［直到希拉里·曼特尔（Hilary Mantel）在她的小说三部曲中用想象力和研究共同填补了这一空白］。拜伦的回忆录被烧毁，可能当时使他的忠实读者们不必经历震惊和厌恶，但几个世纪以来，这部丢失的作品的神秘性可能增加了一种他是一名领先于其时代的作家的声誉，因为他的生活与他的作品一样受人关注。卡夫卡的文档的保留则在更久之后才显示出了提升其声誉的效果。直到最近几年，布罗德对卡夫卡的作品所做的一系列决定才被誉为保护世界文化的一项重大贡献。我们现在肯定无法想象如果我们的文化中没有《审判》和《变形记》这两本巨著会是怎样。我们有时需要像马克斯·布罗德这样的"私人"作品管理者的勇气和远见，以帮助确保全世界能一直读到人类文明的伟大作品。

鲁汶大学图书馆于 1914 年被烧之前的样貌

第 7 章

被烧两次的图书馆

在华盛顿大火整整一个世纪后,另一支侵略军发现了一座图书馆,并将其视为打击敌人要害的完美方式。这一次的行动将产生全球范围的影响,因为自从困扰年轻的乔治·格莱格的美国国会图书馆大火以来,传播新闻的方式在过去的一个世纪里已经发生了变化。1914年,入侵的德国军队烧毁鲁汶大学〔又称鲁汶天主教大学(Université catholique de Louvain)〕的图书馆成了强烈的政治愤慨的焦点;与华盛顿事件不同的是,鲁汶大学图书馆的命运将成为一项在全世界广受关注的有争议问题。1914年,年轻的鲁汶耶稣会修道士,欧仁·杜皮耶罗(Eugène Dupiéreux)在日记中写道:

> 我到今天都不敢相信报纸上报道的德国人的暴行,但在鲁汶,我看到了他们的文化是什么样的。他们比烧毁亚历山大图书馆的哈里发欧麦尔手下的阿拉伯人还要野蛮,我们在 20 世纪看到他们放火烧了著名的大学图书馆。[1]

鲁汶大学是今比利时最早的大学,成立于 1425 年,培养了一批伟大的思想家,包括神学家圣罗伯·白敏(Saint Robert

Bellarmine)、哲学家尤斯图斯·利普修斯(Justus Lipsius)和地图学家杰拉德·麦卡托(Gerard Mercator)。大学由不同的学院组成(到16世纪末时已有46所学院),每所学院都在中世纪积累了藏书,因此在1636年中央大学图书馆成立之前,鲁汶大学是没有中央图书馆的。这座图书馆在接下来的一个半世纪里不断发展壮大,其藏书规模通过购买和捐赠不断扩大。鲁汶大学比较富裕,它的财富支持了图书馆的发展。17世纪晚期,大学图书馆采用了一种来自法国的新排架方式(即将书柜安在图书馆的墙上,窗户在书柜上方),与中世纪和文艺复兴时期的旧方式(即书柜从墙上向图书馆房间中央凸出的方式)形成了反差。1723—1733年间,鲁汶大学建造了一座新的图书馆建筑,在18世纪的进程中,大学的财富意味着它能够获取学者们使用需要之外的藏书。1759年,奥属尼德兰总督,洛林的查尔斯·亚历山大(Charles Alexander of Lorraine)给了鲁汶大学图书馆法定送存特权(他也给了布鲁塞尔皇家图书馆这一特权),有力推动了这一发展。[2] 几年后,鲁汶大学图书馆从附近一家图书馆的被迫关闭中受益了——1773年对耶稣会的镇压使其得以从该市的耶稣会图书馆购买书籍(鲁汶的耶稣会书籍现在分散在世界各地,并依然在古董书贸易中出现)。[3]

鲁汶大学在18世纪末和19世纪初法国独立战争蔓延到欧洲时遭受了重创。鲁汶的教职人员在1788—1790年被强行迁到了布鲁塞尔,且大学在1797年被正式查封,然后在1816年重新组建。1794—1795年,图书馆中近10%的图书——800多卷摇篮本(incunabula,在1501年之前印刷的图书)、带插图的图书,以及希腊文和希伯来语图书——被马扎然图书馆(Bibliothèque Mazarine)的人强行转移到了巴黎。布鲁塞尔的其他图书馆，包括皇家图书馆，也遭遇了这种命运。其他书籍则是被布鲁塞尔中央学院（École Centrale）的图书馆馆长挑挑拣拣拿走了一些。

因 1830 年的革命，鲁汶大学及其图书馆再次暂时关闭，比利时也在这场革命中诞生了。鲁汶天主教大学于 1835 年重新开放，与其图书馆一并成了民族复兴的象征。国家的复兴是知识和社会力量的引擎，以及巩固鲁汶大学在比利时国家意识中的新角色的关键因素。鲁汶大学图书馆成了比利时的三大公共图书馆之一（另外两个为列日大学图书馆和根特大学图书馆），但被认为是三大图书馆之首。[4]

时至 1914 年，鲁汶大学图书馆的藏书已超过 30 万册，并有一批从国际范围来看都质量极高的特殊馆藏。从图书馆壮丽的巴洛克式建筑就能看出它的重要性。它的馆藏反映了比利时的文化特征，记录了该地区最伟大的思想家的智力贡献，并保留了鲁汶大学强烈的天主教文化气息。作为向公众开放的法定送存图书馆，它也是一项国家资源。它藏有近千卷手稿，大多是古典作品和神学文本，包括天主教早期教父的作品、中世纪哲学和神学。它还收藏了大量的摇篮本和未编目的东方书籍，以及希伯来语、迦勒底语和亚美尼亚语的手稿。第一次世界大战前的鲁汶大学图书馆长，保罗·德拉努瓦（Paul Delannoy）自 1912 年被任命以来就开始进行现代化改造，因为那时图书馆在组织上已经落后于学术图书馆管理的趋势，阅览室也时常无人问津。他开始整理积压的编目工作，采购新的服务于学术研究的藏书，采取更现代的组织方式，而这一过程在 1914 年 8 月 25 日的晚上被戏剧性地叫停了。就像美国国会图书馆所经历的一样，等待它的破坏将是灾难性的，但这场破坏最终也引发了一次伟大的飞跃。

德国军队在进攻法国的途中侵犯了比利时的中立地位，于1914年8月19日抵达了鲁汶，该镇充当了德国第一军的总部大约1周。比利时民政当局事先没收了普通比利时公民持有的所有武器，警告他们只有比利时军队才有权对德国军队采取行动。研究第一次世界大战的现代学者未能找到任何反对德国人的民众起义的证据。8月25日，一系列暴行在鲁汶发生了，这可能是由一支德军的部队引发的，他们在恐慌下向自己的一些士兵开火了。报复行动在那天晚上开始了。比利时平民被强行从家里赶出来，并被立即处决——其中包括市长和鲁汶大学的校长。午夜时分，德国军队进入鲁汶大学图书馆，用汽油放了火。整座建筑和几乎所有藏书——现代印刷书籍和期刊，以及大量手稿和珍本书籍都被摧毁了。1907年《海牙公约》的第27条规定，"在攻城和轰炸中，必须采取一切必要步骤，尽可能保留以宗教、艺术、科学或慈善为目的的建筑物"，虽然德国是签约国之一，但德国的将军们仍然反对该公约的精神，尤其是战争被规范这一点。

《海牙公约》最终将纳入更严厉的措施来制裁针对文化财产的暴力行为，但它在第一次世界大战中的力量仍然较弱。鲁汶大学图书馆被烧毁，以及国际社会对此的回应将有助于改变这种情况，特别是通过在《凡尔赛条约》中加入一项涉及鲁汶大学图书馆重建的单独条款。

8月31日，英国《每日邮报》报道了"一项对世界犯下的罪行"，称"只要世界还有一丝一毫的恻隐之心"，德国就不能被原谅。[5] 英国著名知识分子，阿诺德·汤因比认为，德国人故意把鲁汶大学的知识心脏当作了目标，毕竟没有图书馆，大学就无法开展工作。法国天主教报纸《十字架报》（La Croix）认为，放火烧了鲁汶的是野蛮人。[6] 德国人的观点与英国军队 1814年在华盛顿给出的借口如出一辙，称城市中出现了平民抵抗，狙击手向德国军队开火，才引发了暴行。

事件发生后，德意志皇帝威廉二世立即给美国总统发了一封电报（无疑是担心这一事件可能会鼓励美国人加入盟军），辩称德国军队只是对该市平民的袭击做出了回应。1914 年 10 月 4日，在战争罪指控后，一个由 93 名著名的德国艺术家、作家、科学家和知识分子组成的团体发表了一份关于鲁汶事件的宣言。它的标题是《对文化界的呼吁》，一些德国最著名的文化领袖签了名，其中包括弗里茨·哈伯（Fritz Haber）、马克斯·利伯曼（Max Liebermann）和马克斯·普朗克（Max Planck）。他们写道："我们的军队残忍对待鲁汶的说法不是真的。愤怒的居民在他们的住处背信弃义地扑向了他们，我们的部队心痛不已，不得不向城镇的一部分区域开火作为惩罚。"[7] 关于图书馆因何被毁的争论已经持续了一个多世纪。2017 年，德国艺术学者乌尔里希·凯勒（Ulrich Keller）再次将破坏归咎于比利时的抵抗运动。

法国作家、知识分子罗曼·罗兰非常崇拜德国文化，1914年 9 月，他带着莫名的愤慨写信给《法兰克福报》（Frankfurter Zeitung），将他的话语对准了作家同行格哈特·霍普特曼（Gerhard Hauptmann），呼吁他和其他德国知识分子重新考虑自己的立场："如果你拒绝'野蛮人'这个头衔，那么你希望以后如何被别人称呼？你是歌德的后裔还是阿提拉的后裔？"霍普特曼的回答毫不含糊：与其把"歌德的后裔"写在墓碑上，不如作为阿提拉的后裔活着。[8]

并不是所有的德国人都这么想。柏林的普鲁士皇家图书馆〔Royal Prussian Library，今柏林国立图书馆（Staatsbibliothek zu Berlin）〕的馆长，杰出的圣经学者阿道夫·冯·哈纳克（Adolf von Harnack）也是"93 人宣言"的签字人之一，他写信给普鲁士文化部部长，建议在被占领的比利时任命一名德国官员，以确保图书馆在战争接下来的时间中不会遭到破坏。这个提议被接受了。在 1915 年 3 月下旬，布雷斯劳（现波兰弗罗茨瓦夫）大学的图书馆馆长弗里茨·米尔考（Fritz Milkau）被派到了布鲁塞尔担任这一职务，带来了年轻的预备役士兵里夏德·厄勒（Richard Oehler），波恩大学的图书管理员，还有其他像他这样的人。他们走访了比利时的 110 家图书馆，讨论了图书的保存和保护问题。[9]

鲁汶大学图书馆被毁 4 周年时，法国勒阿弗尔港，即比利时流亡政府的所在地举行了纪念活动。除了政府官员，参加的还有多元化的盟国代表，其中包括一名西班牙国王的特使和一名耶鲁大学的代表。随着世界对比利时的同情从愤怒转向支持重建，各地都发出了支持的公开信息。

在对鲁汶大学图书馆的损失深表同情的英国图书馆中，曼彻斯特的约翰·莱兰兹图书馆（John Rylands Library）是最引人注目、最慷慨的一个。1914 年 12 月，为了"对鲁汶大学的建筑和著名的图书馆在野蛮破坏中所遭受的不可挽回的损失予以切实的同情"，图书馆的管理者们决定将一些藏书的副本捐赠给鲁汶大学图书馆。他们指定了 200 本他们认为将成为"新图书馆核心"的书。约翰·莱兰兹夫妇不仅拿出了自己的藏书，还自告奋勇从英国的私人和公共藏书中收集捐赠给鲁汶的书籍。

约翰·莱兰兹图书馆的馆长，亨利·格皮（Henry Guppy）

推动了英国对鲁汶的支持。他在 1915 年出版了一本小册子，记述了一则"鼓舞人心"的对公众呼吁的回应——人们呼吁的内容是捐赠远在新西兰的奥克兰公共图书馆的图书。事实上，格皮的努力是非常了不起的。1925 年 7 月，最后一批书被运往鲁汶，总数达到了 55782 本，分了 12 批才运完，约占图书馆于 1914 年 8 月被毁时损失图书的 15%。曼彻斯特当局对他们的工作感到非常自豪，这表明，鲁汶大学图书馆的困境触动了离比利时很遥远的海外普通公众。

随着战争结束，国际上重建鲁汶大学图书馆的努力也上升了几个层次。《凡尔赛条约》（1919 年 6 月 28 日）第 247 条就图书馆的特别规定对这一过程提供了帮助："德国负责为鲁汶大学提供……与德国焚毁鲁汶大学图书馆时毁坏的数量和质量相同的手稿、摇篮本、印刷书籍、地图和收藏品。"[10]

在各国帮助鲁汶重建图书馆之时，美国也看到了其中的机会：这不仅是为了显示文化和知识上的团结，也是为了传递"软实力"。哥伦比亚大学的校长，尼古拉斯·默里·巴特勒（Nicholas Murray Butler）非常积极地领导了美国的倡议。密歇根大学安娜堡分校也送来了书籍。1919 年 10 月，领导了比利时人民抵抗德国占领的比利时的梅西耶红衣主教（Cardinal Mercier，梅赫伦的大主教兼总主教）访问了安娜堡，接受了荣誉法学博士学位。在一个挤满了 5000 多名大学成员的礼堂里，这位比利时红衣主教在战争中的勇敢在仪式上被宣读，作为回应，他用心地感谢了那些为他的国家的自由而战的美国"男孩们"。在唱完比利时国歌和《共和国战歌》之后，一本书被呈送给了梅西耶红衣主教。这本书充满了象征意义，是在 1484 年由一位德国印刷商，约翰内斯·德韦斯特法利亚（Johannes de

Westfalia）印制的波爱修斯的《哲学的慰藉》（*De consolatione philosophiae*）。他从帕德伯恩和科隆来到低地国家，建立了这里的第一家印刷厂。

安娜堡大学的学术社区并没有忽视这段历史小插曲中的讽刺意味。书中插了一段拉丁文题词："我是由一位在这受到了热情款待的德国人于鲁汶大学印制的。多年后，我横渡大西洋，来到了另一片土地，在那里幸运地逃脱了德国人带给我的同伴们的无情命运。"该书是 300 册摇篮本中的一册，是鲁汶大学图书馆被摧毁之前藏品的一部分，因此被选择来取代一件特别珍贵的丢失物品。[11]

美国人为新图书馆的建筑募集了资金。建筑反映的是过去，而不是未来。新建筑的风格与低地国家的传统民间风格非常一致，尤其是 17 世纪的佛兰德"文艺复兴"。但图书馆很大，有足够容纳 200 万册图书的空间，并受到了研究型图书馆，尤其是哥伦比亚、哈佛和耶鲁等美国常春藤盟校的大学图书馆的最新设计思想的影响。图书馆重建过程中的文化政治因素将体现在建筑物的装饰上。正门上方是一尊圣母马利亚的雕像，体现鲁汶是一座天主教城市，而两个盾徽分别印有比利时和美国的纹章。[12]

1921 年的奠基仪式同样象征着比利时与美国之间的新关系。虽然有 21 个国家的代表出席了仪式，并由比利时国王和王后、多位红衣主教和贝当元帅主持，但美国占据了舞台的中央。哥伦比亚大学校长和美国驻布鲁塞尔大使宣读了哈丁总统的善意致辞。亨利·格皮认为，"这一天属于美国"。[13] 八年后，1929 年 7 月 4 日，即美国独立日，新建的鲁汶大学图书馆举行了正式的落成典礼。舞台上的美国国旗十分醒目。美国大使、修复图书馆的美国委员会主席、法国委员会的代表和红衣主教都发表了讲话。为了纪念赫伯特·胡佛总统对该项目的支持，典礼上还揭幕了一座他的雕像，生怕美国在这场活动上的存在感没超过比利时似的。图书馆的重建将在日后成为美国和比利时外交紧张的主要来源，并帮助产生了20世纪30年代主导美国政治的外交政策中的孤立主义。

尽管举行了这些盛大的庆祝活动，鲁汶大学图书馆的翻修工程在整个20世纪20年代仍是美国的一个压力点，因为该项目成了美国在欧洲声望的象征。到了1924年，资金问题开始见诸媒体端。《纽约时报》11月的一篇社论将图书馆的重建描述为"一个未兑现的承诺"。一个月后，尼古拉斯·默里·巴特勒解散了他的鲁汶委员会，并将这项任务交给了时任美国商务部部长的赫伯特·胡佛。在美国其他评论人士哀叹未能完成图书馆是国家的耻辱之际，小约翰·D. 洛克菲勒（John D. Rockefeller Jr）不情愿地承诺向图书馆提供10万美元。他将其视为一项爱国责任，而不是因为他对该项目有任何热情。资金终于在1925年12月被筹集到了，完成了一半的图书馆的重建工作得以重新开始。[14]

随后，另一个问题浮出了水面。由美国建筑师惠特尼·沃伦（Whitney Warren）为这座建筑设计的题铭，"被德国的暴怒所摧毁，因美国的捐赠而重建"是在20世纪20年代末欧洲政治断层线改变之前就被构思好的。这段铭文的感情此时看来似乎已经不合适了，尤其是尼古拉斯·默里·巴特勒开始对这句题词的内核持保留态度。他于那年担任了一个新职务，卡内基国际和平基金会——一个关注图书馆在欧洲战后和解中的作用的慈

善组织——的主席。沃伦和巴特勒于是在美国报纸上展开了一
场争斗，这场争斗很快蔓延到了欧洲。这成了一个外交和公关
问题，在 1927 年萨科和万泽蒂（两名意大利无政府主义者，被
视为在美国盛行的不合理的反欧移民观点的受害者）被处决后
加剧了欧洲的反美情绪。围绕铭文的争斗一直持续到了落成仪
式（在 1928 年 7 月 4 日举行）的前几天。沃伦在比利时民族主
义者的支持下，拒绝更改铭文。大学在美国政府官员的支持下，
拒绝让它上墙，而是在图书馆的墙上留出了一片空白。在接下
来的两年里，沃伦提起了诉讼，这个问题仍然出现在大西洋两
岸的新闻中。图书馆空白的立面曾两次被比利时民族主义者涂
写毁坏。最后，原铭文在 1936 年被放到了迪南的一个战争纪念
碑上。图书馆的问题终于不再被新闻热议，美国人和鲁汶大学
都松了一口气。[15]

　　可悲的是，这次和平是短暂的。人们不仅不会在第一次世
界大战的余波中吸取鲁汶的教训，而且在第二次世界大战中又
被迫学习了一次。1940 年 5 月 16 日晚，在图书馆第一次被摧毁
近 26 年后，重建的建筑再次被大部分摧毁，这次又是德国武装
部队瞄准并轰炸了它。

　　《泰晤士报》于 1940 年 10 月 31 日刊登了一篇题为《又是
鲁汶》的文章，报道说，"德国人宣称，这次是英国人放的火，
但比利时人毫不怀疑这是德国人的罪过"。由亚琛（Aachen）的
克勒曼教授领导的一个德国调查委员会在地下室发现了一些来
自远东的罐子，断言英国人在这些罐子里装满了汽油，然后引
爆了 3 枚手榴弹点燃了它们。1940 年 6 月 27 日，《纽约时报》
从柏林报道说，提供了"确凿的证据"，证明摧毁图书馆是英国
人的阴谋。[16]

密切参与了重建工作的哥伦比亚大学校长，尼古拉斯·默里·巴特勒收到了一封来自鲁汶大学图书馆馆长的令人痛心的信：

> 我无比悲痛地告诉你，图书馆几乎全部被大火烧毁了。在后面存放着我们珍贵藏书的精美藏书室已经不复存在，只剩下极度变形和熔化了的大梁。这是一幅令人痛苦的景象……收藏的摇篮本、手稿、纪念章、贵重瓷器、丝绸旗帜和目录也都被毁了。几乎可以说，我们必须从头开始了。[17]

在伦敦遭到了燃烧弹空袭后，英国《每日邮报》在1940年12月刊载了埃姆里斯·琼斯（Emrys Jones）的一篇文章，其中指责德国人"犯下了摧毁鲁汶古老的图书馆的罪行"。对于英国人来说，这是世界历史上"大纵火犯"的行动之一，别的还包括摧毁伊普尔布料大厅和兰斯主教座堂（Cathedral of Rheims）。人们很难证明1940年的袭击是像1914年的一样故意针对图书馆的。这座由美国人设计的建筑声称是防火的，但并没有成功保护图书馆的藏书。目前已知只有2万本书在爆炸中幸存了下来。另一项修复工作开始了，重建的图书馆于1950年重新开放。[18]

鲁汶大学图书馆在20世纪遭到两次破坏的案例都唤起了以亚历山大图书馆被毁为缩影的文化失落感。这些藏书的损失不仅是一份伟大的珍宝的损失——一些学者淡化了这些被毁的珍宝的学术价值，而是强调了图书馆所体现的民族和公民自豪感——对于许多比利时人来说，这是他们的"家庭图书馆"。[19]

就像美国国会图书馆也在几十年内被摧毁了两次一样，鲁汶大学图书馆的重建行动非常具有象征性。这两家图书馆都投入了巨大的努力来重建建筑、重组藏书和手稿。这些藏书和手稿将被世世代代重复使用，而且可能更重要的是，它们重新审视了学者们在图书馆工作、研究的方式。德国军队可能将袭击图书馆视为给敌人造成心理伤害的机会，他们的目的在短期内达成了，但长期结果起到了相反的作用。今天的图书馆与在20世纪20年代重建的，以及在20世纪40年代和50年代重建的有很大不同。虽然鲁汶大学在20世纪70年代被一分为二，一所讲法语，另一所讲佛兰德语，但鲁汶大学的图书馆仍然是欧洲这所顶尖大学的学习和教育的重要枢纽，让比利时保持了欧洲知识经济的前沿。

对于鲁汶大学图书馆的损失的震惊在1914年是世界关注的焦点，在1940年也是一个较小的焦点，但在接下来的几十年里，它的故事已经淡出了公众的意识。犹太人大屠杀将为公众的厌恶和愤怒划定一个新的标准；与数百万人被谋杀相比，个别图书馆被焚烧就算不上什么了。然而，在比利时和德国，公众舆论仍然专注于1914年和1940年在鲁汶发生的事件。一个社群仍然感到内疚和自责，另一个则依然试图理解事件的动机。

意第绪语研究所（YIVO）的材料在纽约被拆封，1947 年

第 8 章

文献兵团

纳粹政权对欧洲犹太人的迫害不仅以可怕的力量落在了"有经者"（the People of the Book，犹太人几千年来一直这样称呼自己）身上，而且落在了他们的书上。据估计，从 1933 年纳粹统治德国开始到第二次世界大战结束的 12 年间，有超过 1 亿册图书在纳粹大屠杀期间被摧毁。[1]

书籍一直是犹太人宗教和文化的核心。犹太人生活的核心是一本特殊的书：《妥拉》（Torah），它通常以卷轴形式出现，是犹太人生活中最重要的书，以至于当罗马人于公元 70 年攻陷耶路撒冷时，存于耶路撒冷圣殿中的一份《妥拉》卷轴被提图斯皇帝（Emperor Titus）作为胜利的象征在罗马街头游行展出。在犹太人的生活中还有无数其他的书具有重大的意义。在传统的犹太文化中，真正的财富是用书籍来衡量的——借书是一种慈善行为——还出现了许多围绕着书籍的处理而设立的特别法律，从制作《妥拉》卷轴的羊皮纸必须如何处理，到使用圣书的具体规定：例如，圣书绝对不能上下颠倒着拿，也不能在无人阅读时让它们处于打开的状态。犹太人在一千年前就已经将知识的保存写入了他们的法律。这种强制保存的最著名的表现就是藏经库（genizah）——它存在于全球的犹太教堂中。"genizah"

一词源于波斯语"ganj",意为"秘藏"或"隐藏的宝藏",因此藏经库就是存储写有神之话语的文本碎片的房间。在犹太律法中,这些话语就好像有生命一样,当记载它们的纸张被磨损到不能使用时,纸张也必须得到应有的尊重。一般来说,藏经库就是一个小柜子,但偶尔也有很大的房间,比如开罗福斯塔特(Fustat)的班耶兹拉犹太会堂(Ben Ezra synagogue)的藏经库就是有几个世纪历史的巨大房间。在 19 世纪末和 20 世纪初开罗的藏经库被拆散时,人们发现它包含了数十万本可以追溯至 7 世纪和 8 世纪的书籍和文件的残片。这是一份令人震惊的犹太文化档案,现在被保存在世界各地的图书馆(包括博德利图书馆)中。[2]

犹太书籍不仅多次被公开销毁,还被蓄意盗窃和没收,为的是记录和理解纳粹政权试图根除的犹太文化。伴随着这些对书籍的大规模破坏行为,有社区和个人冒着生命危险(有时甚至以生命为代价)采取了保护行动,来拯救他们的文化最重要的物质载体:书籍。

1933 年 5 月的焚书活动花了一段时间才逐步扩大,其部分原因是国际社会对于焚书的负面反应。作家们是公开反对焚书的先锋,并将其视为警告的信号。聋盲作家海伦·凯勒发表了《致德国学生团体的信》:"你可以烧掉我的书和欧洲最伟大思想家们的书,但其中的精神已经通过百万个渠道渗入了,并将继续激发其他人的思想。"[3]作家 H. G. 威尔斯(他的书也被烧了)在 1933 年 9 月公开反对了"愚钝的乡巴佬反对思想、反对理智和反对书籍的革命",想知道"它将把德国带向何方"。[4]

事实上,作为对焚书的反击,两个新图书馆成立了。1 年后的 1934 年 5 月 10 日,德国自由图书馆〔Deutsche Freiheitsbibliothek,

也叫德国被焚书图书馆（German Library of Burnt Books）〕在巴黎开馆。德国自由图书馆是由德裔犹太作家阿尔弗雷德·坎托罗维奇（Alfred Kantorowicz）创建的，得到了安德烈·纪德、伯特兰·罗素和亨利希·曼（Heinrich Mann，德国作家托马斯·曼的哥哥）等其他作家和知识分子的支持。图书馆迅速收集了2万多册藏书，其中不光有在德国被定为焚烧目标的书籍，还包括最重要的纳粹书籍，以帮助理解这个新兴的政权。H. G. 威尔斯很高兴他的名字与新图书馆联系在了一起。图书馆成了德国流亡知识分子的聚集地，它定期组织读书会、讲座和展览，让德国报纸非常反感。1940年，德国人攻陷巴黎后，德国自由图书馆被拆分，许多藏书被并入了法国国家图书馆的藏书。[5] 纽约布鲁克林犹太人中心于1934年12月成立了美国纳粹禁书图书馆，其顾问委员会中有著名的知识分子，包括阿尔伯特·爱因斯坦和厄普顿·辛克莱。该图书馆被誉为在新一轮压迫时期保护和弘扬犹太文化的一大手段。[6]

1933年5月10日的焚书事件仅仅是历史上大概最有组织、最具规模的图书清除行动的前奏。[7] 尽管在这一早期阶段，被销毁的书籍数量并不多（甚至可能被高估了），但它在人们的心理方面造成了毁灭性的影响。在这些焚书活动之后，许多犹太人直接离开了德国。[8] 反犹袭击持续增加，首先是在奥地利，然后捷克斯洛伐克的苏台德区被德国吞并。对书籍的攻击是这场战役的基本要素之一。随着焚书活动继续，各种纳粹团体开始整理讨厌的作家名单（其中包括共产主义者、同性恋者以及犹太人）。图书馆界也不能幸免于纳粹主义的吸引力。德国著名图书馆馆员沃尔夫冈·赫尔曼（Wolfgang Herrmann）整理了一份被禁作家的名单，这份名单在整个德国广为流传。阿尔弗雷德·罗森堡（Alfred Rosenberg，后来成为东部占领区的政府部长）也是如此，他的文化和思想观点在希特勒以及其他主要纳粹分子当中很有影响力。这些名单由警方和冲锋队（Sturmabteilung，纳粹党的准军事组织）执行，被约瑟夫·戈培尔领导的宣传部用来煽动反犹仇恨，导致书店、图书馆和私人住宅中不受欢迎的书籍都被清除。被禁书单是落在第一次世界大战和20世纪20年代经济崩溃后的肥沃的社会土壤里的种子。纳粹主义的兴起得到了社会各界的支持，学生团体，尤其是在赫尔曼的鼓励下，也去清除当地借阅图书馆和大学图书馆中的这些书。赫尔曼试图激起人们的仇恨，他将德国的借阅图书馆描述为"文学的妓院"。在1933年的一次德国图书馆员会议上，一位发言人积极发言，支持烧毁和没收犹太人和左翼作家的作品。[9]

德国社会沉醉于纳粹主义，书籍、思想和知识的世界也与这个现象完全勾结。随着多条反犹法律持续被通过，犹太会堂所遭到的袭击增加了，许多犹太宗教图书馆也被摧毁。这些破坏成了犹太人大屠杀的一部分，是有组织的文化灭绝的最极端的例子。1938年11月10日清晨，"最终解决方案"的设计者莱因哈德·海德里希（Reinhard Heydrich）在"水晶之夜"前夕发给纳粹党的一封名为《今晚针对犹太人的措施》的电报中，特别提到了没收犹太人档案的问题。针对知识档案进行销毁的进程随后加强："所有犹太宗教团体的犹太会堂和商业场所的现有档案材料必须由警察没收，这样才不会在示威过程中被销毁……档案材料必须移交给党卫队保安处的相关部门。"[10]

1939年，第二次世界大战爆发时，盖世太保开始了一项系统的没收计划，但没收犹太人档案的动机分为没收和销毁两种。盖世太保的工作被一个准学术机构所接管，该机构拥有官方地位、工作人员和资金，名叫犹太问题研究所（Institut zur Erforschung der Judenfrage），其总部设在法兰克福，于1941年正式成立，由反犹太主义的主要战略家阿尔弗雷德·罗森堡领导。[11] 该研究所的目的是研究犹太教的细节及其作为宗教的历史，以及它对欧洲政治事务的影响。该研究所工作的核心是积累大量希伯来语或其他闪米特族语言的书籍和手稿，以及关于犹太教的书籍。[12]

研究所与另一个在该领域开展业务的组织，政府部长罗森堡行动组（Einsatzstab Reichsleiter Rosenberg）合作。[13] 行动组有两个主要任务：为研究所收集材料，以及销毁"多余的"材料。这个组织的大部分领导权留给了约翰内斯·波尔博士（Dr Johannes Pohl），他曾于1932—1934年在耶路撒冷学习圣经考古学，在加入国家社会党之前当过一段时间的天主教神父。波尔之后离开了神职，结了婚，在柏林国立图书馆负责希伯来语和犹太语的藏书，由于之前的负责人阿图尔·施帕尼尔（Arthur Spanier）是犹太人，被强行驱逐，这个职位才为波尔空了出来。我们不清楚波尔的动机，但在他离开神职后，他有了强烈的反犹观点。他开始在德国的报纸和杂志上发表反犹文章，并利用了他在希伯来语和犹太研究方面的专长，比如阐述《塔木德》（Talmud，犹太教律法的核心文本）的危险。1941年，波尔搬到法兰克福，领导犹太问题研究所的犹太部门。[14] 到了1943年4月，罗森堡的研究所已从法兰克福市立图书馆著名的犹太馆藏以及法国、荷兰、波兰、立陶宛和希腊的图书馆中查获了超过55万册犹太书籍。多亏了研究所对细节的关注，以及政府对有序、有充分记录的官僚系统的渴望，这一过程得到了很好的记录。[15]

1941 年下半年，随着苏德战争的爆发，纳粹政权的目标从迫害犹太人转变成了毁灭犹太人。随着德国的战争机器横扫波兰、俄罗斯和波罗的海国家，犹太人成了种族灭绝的主要目标。在闪电战展开的同时，致力于执行极端反犹政策的各种组织也都在行动。[16]

从许多方面来看，纳粹对犹太人的大屠杀并不是一个新现象。几个世纪以来，欧洲的犹太人一直遭受着压迫，压迫者大多是他们所生活的基督教社区。一波又一波的迫害迫使犹太人从一个国家迁移到另一个国家：他们在 12 世纪被驱逐出英格兰，在 15 世纪被驱逐出西班牙。在欧洲其他地区，犹太人的被接纳程度起伏不定。1516 年，威尼斯政府强迫他们城市的犹太人生活在一个固定的聚集区（Ghetto）。

对犹太书籍的审查是在 1500—1700 年间发展起来的：例如，1553 年的教皇法令要求焚毁所有《塔木德》。[17] 1554 年，威尼斯印刷了第一本天主教《禁书索引》（Index Librorum Prohibitorum）。这份名单囊括了对 1000 多名作家及其作品的谴责，包括 290 名大部分是新教作家的全部作品，伊拉斯谟的 10 部作品，以及被称为《塔木德》的犹太律法汇编。[18] 近年来，学者们开始发现中世纪希伯来语手稿的书页，这些手稿曾被克雷莫纳、帕维亚和博洛尼亚等城市的基督教书籍装帧师当作废料来覆盖中世纪文献登记簿，原始的希伯来语手稿书页已被没收。[19] 中欧和东欧国家也迫害过犹太人，并定期进行审查，这些审查制度是由 16 世纪初的宗教改革辩论引发的。例如，法兰克福犹太人的书籍在 1509 年和 1510 年被没收了，这都是拜约翰内斯·普费弗科恩（Johannes Pfefferkorn，1468/1469—1521）所赐。他是一名宗教辩论家，从小信奉犹太教，但后来皈依了天主教，致力于压制天主教德国的犹太出版物。[20] 再往东，大屠杀成了居住在"栅栏区"（Pale of Settlement）的阿什肯纳兹犹太人所遭受的苦难中常见的一部分。栅栏区是俄罗斯帝国（包括今天的乌克兰、白俄罗斯、波罗的海国家、波兰部分地区以及俄罗斯西部）西部的一个圈定区域，1791—1917 年犹太人被允许在那里定居。[21]

尽管受到迫害，犹太人社区还是能够蓬勃发展，无论是在聚集区还是在更自由的生活中。在东欧和中欧文化中，希伯来语和意第绪语是犹太人的语言。希伯来语用于宗教仪式，意第绪语（最初是一种高地德语的方言）用于日常交流。由于希伯来语也是学术文化的首选语言，意第绪语甚至不被世界各地的许多犹太人视为一种"正规"的语言，从意第绪语衍生的文化也是如此。然而，到 20 世纪初，意第绪语已经成了约 1100 万人的母语，约占世界犹太人口的 3/4，并且已经是一种具有数百年历史发展和传统的语言了。[22] 作为大多数东欧犹太人的方言，意第绪语不仅仅是一种语言，更是一种整体的文化和生活方式。

19 世纪末，一场广泛的运动开始了，这场运动不光展现了犹太文化在东欧的重要性，也展现了它的脆弱性。这场运动中涌现了毕生致力于保护意第绪文化的人，比如罗斯犹太学者西蒙·杜布诺（Simon Dubnow）。他于 1891 年在《日出》（Voskhod）杂志上发表了一篇文章，认为东欧犹太人没有充分欣赏自己的文化。他敦促公众开始收集记录阿什肯纳兹犹太人文化的材料。[23] 这篇文章鼓励了许多人给他寄来材料，也促成了几个历史学会的成立。这场运动继续加快步伐，到 20 世纪 20 年代，柏林、维尔纳（Vilna，现立陶宛首都维尔纽斯）和纽约等城市也有了一些发展意第绪语学术研究的类似想法。杜布诺还意识到，东欧犹太人的文化正受到大屠杀、移民和基督教社区同化的威胁，这些过程并没有随着 19 世纪的结束而消失：例如，1918—1920 年的大屠杀造成了数十万犹太人的死亡。

在立陶宛的维尔纳，马克斯·魏因赖希（Max Weinreich）和扎尔曼·赖森（Zalman Reisen）开始见面，他们热情地召集了当地的活动家，考虑如何最好地保护犹太文化。1923 年，两人提议成立一个"意第绪语言学家协会"。魏因赖希曾就读于圣彼得堡大学，后在德国马堡获得了博士学位。1925 年 3 月 24 日，维尔纳的两个教育组织举行了一次会议，通过了建立意第绪语学术研究院的提议，并鼓励波兰的学者们也这样做，他们写道"意第绪语学术研究所必须且一定会成立"。[24] 维尔纳是实现这一倡议的沃土。这座城市有大量犹太人口，1939 年，犹太人占了该市人口的近 1/3。在整个 18 世纪和 19 世纪，它都被视为一个强有力的犹太文化和学术中心，并且是 18 世纪著名宗教领袖［如著名的"维尔纳加昂"（Vilna Gaon）以利亚·本·所罗门·扎尔曼（Elijah ben Solomon Zalman），一位杰出的希伯来学者］的诞生地，被称为"立陶宛的耶路撒冷"。[25] 魏因赖希和赖森的新研究所［后被称为意第绪语研究所（Yidisher Visnshaftlekher Institut），简称 YIVO］很快成了在东欧收集犹太人历史和文化的"运动"的焦点，一股巨大的能量开始出现在这个团体周围。[26]

维尔纳也是一个有着浓厚的图书馆文化的城市，城中有维尔纳大学图书馆和其他非宗教藏书，以及有着欧洲最丰富的犹太藏书的斯特拉顺图书馆（Strashun Library）。斯特拉顺图书馆是一个社区图书馆，可能是世界上第一个公共犹太图书馆，是维尔纳犹太人社区的学术中心。[27] 这座图书馆是由商人和藏书

家马提蒂亚胡·斯特拉顺（Matityahu Strashun）建立的，他在
1892 年去世时，把大量稀有的古老书籍遗赠给了维尔纳的犹太
人社区。因此，维尔纳大犹太会堂旁边建了一座存放藏书的建
筑，并设立了一个监督该机构的委员会。委员会允许图书馆一
周开放 7 天，包括安息日，获取图书馆知识的需求可见一斑。[28]
另一处主要藏书位于 1911 年成立的传播启蒙协会（Mefitse
Haskala），协会属于犹太社区，拥有超过 4.5 万卷意第绪语、俄
语、波兰语和希伯来语书籍。[29]

自从在维尔纳成立后，意第绪语研究所在 20 世纪 20 年代
和 30 年代迅速发展了起来，成了"无国籍人士的国家学院"。[30]
魏因赖希和赖森的首要目的是调查现有的一手文献，并通过研
究找出所缺失的部分，以便于学者们开始收集原始数据。这种
主要通过志愿者的工作收集材料的过程在意第绪语中被称为
"zamlen"（扎姆伦）。他们从在世的人那里收集材料——包括
文件和口头叙述，然后将他们收集的材料送到维尔纳的研究所，
供那里的学者分析研究。意第绪语研究所的核心不仅仅是收集
资料，其工作的首要任务是存档、保存和分享"扎姆伦收集者"
（zalmers）所收集的知识。这些活动的一个关键部分是编目，而
且在意第绪语研究所成立的头 6 周里，他们收集了 500 条引文
索引，在 1 年内收集了 1 万条。到了 1929 年，研究所已经登记
了 10 万条索引，并定期收到 300 份报纸，其中 260 份是意第绪
语的。1926 年，他们开始登记所有意第绪语的新书，以及意第
绪语出版社所有最重要的文章和其他语言中关于意第绪语的文
章。到了 1926 年 9 月，已有 200 多名"扎姆伦收集者"向意第
绪语研究所捐赠了总共 1 万卷藏书或文件。[31]

意第绪语研究所不仅成了一个犹太研究中心、犹太资料

的主要图书馆和档案馆，还开始成为一项大规模运动的先锋。1939 年末，创建意第绪语研究所的负责人马克斯·魏因赖希在丹麦就意第绪语研究所的工作发表演讲，他发现自己无法回到维尔纳，因为苏联军队入侵了波兰东部，并进入了维尔纳。因此，魏因赖希将目光投向了另一个地方：唯一一个建立了意第绪语研究所并可以被认为是安全的城市。魏因赖希在 1929—1930 年间颇具先见之明地在纽约设立了一个办事处，他能够从那里与意第绪语研究所设在维尔纳的总部联络。在纽约，他继续着意第绪语研究所的核心任务 —— 收集资料。在 1940—1941 年，他发出了征集资料的号召，并在美国的意第绪语报纸和意第绪语研究所自己在纽约出版的报纸上投放广告。尽管魏因赖希在 1939 年没有意识到，但意第绪语研究所以及它所记录的文化、宗教、社会和学术生活都多亏了纽约的办公室才幸存下来。[32]

1941 年炎热的夏天，希特勒撕毁了《苏德互不侵犯条约》，对毫无戒心的俄国发动了"巴巴罗萨行动"。纳粹闪电战威力巨大，迅速击退了俄军，并且于 1941 年 6 月 24 日占领了维尔纳，将其作为这次闪电袭击的一部分。由赫伯特·戈特哈德博士（Dr Herbert Gotthardt，战前曾是柏林的一名图书管理员）带领的一支罗森堡行动组小队几天后就抵达了该市。起初，他们只去了犹太会堂和图书馆，但很快就开始安排盖世太保逮捕犹太学者。[33] 就像在其他拥有大量犹太人口的城市一样，维尔纳建立了犹太人聚集区，犹太人口被困住并被控制在了那里。1942 年 2 月，法兰克福罗森博格研究所的约翰内斯·波尔博士带着 3 位专家访问了这座城市，在调查了维尔纳及其被占领以来所做的工作后，意识到需要一个更大的组织来处理各种犹太人的书籍和文献。更重要的是，波尔意识到，只有犹太专家才能胜任鉴定关键资料的任务。因此，他命令犹太区为他提供12名工人，负责分类、打包和运输资料，并任命了一个由3名犹太知识分子组成的团队来监督这项工作：赫尔曼·克鲁克（Herman Kruk）、策利希·卡尔马诺维奇（Zelig Kalmanovitch）和柴克尔·伦斯基（Chaikl Lunski）。聚集区的犹太卫兵称他们为"文献兵团"（Paper Brigade）。[34]

罗森堡行动组小队及其来自文献兵团管辖的犹太区的强制劳工被安排在了维尔纳大学图书馆里。斯特拉顺图书馆的全部4万册藏书都被转移到了那里，就被留下还是销毁进行筛选（selektsia），这一过程反映了在东欧各地开始出现的死亡集中营中的人类的命运。[35]其中一些书将被送去法兰克福的研究所，另一些则被送到附近的造纸厂被回收。负责这一过程的犹太知识分子是一群非常勇敢的学者和图书管理员，由赫尔曼·克鲁克领导。克鲁克曾担任格罗塞尔图书馆（Grosser Library）的馆长，该图书馆专注于华沙的意第绪语和社会主义文学。克鲁克在1939年纳粹入侵后，与其他犹太难民一起逃到了维尔纳。他在维尔纳的犹太区建立了一座非凡的图书馆——严格来说，是复兴了赫夫拉·梅菲策·哈斯卡拉图书馆（Hevrah Mefitse Haskala Library）——并得到了两个人的协助：在纳粹占领前曾于该图书馆工作的摩西·阿布拉莫维奇（Mohe Abramowicz）和年轻女子迪娜·阿布拉莫维奇（Dina Abramowicz）。克鲁克的副手，策利希·卡尔马诺维奇是意第绪语研究所在二战之前的主管之一。斯特拉顺图书馆的馆长柴克尔·伦斯基现在担任书目顾问，为送往法兰克福的书籍编目。克鲁克在日记中写道："卡尔马诺维奇和我都不知道，我们是掘墓人还是救世主。"[36]

由于要检查挑选的资料数量如此之大，纳粹很快就在意第绪语研究所大楼开辟了第二个工作场所，并且需要来自聚集区的其他犹太人加入团队。此时，文献兵团还吸收了其他女性，如精通中世纪拉丁语的前高中历史教师拉切尔·普普科-科林斯基（Rachel Pupko-Krinsky），以及著名意第绪语诗人亚伯拉罕·苏兹科夫（Abraham Sutzkever）等创作人才。纳粹对于维尔纳的犹太书籍的愤怒并不局限于机构图书馆。盖世太保突袭住宅寻找犹太人时，罗森堡行动组小队会随后来寻找他们的书籍，以确保他们的文化被根除。对犹太书籍的搜寻变得越来越有侵略性。维尔纳大学图书馆阅览室的地板被掀翻，以搜寻可能藏在下面的犹太书籍。到了 1943 年 4 月，罗森堡行动组小队在里加、考纳斯、维尔纳、明斯克和基辅已经通过工作控制了 28 万册书籍（其中仅维尔纳就有 5 万册），等待运往法兰克福。[37]

波尔的团队详细记录了犹太书籍的销毁情况，每 2 周列出送往德国的书籍、送往造纸厂的书籍数量，并按语言和出版日期进行细分。纳粹规定至少 70% 的书籍要被销毁。有时，分不清这些书籍有何区别的纳粹把一些书寄到法兰克福，仅仅是因为它们的装帧很吸引人。

1942 年 6 月，克鲁克在他的日记中记录："被安排执行这项任务的犹太搬运工都眼含热泪，这是令人心碎的场景。"他们很清楚等待着那些没有被送往法兰克福的书籍和文件的是什么命运，以及这对他们在战前奉献过如此多精力的组织意味着什么。"意第绪语研究所正在死去，"克鲁克写道，"造纸厂就是它的乱葬岗。"[38] 有一段时间，他们关于正确处理书籍的方式产生了分歧。一些人，如卡尔马诺维奇，认为把这些书送到法兰克福是最好的，至少它们在那里不会被毁。其他人则认为一定有更好的办法。

作为对维尔纳图书馆所遭到的可怕破坏的回应，文献兵团的成员们想出了拯救书籍的策略。他们首先发现，一个简单的应对措施就是尽可能长时间地拖延工作。当德国人不在房间里时，他们会为彼此朗读。这么做可能比较危险，因为监工的德国人不会甘心受骗，但第二种策略甚至更危险。当一天的工作结束时，他们会把书和文件藏在衣服里，带到犹太区。克鲁克有一张通行证，可以在不搜身的情况下进出犹太区，但如果纳粹在其他工人身上发现了书籍，他们就有可能立即被脱衣殴打，然后被送到聚集区的监狱，甚至被送到维尔纳的卢基什基监狱（Lukishiki prison），然后被送到纳粹在维尔纳郊外的波纳尔（Ponar）创立的犹太人处决地点。那是一个有去无回的地方。

1942年3月—1943年9月，由于文献兵团惊人、风险极高和危险重重的图书偷运活动，数以千计的印刷书籍和数万份手稿文件回到了维尔纳犹太区。

盖世太保允许文献兵团分拣队的强制劳工之一，意第绪语诗人亚伯拉罕·苏兹科夫把纸带进犹太区，作为炉子的燃料，但他带回了罕见的希伯来语和意第绪语印刷书籍、托尔斯泰、马克西姆·高尔基和哈依姆·比亚利克（Hayim Bialik）的手稿信件，后者是犹太复国主义运动的创始人之一，西奥多·赫茨尔的日记，以及马克·夏加尔的绘画，全都被立刻且仔细地藏了起来。其中许多文件在纽约的意第绪语研究所中被保存到了今天。文献兵团甚至想出了一个计策，把意第绪语研究所总部不用的办公家具带到犹太区。德国人给了他们许可，但文献兵

团在家具里藏了数百本书和文件。这些书和文件一进入犹太
区就会被取出来，然后被藏进一个精心设计的复杂的藏物之
处。维尔纳犹太区的一名居民，格申·阿布拉莫维茨（Gershon
Abramovitsh）战前是一名建筑工程师，他在地下 60 英尺处建
造了一个地堡，里面有独立的通风系统、电力供应，甚至还有
一条隧道通往一口位于犹太区外的井。[39] 这个地堡最初被构想为
一个藏匿地下犹太区的武器的地方，以及阿布拉莫维茨母亲的
藏身之处，但她很乐意与被抢救回的书籍和文件分享这个空间。
一些偷运进来的教科书和儿童读物被送到了秘密学校，另一些
书则对犹太区内形成的游击队有很大的实用价值：其中一本书
讲解了如何制作莫洛托夫燃烧弹。

　　尽管文献兵团冒着个人风险，英勇地将书籍和文件偷运到
了犹太人区，但大多数资料仍然被运往了维尔纳郊外的造纸厂。
文献兵团的成员们感觉到，他们快没有时间了。卡尔马诺维奇
在 8 月 23 日的日记中写道："我们的工作即将结束。数以千计
的书籍被当作垃圾丢弃，犹太书籍将被清算。在上帝的帮助下，
我们能拯救的任何部分都会得救。当我们以自由人的身份回来
时，我们会找到它的。"[40]

　　1943 年 9 月 23 日，在占领了几个星期并集合惊恐的居民后，
纳粹开始对维尔纳犹太区进行残酷的清算。聚集区自己的临时
图书馆被关闭，书籍被销毁。[41] 文献兵团的成员没有受到特殊待
遇，与其他犹太区居民一样，他们中的大多数人在波纳尔被纳
粹杀害，或者被送到爱沙尼亚的强迫劳改营，大多数人再也没
有回来。[42]

　　文献兵团不知道的是，在维尔纳西南 300 英里处的华沙
犹太人区也进行了一项类似的挽救东欧犹太人的生活记录免

受破坏的工作。在这里，一个名为"奥涅格安息日"（Oyneg Shabes）的秘密组织记录了犹太区自建立以来3年的日常生活，创作了超过3万页的散文、诗歌、信件和照片。他们记录了民间幽默故事、笑话、被拯救的希望、故事、诗歌，也记录了对在犹太区为纳粹工作的犹太人的怒斥，甚至犹太警察与纳粹协同控制犹太区的行为细节。甚至连装饰纸、糖果包装纸之类的短时效物品都被保存了下来。

就像在维尔纳一样，这些资料被埋在了犹太区（放在10个盒子和3个金属奶桶里），但这些资料并不是从这座城市丰富的图书文化中抢救出来的原本就存在的书籍和文件：华沙的这些资料的目的是记录犹太区本身和其居民的生活。就像在维尔纳一样，这些保护行为的目的是让过去不被未来遗忘。"奥涅格安息日"的领导人埃马努埃尔·林格布卢姆（Emanuel Ringelblum）被发现与家人和其他34名犹太人藏匿在一起，并于1944年3月被谋杀，就在华沙犹太区被摧毁几天后。[43]

"奥涅格安息日"的档案是分成两部分被找回的。第一部分在1946年9月被发现，是对犹太区废墟系统性搜索的结果。1950年12月1日，两个装有第二部分的牛奶桶被发现了。第三部分仍然下落不明。仅林格布卢姆部分的档案中就发现了约1693件作品，共计3.5万页，其中包括便签、备忘录、日记、回忆录、遗书、散文、诗歌、歌曲、笑话、小说、故事、戏剧、课堂作文、文凭、公告、海报、照片、素描和绘画。这些藏品现在被收藏在华沙的犹太历史研究所（Jewish Historical Institute），并可在华盛顿的美国大屠杀纪念馆（United States Holocaust Memorial Museum）的档案馆以电子方式查阅，纪念馆里还展出了其中一个牛奶桶。[44]

在维尔纳，一些文献兵团的成员和其他来自犹太区的犹太人设法逃脱，加入了森林中的游击队。其中之一是诗人亚伯拉罕·苏兹科夫，他加入了犹太人游击队兵团"复仇者联盟"（Nekome-nemer）。听到维尔纳被解放的消息后，苏兹科夫和立陶宛流亡总统尤斯塔斯·帕莱基斯（Justas Paleckis）飞奔到维尔纳，经过了路上溃败的德军的残骸。德国士兵的身体散发出的腐烂恶臭"比任何香水都让我感到愉悦"，苏兹科夫在日记中写道。[45]

在德军被苏联的进攻赶走后，苏兹科夫回到了维尔纳。他发现意第绪语研究所大楼被炮弹击中了，秘密藏在那里的文件都被毁了。文献兵团的大多数成员在纳粹种族灭绝的最后阶段都被转移到强迫劳改营或被杀害了。只有少数文献兵团的成员活了下来——苏兹科夫，同为诗人的施默克·卡切尔金斯基（Schmerke Kaczerginski），图书管理员迪娜·阿布拉莫维奇，社会主义犹太复国主义组织"青年卫队"的学生积极分子鲁日卡·科尔恰克（Ruzhka Korczak），与父亲一起在文献兵团工作的另一名共产党学生诺伊姆·马克尔勒（Noime Markeles），摄影师兼世界语专家阿基瓦·格夏特（Akiva Gershater）和数学家列昂·伯恩斯坦（Leon Bernstein）。[46] 他们聚集在维尔纳的废墟中，开始寻找当时在犹太人区内藏匿文件的地点，其中一些地方已经被纳粹发现，里面的材料被烧毁了。格申·阿布拉莫维茨建的地下储藏室奇迹般地依然完好无损，当中的资料被带到了地面上，它们的生还对城市中为数不多的犹太人来说是希望的象征。犹太人区的另外两个藏匿处也完好无损。由苏兹科夫和施默克·卡切尔金斯基率领的从维尔纳逃出来的文献兵团，其幸存成员又增加了一位——前犹太人区地下指挥官阿巴·科夫纳（Abba Kovner）。现在，他们在人民教育委员会的支持下和苏联官方政府的正式批准下，建立了一座犹太文化艺术馆，作为意第绪语研究所的某种延续。他们采取这一步是因为意识到，在苏联的控制下，像意第绪语研究所这样的私人机构是不会被容忍的。在位于前犹太人区图书馆内的新博物馆里，他们开始保护被找回的藏书。20吨意第绪语研究所的资料在一家造纸厂被发现，30多吨纸质资料在维尔纳垃圾管理局的院子里被发现。大量装在土豆袋子里的书籍和文件开始被运抵犹太文化艺术馆。[47]

秋天，返回维尔纳的犹太人的生活开始变得糟糕起来。苏联当局开始实行控制，犹太人的文化活动成了政治镇压的目标。苏兹科夫和他的同事们发现，苏联人将垃圾管理局所发现的30吨书籍送回了造纸厂。维尔纳的意第绪语研究所成员们意识到，他们必须再一次挽救这些书籍和文件。

苏联当局不仅强烈反对一切形式的宗教，而且尤其反对犹太人。整个20世纪40年代，随着大量犹太人移居美国，犹太人开始与美国联系在了一起。渐渐地，这三名文化艺术馆的工作人员再次参与了书的偷运活动，将一些书送到了纽约的意第绪语研究所办公室。维尔纳的局势变得严峻，卡切尔金斯基不得不于1945年11月辞职，与苏兹科夫逃到了巴黎。1949年，意第绪语研究所的藏书被俄罗斯联邦内务部［Ministry of Internal Affairs，苏联国家安全委员会（KGB）的前身］从博物馆征用，放在了圣乔治教堂的地下室——立陶宛苏维埃社会主义共和国图书室将其挪用为了储藏室——旁边是一座前加尔默罗会修道院。这些材料在那里安然无恙地度过了40年。

在此之后，维尔纳的意第绪语研究所和其他犹太资料得以幸存，都要归功于一名立陶宛图书管理员安塔纳斯·武尔皮斯博士（Dr Antanas Ulpis）的英勇举动。[48] 立陶宛苏维埃社会主义共和国图书室是一个保存和记录立陶宛出版的所有书籍的原始国家图书馆，武尔皮斯博士是图书室的负责人。他对立陶宛出版物的书目总体研究至今仍然是一部权威的参考著作。图书室位于圣乔治教堂旁边的修道院里，其藏书储藏在教堂里。武尔皮斯非常同情在立陶宛的犹太人，并在 20 世纪 50 年代和 60 年代任命犹太人担任要职，这是非同寻常的举动。他获准去立陶宛各地为图书室搜寻藏书，并设法保存了一些重要的犹太书籍。这些书籍在纳粹时期幸存下来，但在苏联统治下再次面临着被破坏的风险。

武尔皮斯还从维尔纳的其他继承了文献兵团部分藏书的图书馆获取了书籍。由于政府已经宣布，任何形式的犹太文化都是反苏联的，并下令禁止意第绪语书籍的流通，各个图书馆都巴不得摆脱自己的意第绪语藏书。武尔皮斯说服了图书馆馆长们向他提供在他的收藏方针之外的档案资料。他知道，如果共产党政府知道了这些犹太材料的存在，就会将其销毁，所以他把它们藏在了教堂里——甚至连管风琴的音管都被用来藏匿犹太文件。（许多年后，当他的儿子因不能弹奏管风琴而感到困惑时，只有他的父亲知道管风琴发不出声音的真正原因。）武尔皮斯把其他书藏在了"显眼的地方"，放在更符合规定的书下面或之间。他赌共产党政府不会深入探究那里储存的数十万本书。武尔皮斯多年以来一直想办法确保他的藏书不被发现，希望有一天政治气候会允许它们重见天日。安塔纳斯·武尔皮斯于 1981 年去世，没来得及实现将犹太书籍和文献归还给创造它们的社区的梦想。他很好地保守了自己的秘密。

20世纪80年代，开放政策（policy of glasnost，glasnot是一个因米哈伊尔·戈尔巴乔夫而流行起来的俄语词，意为"开放和透明"）以及冷战的全面解冻使得东欧共产主义国家的政治和智力生活得以放开。现在，犹太人组织可以公开会面，犹太人也可以重新开始自己的公共生活。我在1987年访问波兰时目睹了开放政策所带来的变化。多亏了一所由英国文化协会（British Council）管理的英语资料图书馆，克拉科夫的亚盖隆大学（Jagiellonian University）图书馆成了该市变革的源泉之一。在整个苏联集团，图书馆是这些巨大变革的重要组成部分，维尔纳的立陶宛苏维埃社会主义共和国图书室也不例外。

1988年，一家苏联的意第绪语杂志刊登了一篇文章，声称藏书中有超过2万册意第绪语和希伯来语书籍。人们开始更详细地检查这些资料，立陶宛图书室的负责人与当时的纽约意第绪语研究所主任萨穆埃尔·诺里奇（Samuel Norich）展开了讨论。诺里奇走访维尔纳，发现除了印刷书籍，还有数以万计的文件，其中许多是文献兵团秘密保存的由意第绪语研究所的"扎姆伦收集者们"收集的材料。此时，这些曾多次被人们冒着生命危险拯救的藏品再次卷入了文化政治。诺里奇急切地希望把这些文件归还给意第绪语研究所。然而，随着立陶宛的民族复兴，人们对这些藏品产生了不同的看法——它们是苏联时代之前立陶宛民族文化的象征。1989年5月30日，立陶宛国家图书馆从它的若干前身中重生——（从1919年立陶宛中央图书馆建立开始）国家图书馆、纳粹占领、苏联、再回到国家图书馆。1990年，立陶宛宣布脱离苏联独立，之后是一段政治大动荡的时期——人们勉强避免了军事干预，苏联政权最终垮台，立陶宛回归平静。1994 年，双方最终达成协议，这些文件可以被转移到意第绪语研究所位于纽约的总部进行保存、编目和复印，然后再归还立陶宛国家图书馆。

2017 年 10 月 25 日，马尔蒂纳斯·马日维达斯立陶宛国家图书馆（Martynas Mažvydas National Library）网站发布公告称，在圣乔治教堂、立陶宛国家档案馆和立陶宛科学院的弗罗布莱夫斯基图书馆（Wroblewski Library）又发现了 17 万页的犹太文件。武尔皮斯成功藏匿的材料数量惊人。1991 年有 15 万份文件被发现。这些材料涉及犹太社区群体，在东欧的犹太人生活的组织，杜布诺和其他人在意第绪语研究所早期的工作，两次世界大战期间的意第绪语戏剧，还包括如维尔纳犹太会堂的记录簿这样的珍宝，其中详细介绍了该机构在以利亚·本·所罗门·扎尔曼，著名的"维尔纳加昂"时期的宗教生活。[49]

这些藏品将在意第绪语研究的赞助下再次被编目、保存和复制，但实物将留在立陶宛，由国家图书馆管理。这个项目与之前倡议的主要区别之一是，现在这些材料可以在被数字化之后在网上查看。立陶宛国家图书馆馆长雷纳尔达斯·古道斯卡斯（Renaldas Gudauskas）教授热衷于宣传他的机构"保存了立陶宛乃至全世界最重要的犹太遗产文献收藏之一"。10 份文件作为国家图书馆和意第绪语研究所合作的象征在纽约公开展出，其中包括一本亚伯拉罕·苏兹科夫在维尔纳犹太人区写的诗歌小册子。这本不结实的小册子从多次破坏中幸存了下来，证明了无数人为保存东欧犹太社区的知识所做出的惊人奉献。[50]

75 年后在立陶宛重见天日的这些珍宝可能不是纳粹统治下幸存下来的最后一批知识资料。盟军在 1945 年占领法兰克福后，从罗森堡犹太问题研究所掠夺的大量藏书被转移到了奥芬巴赫的一个储藏库，在那里它们可以被评估、分类并归还给合法所有者。[51] 1947年，一位前往奥芬巴赫的美国游客将其描述为"书籍的太平间"。[52] 许多委员会被成立，来处理这些藏品的归还问题，其中一个是由著名英国学者塞西尔·罗斯（Cecil Roth）担任主席的"大陆犹太博物馆、图书馆和档案馆修复委员会"。

在以色列的许多犹太人看来，把犹太人档案留在犹太人大屠杀的罪魁祸首德国是不可想象的。著名的卡巴拉学者格尔肖姆·施勒姆（Gershom Scholem）在给伟大的拉比及学者莱奥·贝克（Leo Baeck）的信中写道："犹太人迁徙到哪里，他们的书就属于哪里。"然而，还有一些城市保留了一小部分早期的犹太公民，如沃尔姆斯、奥格斯堡和汉堡，档案的转移在这些地方遭到了强烈的抵制，因为这象征着欧洲犹太人定居点的连续性的结束。前市政档案管理员弗里德里希·伊勒特（Friedrich Illert）曾协助从纳粹手中抢救犹太人的记录，并且和已在纽约定居的沃尔姆斯的犹太社区前主席伊西多尔·基弗（Isidor Kiefer）希望，这些档案将有助于在沃尔姆斯再次创造"一个小耶路撒冷"。他在沃尔姆斯城发起了一场运动。这件事对那些生活在德国，并希望让自己的社区延续下去，邪恶最终被战胜的犹太人来说极具象征意义。沃尔姆斯和汉堡的法庭上展开了一系列围绕犹太人档案的命运的斗争，德国档案管理员和当地的犹太领导人极力阻止将他们的档案转移到以色列的机构。在西德（德意志联邦共和国），首任总理康拉德·阿登纳（Konrad Adenauer）急于展示后纳粹时代的西德与以色列之间的合作。在他的政治压力下，他们最终输掉了官司。[53]

一些犹太图书馆的藏品在20世纪很长一段时间里仍然未浮出水面。仅在过去的10年里，就有3万本书被归还给600

名所有者、继承人和机构，最近在网上发布了等待归还的图书清单的机构支持了这些努力［参与的组织包括针对德国的犹太材料索赔会议（Conference on Jewish Material Claims Against Germany）和世界犹太人归还组织（World Jewish Restitution Organisation）等］。自 2002 年以来，在柏林市政府的资助下，柏林中央及地区图书馆（Zentral-und Landesbibliothek Berlin）一直系统地在其藏书中搜索由纳粹掠夺的材料，并将其归还。这项任务非常缓慢和艰巨：柏林城市图书馆搜索了 10 万本书，在他们确认为被盗的 2.9 万本书中，只有 900 本书被归还给了 20 多个国家的所有者。自 2009 年，来自 15 家奥地利图书馆的 1.5 万册图书已被归还给所有者或他们的继承人。[54]

阿尔弗雷德·罗森堡于 1945—1946 年在纽伦堡国际军事法庭因战争罪和反人类罪受审。对罗森堡的审判记录经常提及图书馆和档案馆，苏联公诉人把关注点放在了他掠夺爱沙尼亚、拉脱维亚和俄罗斯的行动上，他努力针对他们所提供的证据为自己辩护。他对法国公诉人的唯一辩护就是说他这么做只是因为他"收到了没收档案的政府命令"这个老借口。罗森堡的起诉书称，他"对一个有组织地掠夺所有欧洲被侵略国家的公共和私人财产的系统负责。他按照希特勒 1940 年 1 月的命令行事……指导了洗劫了博物馆和图书馆的罗森堡行动组"。他还被宣判犯有策划"最终解决方案"的罪行，并对隔离、枪杀犹太人和强迫青年劳动负责。他于 1946 年 10 月 1 日被处以绞刑。[55]

今天，博德利图书馆使用最多的犹太资料藏品之一是由阿姆斯特丹的哥本哈根家族构建的哥本哈根藏书集。艾萨克·哥本哈根（1846—1905）是一位重要的教师和抄写员；他和他的儿子海姆（1874—1942）和孙子雅各布（1913—1997）在家里收藏了大量希伯来语书籍。1940年荷兰被入侵，这些藏书被转移到了一所犹太学校。随着纳粹在荷兰对犹太人的迫害变得日益严重，人们认为这些藏书有危险，于是在非犹太人的帮助下书籍被转移到了附近的一所荷兰语学校藏了起来。雅各布也得到了非犹太人的庇护，但他的家人在纳粹死亡集中营中被杀害了。哥本哈根藏书集中的一些书在阿姆斯特丹被纳粹缴获，并被政府部长罗森堡行动组带走：今天牛津的藏书中至少有两本有奥芬巴赫档案库的印章，这证明这些书是从一家私人图书馆掠夺来的。

　　尽管纳粹十分凶残，人们保护书籍的冲动最终赢得了胜利。随着硝烟从废墟中散去，书籍和档案开始慢慢地重新浮出水面。埃马努埃尔·林格布卢姆、赫尔曼·克鲁克和无数其他人被杀害了，但他们的牺牲使人们对他们的文化和信仰的记忆得以延续，即使这只是以前存在的一小部分。亚伯拉罕·苏兹科夫、迪娜·阿布拉莫维奇、安塔纳斯·武尔皮斯以及文献兵团和"奥涅格安息日"等组织的努力使幸存下来的文件具有了超越书写它们的纸张和羊皮纸的意义。纽约的意第绪语研究所、牛津的博德利图书馆，以及维尔纽斯（维尔纳现在更广为人知的名字）的立陶宛国家图书馆继续保存着犹太人生活的文化记录。在我创作这本书的同时，耶路撒冷正在建造新的以色列国家图书馆，这是一座45000平方米的建筑，将保管有史以来最大的犹太文字藏品（包括亚伯拉罕·苏兹科夫的档案）：这是为"有经者"而建的书籍的家。

菲利普·拉金于牛津大学万灵学院，1970 年。可能为自拍照

第 9 章

"不能被人读，直接烧掉"

菲利普·拉金是 20 世纪最重要的诗人之一，也是一名图书管理员，除了从 1954 年到 1985 年去世一直担任赫尔大学首席图书管理员，他还活跃在各种委员会中。作为一个内行，他能从作者以及图书馆双方的角度理解文学档案的不同方面——这是一个罕见的组合，尽管也有其他像他这样的人，比如豪尔赫·路易斯·博尔赫斯，他既是一位伟大的作家，也是阿根廷国家图书馆的馆长。（卡萨诺瓦的晚年也是在图书管理员的岗位上度过的。）

在 20 世纪 60 年代和 70 年代，北美的大学图书馆获得了许多英国作家的作品档案：伊夫林·沃（Evelyn Waugh）的纸稿于 1967 年被卖给了奥斯汀的得克萨斯大学，约翰·贝杰曼爵士（Sir John Betjeman）的纸稿于 1971 年被卖给了英属哥伦比亚的维多利亚大学。拉金参与了一项帮助英国人认识到文学档案的价值的工作，这是一项提高赞助的全国性计划的一部分。1964 年，他将一本包含了他早期诗歌的笔记本赠送给了大英图书馆，作为这项活动的开端，尽管他在给情人莫妮卡·琼斯（Monica Jones）的信中自我贬低地说，那份手稿"塞满了未发表的诗歌和其他东西。我必须说，它们无聊得吓人，枯燥而没有幽默感"。但是，他补充说"还是得寄"。他清楚自己的材料的价值。[1]

在 1979 年的文章《被忽视的责任》中，拉金激情洋溢地鼓励大学和作家重视文学作品：

> 所有的文学手稿都有两种价值：一种可以称之为有魔力的价值，另一种是有意义的价值。有魔力的价值是一种更古老更普世的概念：这是他写作的纸张，这些是他写下的文字，在这个特定的组合中第一次出现……有意义的价值是近期才兴起的，手稿能在一定程度上帮助我们扩大对作家生活和工作的了解和理解。[2]

这两种价值观就是这些藏品现在如此受到大学图书馆的珍视、引发了机构之间的竞争，并令经销商抬高价格的原因。它们为学生提供了学习的原材料，鼓励了学术生产力，丰富了教学机会。当学生们在研讨课上有机会接触原稿，或者在展览上更多群众得以看到他们可能在其他文化背景（比如电影或电视作品）下所熟悉的作品的草稿时，这些文件"有魔力"的一方面就体现出来了。

一些作家能真切意识到他们的作品档案的研究价值，可能还与学者交流过，并感觉到人们会希望在未来很长一段时间内研究这些档案。当然，也有一些作家对档案有着明确的目的性，以确保他们死后的声誉不受损，并将自己的纸稿作为一种"管理"他们死后很长一段时间内会被如何研究的方式。也有作家把他们的档案当作获得额外收入的方式。通常情况下，他们的动机都是错综复杂的。档案中被删减的内容可能与被包含的内容一样有意义。

拉金的遗稿管理人之一安德鲁·莫申（Andrew Motion）描述了拉金像在图书馆一样按顺序保存自己诗歌的档案，将其整齐地储存在盒子里，按字母顺序排列信件，让遗嘱执行人能够相对容易地认清他的众多纸稿。[3] 他的档案在他死后不久被放在了赫尔大学的布林莫尔·琼斯图书馆（Brynmor Jones Library），他一生中的大部分工作时光都是在那里度过的。另一部分少量但依然重要的档案在牛津大学的博德利图书馆，他曾在牛津大学读本科，并为他的《牛津二十世纪英国诗选》（*Oxford Book of Twentieth Century English Verse*）做研究。为了完成这项研究，他获得了万灵学院的访问学者身份，并得到了一把珍贵的博德利图书馆——这座伟大的版权图书馆书库——的钥匙，这里只在极少数情况下才允许读者进入。拉金自然非常享受这一特权。

然而，在弥留之际，拉金敦促他的长期情人莫妮卡·琼斯烧掉他的日记，因为他自己没有力气去烧。琼斯认为无法独自完成这样的任务，这也不足为奇——谁会想要为毁掉这个国家最著名的一位诗人的作品负责呢？拉金日记的销毁工作在他死后被委托给了贝蒂·麦克勒思（Betty Mackereth），拉金27年的忠实秘书［之后和他的助理图书管理员梅芙·布伦南（Maeve Brennan）一样，成了他的情人］。1985年12月2日，麦克勒思在拉金去世几天后，把他的30多卷日记带进了他在布林莫·琼斯图书馆的办公室，她取下封面，把内页用碎纸机销毁了。为了确保没有东西能保留下来，碎纸随后被送到大学锅炉房焚烧了。这些封面仍然可以在赫尔大学的拉金纸稿中找到，上面覆盖着诗人贴在上面的剪报。[4]

更早之前，拉金还有一些别的日记，但其中一些已经被他自己销毁了。1976 年，一位出版商建议出版日记精选，这鼓励了拉金重新翻阅自己的日记，这次回看促使他销毁了早先的日记。他可能也是在那时认定，其他日记也应该被销毁。麦克勒思确信自己做了正确的事情。安德鲁·莫申在他的拉金传记中引用了她的话：

> 我不确定我保留封面的做法是否正确，但是它们很有趣，不是吗？关于日记本身，我毫不怀疑。我一定是做了正确的事，因为这是菲利普想要的。他说得很清楚，他想把它们毁掉。当我把它们放进碎纸机时并没有读它们，但我情不自禁地看到了一些只言片语。那些文字都很不快乐，其实说得上是绝望。[5]

考虑到拉金的图书管理员的职业和他对文学手稿的获取和保存事业的支持，完全销毁自己的日记是一个有趣的选择。琼斯和麦克勒思都非常清楚拉金的愿望。早在 1961 年 3 月 11 日，在住院一段时间后，他就开始考虑自己的文学遗产了。他写信给琼斯说：

> 一件令我感到羞愧的事就是不让你住我的公寓。这自始至终都是一个令人担忧的问题，这源于我在那里留下了几份私人文件和日记。我想我保留这些东西，一部分是为了记录，在我想写自传的时候能派上用场，也有一部分是为了缓解我的情绪。我死后，这些东西务必不能被人读，直接烧掉。我无法面对任何我认为看过它们的人，更不用

说愿意让你或其他任何人感受到阅读我写的东西的尴尬甚至痛苦了。[6]

作为一名图书管理员和对文学手稿感兴趣的人,拉金知道,他的稿件除了这种令人震惊的命运之外,还有其他选择。1979年,他去德文(Devon)看了刚去世的大学本科时期的老朋友布鲁斯·蒙哥马利(Bruce Montgomery)的纸稿后,写信给他的朋友朱迪·埃杰顿(Judy Egerton)说:"我震惊地发现,他一直保留着我从1943年起所有的信!因为安(布鲁斯的遗孀)缺钱……我认为只要她想的话,她应该把它们卖掉,然而……她很高兴地再次提出把它们还给我,但我认为我不应该收下。真是个难题!"博德利图书馆最终收下了蒙哥马利的信件,但同意其中一些要到2035年才能向公众开放:拉金应该很清楚,他自己的稿件本可以在很长(或者非常长)的一段时间内不向公众开放。[7]

然而,一组几乎可以替代拉金日记的资料被保存了下来,尽管它们曾差点被意外毁掉。在拉金和莫妮卡·琼斯交往时,他们彼此写了数千封信和明信片。拉金把莫妮卡写给他的信遗赠给了博德利图书馆,但他给莫妮卡写信相当频繁,信中广泛地揭示了关于他的许多事情,以至于它们汇总起来能像他的日记和其他所遗留的文学作品一样使我们走近他。

拉金写了非常多的信。他与许多朋友和家人广泛通信,包括詹姆斯·萨顿(James Sutton)、布鲁斯·蒙哥马利、金斯利·埃米斯(Kingsley Amis)、莫妮卡·琼斯、朱迪·埃杰顿、罗伯特·康奎斯特(Robert Conquest)、安东尼·思韦特(Anthony Thwaite)、梅芙·布伦南和芭芭拉·皮姆(Barbara Pym)。最多的一系列信件是他在 1936 年至 1977 年间寄给父母的，总共超过 4000 封信和卡片（他父母寄回给他的数量相近的信也保存了下来）。[8] 即便如此，在这些主要的信件中，最私人和最重要的可能是他与莫妮卡·琼斯（与拉金在一起时间最长的情人）之间的通信。他寄给了琼斯 1421 封信和 521 张明信片，总共有 7500 多页保存下来。许多信件都很长，一般在 6 页以上，有时长达 14 页，而且拉金通常每三四天就会寄出一封。在琼斯去世后，这些信仍然留在她在莱斯特的家中，她曾在这里从事学术研究。窃贼曾闯入过她的公寓，偷走了便宜的电器，但无视了他们弄散在她家各处的文件，没有意识到那些档案的价值是他们所偷电视的许多倍。

2004 年，这些信件由博德利图书馆从她的财产中收购了。它们为我们提供了深入了解拉金性格的窗口，揭示了他的动机，他对他的同事、政治以及各种话题的想法。由于二人之间的亲密关系，这些都是拉金在其他公共领域的信件中不会如此多地涉及的内容。

为什么拉金一想到别人读他的日记就这么不高兴呢？他是一个内向的人，有时被称为"赫尔的隐士"，并在作品中写到了自己在表达个人想法方面的困难。他的诗歌充满忧郁，且大多不是直接的个人表达。有时情况恰恰相反，他强烈地直面自己的感受，以一种令人震惊的方式打开内心的想法，最著名的是在《这就是诗》（*This Be the Verse*）中。

当拉金让莫申和莫妮卡·琼斯以及安东尼·思韦特一起成为他的遗稿管理人时，他说："不会有什么困难的事情需要做。当我看到死神沿着小路来到我的门前时，我会像托马斯·哈代一样沉睡在花园之下，所有我不想让任何人看到的东西都会在一堆篝火中被烧掉。"莫申没有履行这个指示，在拉金去世时，他的主要日记以及其他文件都仍然完好无损。莫申记录道，莫妮卡·琼斯认为拉金试图拒绝承认他即将死去的事实，如果毁了它们，就等于承认了他自己必死的命运。拉金的立场所固有的分裂性则更有说服力——他就是拿不定主意。一方面，他热衷于保存文学手稿，甚至将自己的一本用来写诗的笔记本赠送给了大英图书馆；另一方面，他对于让别人，特别是与他亲近的人看到他日记中写下的内心深处的想法感到非常不舒服。他的遗嘱甚至自相矛盾到遗嘱执行人不得不先咨询一名王室法律顾问，才决定了自己根据法律他们有权不继续销毁拉金的任何档案，并将其中的大部分保存在了赫尔大学的布林莫尔·琼斯图书馆。

拉金的例子展示了一个人的自我审查可能对他们的遗产产生的影响。他的日记的丢失使这位非常内向的人的思想成了一个谜。人们试图通过信件重新了解他的想法，也许能够填补一些空白。自拉金去世以来，人们对他的生活和作品的兴趣与日俱增，这在一定程度上是由他销毁自己日记的遗愿所造成的谜团推动的。

毁掉拜伦的回忆录是最臭名昭著的文学损害行动之一。那些与他关系密切的人想要保护他死后的声誉，这一行为一直令文学学者们惋惜不已。200 年后，与拜伦几乎同样受欢迎的诗人特德·休斯（Ted Hughes）成了另一场文学毁坏行动的中心，被毁的是他的第一任妻子、同样伟大的诗人和作家西尔维娅·普拉斯（Sylvia Plath）的最后一批日记。休斯和普拉斯之间的关系受到了尖锐的审视，有大量与其相关的讨论和批评出版。这段关系中一个仍不明朗的方面，与西尔维娅·普拉斯于 1963 年自杀后的个人作品存档中一些内容的命运有关。她的自杀和导致这场悲剧的两位诗人之间的关系是许多争论的焦点 —— 尤其是休斯对她的态度是否是普拉斯结束自己生命的主要因素。普拉斯精神状态的确切细节不为人知，主要是因为休斯毁掉了她的日记。休斯声称，这一行为是为了保护普拉斯的声誉，并让他们的孩子免于阅读她自杀之前的日记中令人难过的内容。许多人猜测，破坏日记的真实动机可能更多的是保护休斯自己的声誉。

普拉斯于伦敦去世，当时已与休斯分居，但还未离婚。休斯当时在与阿西娅·韦维尔（Assia Wevill）婚外恋。由于普拉斯没有留下明确的遗嘱，他作为直系亲属成了她的遗产执行人，并把她的许多纸稿据为己有，直到于 1981 年选择通过苏富比拍卖行将其出售给了史密斯学院，把收益给了他们的孩子弗里达·休斯和尼克·休斯。9 1977 年，西尔维娅的母亲奥里莉亚·普拉斯（Aurelia Plath）决定将她多年来收到的女儿的信件出售给印第安纳大学利利图书馆（Lilly Library）。一个复杂之处在于，休斯作为普拉斯的遗嘱执行人，还控制了她文学遗产的版权，以及她自己的文字在印刷品上的传播方式。尽管普拉斯的档案已经进入了图书馆，但没有特德·休斯的明确许可，普拉斯在写给她母亲的信和她的私人日记中的想法是不能以印刷品的形式公开的。10

作为遗稿管理人，休斯能够仔细管理普拉斯作为诗人的声誉。他认为，他在她死后于她桌子上发现的手稿特别有力量和才气。1965 年，他出版了她死后的第一部主要诗集《爱丽尔》（Ariel），其他诗歌也慢慢地在文学杂志上发表。《爱丽尔》引起了文学上的轰动，自第一次出版以来不断重印，且有精装本和平装本再版，想必还为休斯赚取了可观的收入。从普拉斯的《诗集》(*The Collected Poems*)的出版可以看出，休斯明显改变了《爱丽尔》中诗歌的顺序，使其和原稿有了出入：删减了一些诗，并用一些其他未发表的诗歌来代替。尽管休斯解释说，他的动机是避免冒犯诗歌中所描绘的依然在世的人，并为普拉斯的作品提供更广阔的视角，但他的干预被一些人视为他希望进一步控制她的遗作的证据。从他随后对她的档案的处理以及对出版过程的非常仔细和小心的管理，可以清楚地看出，休斯像关心已故第一任妻子的声誉一样关心自己的声誉，他认为二者是密不可分的。[11]

1982年，休斯出版了《西尔维娅·普拉斯的日记》(*The Journal of Sylvia Plath*)，里面是经过他挑选、被他大量编辑过的8本日记手稿，以及他刚刚卖给史密斯学院的文稿中的其他文章。这本书没有在休斯和他们的孩子居住的英国出版，只在美国出版了。在序言中，他讲述了发现和处理普拉斯未出版的日记的过程。他将它们描述为"各种各样的笔记本和大量活页纸"，还提到了两本他没有卖给史密斯学院的"栗色封面"的账本。他在序言中告诉我们，这些材料涉及她去世之前的一段时间，也就是他们婚姻最紧张的时期。其中一本据他说已经"消失"了，另一本他承认被他销毁了，因为他得保护他的孩子免受日记公开后会随之而来的评论的侵扰和伤害。[12]休斯不仅销毁了（至少）一本笔记本，还精心编辑了他的出版物，排除了普拉斯1957—1999年的两本笔记本的内容，而且他不想让研究人员和出版商在普拉斯去世后50年内看到它们。最后，他在1998年去世之前终于做出了更缓和的决定，允许所有现存日记出版。[13]同年，休斯在另一本出版物上写的他的故事略有不同，甚至从第一人称叙述变成了第三人称叙述："她丈夫毁掉了这两本笔记中的第二本，因为他不想让她的孩子读到它……第一本最近消失了（可能还会被找到）。[14]

评论家埃里卡·瓦格纳（Erica Wagner）表示，失踪的日记可能在亚特兰大埃默里大学的休斯档案的一只箱子里，但这只箱子要直到2022年或特德·休斯的第二任妻子卡罗尔去世后才能打开。[15]负责将休斯的文档卖给埃默里大学的珍本书籍和手稿交易商、已故的罗伊·戴维兹（Roy Davids）认为，休斯很重视档案的完整性，如果他找到了这本日记，他会把它交给史密斯学院，让它和其他日记被一起收藏在那里。[16]当然，另一种解释是，休斯把两本日记都销毁了，尽管他最新的传记作者乔纳森·贝特（Jonathan Bate）认为，还有一种可能是，这本日记在卢姆班克（Lumb Bank），即特德·休斯和卡罗尔·休斯在约克郡赫普顿斯托的房子里，于1971年的一场神秘大火中被烧毁了，那时当地警方认为可能是有人故意纵火。[17]

休斯并不是唯一一个在西尔维娅·普拉斯去世后试图"管理"她个人作品的传播的家庭成员。印第安纳大学利利图书馆的普拉斯信件中有奥里莉亚·普拉斯用黑色记号笔做的删改，被她编辑过的书信选集《家书》（*Letters Home*，1975）也有许多删减。做出这些修订的人是奥里莉亚，尽管特德·休斯由于拥有普拉斯作品的版权，他也对哪些内容可以出版有发言权。奥里莉亚·普拉斯和特德·休斯的编辑决定都是为了保护自己的声誉，尽管这一过程暴露了两人之间的问题。奥里莉亚删除了女儿对她的一切负面描述，休斯也同样想尽一切办法确保对他的负面批评不会出现在出版物上。他要求从这本书的草稿中撤回特定的内容，两人最终因此发生了争执。1975年4月，他写信给奥里莉亚称：

> 在我看来，在我删掉那些信件之后，尽管这本书现在没有了任何关于我作为哗众取宠趣味的内部消息，尽管它不包含西尔维娅不知道为什么寄给了你而不是寄给我的早期情书——我是指那些关于我的早期信件——但这本书仍然非常精彩和充分地展现了她与你的关系。我知道这就是你想要的。奥里莉亚，我所做的一切其实就是想保护我自己的隐私，把我的私生活择出来。[18]

在西尔维娅·普拉斯的案例中，我们必须把与知识的管理有关的这一系列相互关联的决定视为政治性的。随后向公共领域发布材料的过程——出售档案，第一版被删减的日记和信件被出版，随后取消出版门槛——这些行为的中心都是休斯，而非普拉斯。从这些行为中，无论是在声誉方面还是在财务方面，获益最多的都是他，但他还需要处理自己的个人隐私问题，这使这里的道德问题变得更复杂了。他也因普拉斯的去世而受到了情感上的影响，并且非常关心他们的孩子。

但这项任务已经完成了。我们现在可以使用这些幸存的日记和她发表的作品、信件以及其他文学形式的作品一起来分析普拉斯的生活和工作。这些文本为我们欣赏普拉斯的文学贡献持续提供了丰富的素材。我们不能真正理解有哪些材料丢失了，但我们至少有机会理解她在写下休斯和评论家们所说的她最深刻、最有意义的作品时内心精神生活的一些方面。引用特蕾西·布雷恩（Tracy Brain）的话说："我们对于缺失的日记的内容知之甚少，但是它们在很大程度上影响了评论家们对普拉斯的作品做什么和不做什么。普拉斯作品缺失一些重要的部分：人们认为，这些缺失的部分恰恰可能是让我们完全理解她的作品的关键。"[19] 本章中讨论的被销毁的材料如果幸存下来，很可能最终会被送到一所大学图书馆或国家图书馆。在这样的机构里，这些藏品不仅会被保存下来，还会给予它们被研究、展出，或者为了让公众欣赏而数字化的机会。

包含作者内心感受的作品有可能改变我们对他或她的作品的欣赏。卡夫卡的材料自从进入博德利图书馆以来，一直被马尔科姆·帕斯利爵士（Sir Malcolm Pasley）等编辑使用来出版学术版本以扩大卡夫卡的声誉。这些手稿已经被翻译成许多其他语言，并被用于展览、电影和戏剧。我们很难说，马克斯·布罗德违背了弗朗茨·卡夫卡的遗愿，这个世界就变得更卑鄙、无趣了。但是，这个观点核心所暗示的，后世的公共利益必须凌驾于那些创作作品的人或与作者的利益紧密关联的人的私人利益之上，是否意味着那些毁掉拜伦或普拉斯的日记的人的做法就是错误的呢？

当我们研究古代世界的知识时，我们必须拼凑出只存在于碎片中的证据。萨福的作品相当重要，以至于几个世纪以来，一提到"女诗人"就默认是她，就像"诗人"就默认是荷马一样。荷马的两部史诗保留得比较完整，而萨福的抒情诗和柏拉图、苏格拉底以及卡图卢斯的作品一样，只通过被其影响的作品才为我们所知。如果亚历山大图书馆（我们知道那里曾保存了一套完整的她的抒情诗）幸存了下来，我们今天对古代世界的文学会有怎样不同的看法？

这些案例中的决定都不是简单或直观的。在这一特定的知

识领域里，私人利益和公众利益经常是对立的。困难来自作家
通过参与公共领域来谋生和获取声望这一事实，毕竟他们的
作品是"出版了的"（published），也就是"公开的"（made
public）。公众对伟大作家的思想的兴趣是显而易见的，但作家
们也同样明显地拥有隐私权。特德·休斯在销毁西尔维娅·普拉
斯的部分日记时，把他的孩子们（和他自己）的隐私放在了第
一位。

　　在一家以世纪为单位测量时间的图书馆工作，这些问题的
一个答案可能是——着眼长远。博德利图书馆的书架上堆满了
不向公众开放的手稿，也就是说，为保存起见，我们向一些把
文稿给了我们或存放在这里的人士做出了承诺，在一段商定的
时间之后才会让公众查阅这些文稿的内容。这可能是在作家或
藏品所有者去世之后，甚至更久。以菲利普·拉金的牛津朋友
布鲁斯·蒙哥马利为例，我们同意在他去世30年后才开放他的
文稿，其中一些材料将再过20年才开放。拜伦的自传以及普拉
斯和拉金的日记本可以被保存下来，但只要遗嘱执行者愿意，
它们就会一直保持不开放，只有在所有受到其内容密切影响的
人去世后，才会向学者发布。知识的保存归根结底（正如马克
斯·布罗德所知道的）是对未来有信心。

以扫打猎归来，以及雅各的梯子。出自《萨拉热窝哈加达》（Sarajevo Haggadah），

约 1350 年

第 10 章

吾爱萨拉热窝

1992 年 8 月 25 日晚，炮弹开始如雨点般向波斯尼亚首都萨拉热窝的一栋建筑落下。那场引发了第一次世界大战的臭名昭著的暗杀就是在这座城市发生的。落下的炮弹不是普通的炮弹，被袭击的建筑也不是普通的建筑。这些炮弹是燃烧弹，经过特别设计，一经撞击就会迅速燃起火焰，尤其是在周围都是易燃物的情况下。遭受攻击的建筑是波斯尼亚和黑塞哥维那国家与大学图书馆（National and University Library of Bosnia and Herzegovina，后文简称波黑国家与大学图书馆），炮弹则是由包围了这座城市的塞尔维亚民兵发射的，这是塞尔维亚总统斯洛博丹·米洛舍维奇（Slobodan Milošević）摧毁波斯尼亚的战略的一部分。

塞尔维亚人随后安排了狙击手来对付消防员，甚至使用了高射炮，但不是对准天空，而是转为水平射击。图书馆的工作人员组成了一条人链，从燃烧的建筑中抢救书籍资料，但不间断的轰炸和狙击手的火力对他们来说太危险了，以至于只有少数珍本书籍被救出。当天下午 2 点左右，图书馆的一名工作人员艾达·布图罗维奇（Aida Buturović）被一名狙击手击中了。[1]她是一位才华横溢的语言学家，曾致力于支持该国图书馆的合作网络。她只有 30 岁，是那天萨拉热窝死亡的 14 人中的一个，另有 126 人受伤。[2]

作家雷·布雷德伯里（Ray Bradbury）在 1953 年提醒了我们纸张燃烧的温度——451 华氏度①——但整个图书馆需要很长时间才能被完全烧毁。用波斯尼亚诗人和作家瓦莱里扬·茹约（Valerijan Žujo）的话说，被烧毁的书卷的灰烬在随后几天里像"黑鸟"一样落在了城市里。[3]

尽管破坏图书馆和档案的动机因人而异，但抹杀某个文化的企图一直是个突出的原因。欧洲宗教改革对书籍的破坏有着强烈的宗教色彩，天主教社群成了被攻击的对象，他们的图书馆也就成了被摧毁的目标，因为这些图书馆里的藏书被视为异端邪说。鲁汶大学图书馆被毁同样有文化因素，因为它是比利时整个国家的知识中心。纳粹在大屠杀期间对图书馆和档案的袭击是最广义的文化攻击：纳粹机器试图消灭的不仅仅是犹太人的宗教，还包括犹太人存在的方方面面——从活生生的人到他们祖先的墓碑。

波黑国家与大学图书馆位于当地称为 Vijećnica（市政厅）的建筑物内，收藏了超过 150 万份书籍、手稿、地图、照片和其他材料。这些资料不仅记录了一个国家的记忆，而且记录了整个地区的文化，这个地区有大量的穆斯林人口。这些炮弹击中这座建筑并非偶然。图书馆并非意外地卷入一场地区战争的交火中，而是被塞尔维亚军队蓄意攻击，后者不仅寻求军事统治，还想消灭穆斯林人口。附近没有其他建筑被击中，图书馆是唯一的目标。[4]

---

① 约合 232.78℃。——编者注

就在第二次世界大战结束、大屠杀的恐怖被完全公之于众的 45 年后,"拒绝再次发生"("never again")的口号还在世界的耳边不断回响,文化灭绝就再次回到了欧洲。它是在南斯拉夫分裂成一系列独立国家的过程中出现的。这场文化灭绝的动机是由一系列复杂的问题纠缠在一起形成的。国家主义与种族和宗教仇恨交织在一起,并被赋予了政治表达。[5]

1992 年夏天,许多学生背包客持火车通票环游欧洲,南斯拉夫也在他们的行程表里,他们的背包里塞满了面向预算紧张的年轻人的新旅游指南。他们很可能选了最新版的《南斯拉夫简易旅游指南》(Yugoslavia: The Rough Guide),其中有几页介绍了该地区的历史:它被土耳其人统治了 500 年,与许多国家接壤,二战期间,许多波斯尼亚人被铁托将军召集到一起,抵抗过纳粹的占领。这个国家目前正在遭受铁托多年来的共产主义统治的影响:经济萧条、关键基础设施投资不足和恶性通货膨胀。1980 年铁托去世后,各共和国联邦的凝聚力开始瓦解:

> 各共和国激烈捍卫个性的声音依然存在。只有 4% 的南斯拉夫人在护照上承认自己的国籍。罢工、示威以及国家主义死灰复燃(特别是在塞尔维亚),这是联邦的未来在战后第一次遭受威胁。[6]

考虑到该地区的历史,这种政治和社会的分裂是不可避免的。16 世纪和 17 世纪奥斯曼帝国的崛起遭到了欧洲君主制的抵制。波斯尼亚的奥斯曼统治持续了近 400 年。1878 年,维也纳取代伊斯坦布尔成了统治该地区的帝国中心。奥匈帝国取代奥斯曼帝国的统治时,其政治和文化力量已接近顶峰,它召唤各国，要求占领和"教化"该地区，新的统治者引入了自己的行政秩序，用以管理该地区。

波斯尼亚 1910 年的人口普查记录显示，基督东正教徒占了人口的多数（43%），其次是穆斯林（32%）和天主教徒（23%）。这种宗教复杂性，即没有一个群体占主导地位，也促进了文化的融合，建筑风格、音乐、饮食和文学都在这里交融。各种族群体之间存在着政治上的紧张关系，这些紧张关系受到了邻国塞尔维亚共和国和克罗地亚共和国的实力的影响，这两个国家都声称对波斯尼亚的土地拥有主权，理由是波斯尼亚的人口中有塞尔维亚人或克罗地亚人。特别是塞尔维亚，它像一只饿狼般盯着它的邻国。塞尔维亚人很早就主张了他们的民族主义抱负。到了 1878 年，他们已成功建立了一个独立的国家，并在接下来的一个世纪里继续对波斯尼亚提出要求。在共产主义南斯拉夫（第二次世界大战后，南斯拉夫将各国统一了起来）解体期间，塞尔维亚人与该共和国的塞尔维亚族人保持着紧密的联系。

尽管这一背景给波斯尼亚笼罩上了一层阴影，但 20 世纪的许多游客都感叹，不同民族相处得是如何和平。在首都萨拉热窝，这种共存最为明显，或者说最引人瞩目，劳伦斯·达雷尔（Lawrence Durrell）写道："我们拥有这美丽的东方，到处都是清真寺、宣礼塔和菲斯帽。与此同时，河流使空气变得凉爽，飞溅着穿过城镇和桥梁 —— 什么人曾被刺杀的那座桥梁。"[7]萨拉热窝经受住了区域内的紧张历史局势，城市中那座造福整个共和国的伟大图书馆就体现了这一点。

巴尔干是一个有着浓厚图书文化的地区。在中世纪，斯洛文尼亚出现了熙笃会这样的天主教教团，促进了一些缮写室和图书馆的发展。更南边的犹太人、东正教徒和奥斯曼社群拥有繁荣的图书制作中心。萨拉热窝是图书文化的中心之一。这座城市的格兹·胡色雷-贝格图书馆（Gazi Husrev-Beg Library）拥有质量最好的阿拉伯语、土耳其语和波斯语书籍和手稿，该馆是由萨拉热窝的第二位"创始人"于16世纪初建立的，到了20世纪90年代，它已成为欧洲最古老的仍然在持续运作的图书馆之一。萨拉热窝的犹太社群也有自己的图书馆，位于"慈善之家"（La Benevolencija）这一机构里。其他宗教也有图书馆。方济各会在萨拉热窝有一座修道院和神学院，并建了一座图书馆来为他们的宗教使命服务。[8] 19世纪晚期，哈布斯堡的统治者们为了鼓励波斯尼亚的现代化，成立了一座地区博物馆，称为国家博物馆（Zemaljski Muzej），里面还附设一所研究图书馆。自1888年成立以来，这所博物图书馆的藏书量已经发展到了约25万册，并且保存着该地区最伟大的艺术瑰宝之一，《萨拉热窝哈加达》。

萨拉热窝的东方研究所（Oriental Institute）成立于1950年，也是记录波斯尼亚文化的主要中心，其研究重点是阿拉伯文、波斯文和希伯来文的书籍、手稿和文件，以及具有特别地区意义的用艾地扎米斯基语（Adžamijski，一种用于书写波斯尼亚斯拉夫文本的阿拉伯文字，它象征着萨拉热窝已经成为文化的十字路口）写成的文件。这里是欧洲东南部最重要的文化和智识中心。

波黑国家与大学图书馆成立于1945年。到了1992年，它已藏有15万册珍本书籍、500册中世纪手抄本、数百册摇篮本和重要档案，作为该国的主要报刊收藏中心，它还拥有来自本

地的报纸和期刊以及来自世界各地的学术资料，这些资料都是
建立一座严肃的教育机构所必需的。该图书馆不仅是国家的一
项文化资源，也是萨拉热窝大学的研究基地。国家图书馆的一
项特殊职能是记录这个国家的知识遗产，波黑国家与大学图书
馆最具代表性的收藏之一就是他们的"波斯尼亚卡"（Bosniaca）
收藏，这是一份"记录的收藏"，汇集了所有在波斯尼亚印刷的
出版物和关于波斯尼亚的书籍，无论它们是在哪里印刷或出版
的。这些藏品及其工作人员自然地反映了波斯尼亚的多元文化
本质。

　　波黑国家与大学图书馆所在的建筑最初建于 19 世纪末奥匈
统治鼎盛时期，当时是该市的市政厅，它的设计是为了反映该
市摩尔人的历史文化遗产。它位于一条宏伟的街道——伏荷沃
德大街（Vojvode Stepe）的尽头，设计模仿了摩尔风格，哈布
斯堡统治者显然认为这种风格会与巴什察尔希亚（Baščaršija）
地区的土耳其建筑完美融合，这个鹅卵石铺就的区域位于萨拉
热窝，奥斯曼帝国的中心。这些藏品是轰炸的最终目标，但这
座建筑的意义不仅仅在于它与知识和文化方面的关联。从 1910
年到 1915 年，它一直是第一届波斯尼亚议会的所在地，是独立
民主的象征，对此塞尔维亚的侵略者是知晓并反感的。

　　图书馆经历了 3 天（8 月 25 日—27 日）才被烧毁，而在这
3 天里，部分藏书原本是可以被抢救出来的。烟雾的影响可能使
图书馆的书籍无法使用，甚至危及使用者的健康，但如果大火
在第一批炮弹发射后就被扑灭的话，图书馆里的一些书也许就
能逃过一劫。但随后，主阅览室细长的大理石柱子在过高的温
度下爆炸，导致屋顶坍塌，这使得抢救藏书对于萨拉热窝的消
防员们来说成了一个不现实的选择。其中一人说："连续几个小

时都有炮火落下，这让我们的工作变得非常困难。"[9]由于前几个月的战争破坏了城市的抽水系统，他们不顾一切的努力也受到了低水压的阻碍。消防员们全力以赴地扑灭大火，但反复的轰炸意味着建筑物持续被火焰吞噬。世界各大报纸的头版甚至都没有刊登这个故事。[10]

波黑国家与大学图书馆可能是这场冲突中最显眼的知识和文化的牺牲品，但它并不是唯一一个。在整个波斯尼亚，有数十家图书馆和档案馆都遭受了同样的厄运。穆斯林地区的档案受到了野蛮的对待，在这里，个人遭受种族清洗的同时，土地登记处的文件——即穆斯林持有资产的记录也遭到了销毁，甚至连墓碑也被推土机推倒，以消除穆斯林被埋葬在波斯尼亚土地上的证据。

据估计，波斯尼亚一半以上的省级档案被毁：这些在纸上被记录的历史加起来长达81千米以上。[11]这些文件详细地记录了这些社区的公民的身份：几个世纪以来的出生、结婚和死亡都被写了下来，土地所有权也被非常详细地记录下来（正如奥斯曼帝国的习俗所规定的那样）。这些文件帮助一个社区在他们的环境中扎根，使他们的根得以被追溯回过去，有关世世代代生活在这些地方的家庭的证据使之更具个人意义。他们未来的居住权、所有权和财产（即他们生存的权利）被摧毁了，或者说这是民族主义者们的目的。穆斯林存在的记录与穆斯林们自身一起被"清除"了，或者正如诺埃尔·马尔科姆（Noel Malcolm）所说："组织这种行为的人试图以最直接的方式抹去历史。"[12]

在多博伊（Doboj）城，在塞尔维亚民兵摧毁了清真寺和天主教教堂后，特种部队（红帽军）从贝尔格莱德到来，在天主教教区搜查洗礼记录。幸运的是，根据堂区神父的说法，"善良的人，当地的塞尔维亚人"应他的要求把登记簿藏了起来，因为他知道这将是对该镇进行文化灭绝的进一步行动。[13] 在该国西南部的黑塞哥维那，莫斯塔尔（Mostar）古城也是塞尔维亚人的目标。黑塞哥维那的档案馆以及城市中的天主教大主教区图书馆和大学图书馆多次在袭击中被针对。莫斯塔尔那座美丽而具有历史意义的中世纪桥梁被毁，这成了此次冲突期间波斯尼亚文化生活被破坏的象征，而数百家公共图书馆和档案馆的数百万册图书和文献遭到破坏，却几乎没受到任何媒体关注。

萨拉热窝的其他图书馆和档案馆也受到了影响，东方研究所是第一个受害者。1992 年 5 月 17 日，有人故意向这座建筑发射磷弹，所有藏品被毁。轰炸和由此引发的大火摧毁了 5000 份手稿、20 万份奥斯曼帝国文献、100 多册奥斯曼帝国时代的地籍登记簿（列出了土地所有权），以及一组涵盖了 1 万本印刷书籍和期刊的参考资料。就连这些藏书的目录也没有幸免于难。和波黑国家图书馆和大学图书馆当时的情况一样，研究所周围的其他建筑都没有被击中。[14]

萨拉热窝大学 16 个院系中有 10 个院系的图书馆也遭到了袭击和摧毁，这主要发生在可怕的 1992 年，总共损失书籍约 40 万册。1992 年 6 月 8 日，该市郊区的一所方济各会修道院被塞尔维亚部队占领，修道士们被赶了出去。在没有任何保护的情况下，修道院的 5 万本书被洗劫一空，不是被毁，就是被抢走了。在之后几年，其中一些出现在了欧洲各地的古董书市场。[15]

1992 年 9 月，萨拉热窝的假日酒店遭到轰炸，BBC 记者凯特·阿迪（Kate Adie）愤怒地要求塞尔维亚炮兵指挥官解释为何所有外国记者下榻的酒店会成为袭击目标。在令人震惊的坦白中，他多次道歉，称袭击目标实际上是街对面的国家博物

馆 —— 他们打歪了，炮弹击中酒店是一个意外。[16]

据估计，在此次冲突中，波斯尼亚各地机构的藏品中总共 48 万米的档案和手稿以及大约 200 万册印刷书籍被毁。[17]

从炮弹开始在波黑国家与大学图书馆爆炸的那一刻起，人们就付出了巨大的努力来拯救这些藏书。图书馆工作人员和萨拉热窝的人民 —— 塞尔维亚人、克罗地亚人、犹太人和穆斯林 —— 一起组成了一条人链来转移书籍，但只成功拯救了不到 10% 的藏书。他们如英雄般坚持提供图书馆的服务 —— 尽管条件恶劣，但仍然有 100 多名学生在围城期间成功完成了博士学位的学习。东方研究所继续举办研讨会和座谈会，工作人员从家中提供这些服务工作。许多团体提供了帮助，其中既包括国际图书馆协会，也包括密歇根大学和哈佛大学图书馆这样的个体图书馆。联合国教科文组织很快公开认可了国际社会对于支持图书馆重建的许诺。

图书馆建筑的修复（由该地区的前殖民统治者奥地利捐款资助）是从 1996—1997 年开始分阶段进行的，最初的目的只是使建筑的结构稳定。1998 年 7 月 30 日，世界银行、联合国教科文组织和莫斯塔尔市联合呼吁修复该市著名的莫斯塔尔古桥（Stari Most），为南斯拉夫带来了争夺国际资助的竞争力。世界银行将莫斯塔尔古桥视为"整个波斯尼亚的象征"，国际社会向该项目投入了大量重建资源，几乎排除了波斯尼亚的其他所有文化遗产倡议。[18]

与此同时，重建图书馆的项目越来越深地陷入了政治困难的泥沼中。1999 年，欧盟委员会提供了第二批资金，尽管这项工程直到 2002 年才开始，并于 2004 年再次停止。战争结束 10

年后，图书馆仍然是一片废墟，甚至建筑物的所有权也存在争议——它是属于图书馆还是属于萨拉热窝市？双方对于重建后的建筑物应该如何使用有不同的看法。但最终，在西班牙和欧盟的进一步资助下，这座建筑得到了重建，现在是萨拉热窝攻城战中丧生的 1.5 万人的纪念碑。20 世纪 90 年代的巴尔干战争造成数十万人死亡，数百万人流离失所或失去了所有财产。这场种族清洗震惊了世界，也因此让米洛舍维奇等人来到海牙接受审判，世界对他们的罪行的关注超过了对同时发生的另一场悲剧的关注，即对图书馆和档案馆故意实施的野蛮破坏使该地区的知识和文化记忆丧失。

在波斯尼亚各地策划和实施野蛮袭击的塞尔维亚领导人们，最终在海牙国际刑事法院接受了前南斯拉夫问题国际刑事法庭的审判。塞尔维亚民族主义者领导人拉多万·卡拉季奇（Radovan Karadžić）否认他的部队袭击了波黑国家与大学图书馆，反而指责萨拉热窝的穆斯林，声称他们不喜欢图书馆所在的建筑。[19] 所幸法院任命了一名拥有揭开这些谎言所需的一切知识的专家顾问：毫不意外，强调图书馆和档案馆在波斯尼亚文化灭绝中的地位的，是一名图书管理员。

哈佛大学美术图书馆的安德拉斯·里德尔梅尔（András Riedlmayer）拥有奥斯曼帝国史博士学位，并对巴尔干地区的历史和文化有透彻的了解。他在听到波斯尼亚的图书馆被破坏后立刻主动提出帮助重建，并进行实地考察，在前南斯拉夫各地收集证据。[20] 他在该地区考察时有时会面临未清除的地雷或骚乱的危险。里德尔梅尔在为国际刑事法庭工作期间记录了 534 个位置，对其中一些进行了第一手检查，但对其他地点他则依靠照片、证词和其他形式的书面证据。[21]

里德尔梅尔是为数不多的曾在法庭上直接与米洛舍维奇、拉特科·姆拉迪奇（Ratko Mladić）、卡拉季奇这样的战争犯面对面的图书管理员之一。里德尔梅尔由于对该地区图书馆和档案馆了解颇深，因此被要求在对米洛舍维奇的审判中作证，当后者否认自己被指控的事件时，他用确凿的事实进行了反击。[22]

国际刑事法庭在成功起诉针对文化遗产的战争罪，特别是针对种族和宗教建筑以及图书馆和档案馆的战争罪方面开辟了新的领域。然而，与袭击和造成的破坏相比，起诉的数量微乎其微，但这确实开创了先例，给人一种正在改正的感觉。图书馆和档案馆往往会在战争的破坏中灰飞烟灭。1954年的《关于武装冲突情况下保护文化财产的海牙公约》并没有阻止萨拉热窝国家图书馆或波斯尼亚的许多其他图书馆遭到破坏。然而，国际刑事法庭的存在确实导致一些人尝试去隐藏种族灭绝和其他战争罪的证据——这可能表明，这些法律起到了一定的威慑作用。[23]

曾指挥狙击和轰炸行动，并因此阻碍了图书馆工作人员、消防员和公民拯救国家图书馆藏书的塞尔维亚将军斯坦尼斯拉夫·加里奇（Stanislav Galić）出现在了法庭上，并于2006年被判处终身监禁。攻城期间加里奇的继任者姆拉迪奇（Mladić）也于1996年在海牙被起诉，罪名是"故意和肆意破坏宗教和文化建筑……包括……图书馆"，他也于2017年被判处无期徒刑。与他一起出现在被告席上的还有卡拉季奇和米洛舍维奇。米洛舍维奇健康状况不佳，在做出判决之前于2006年去世。尽管法庭将破坏文化遗产罪和危害人类罪联系在一起，但在检方提交的卡拉季奇和姆拉迪奇审判的修正材料中，破坏国家图书馆一事被从事件日程表中删除，而且没有人因破坏国家图书馆而被定罪。[24]

成千上万的历史建筑在战争中被毁。同样丢失的无价书籍、手稿和文件受到的媒体关注要少得多。人们为修复受损藏品和更换受损书籍做出的努力只照顾到了一小部分。国家图书馆内有许多独特的藏书，都是不可替代的。摧毁图书馆打击了波斯尼亚文化的核心，削弱了大学教育下一代的能力。萨拉热窝消防队队长凯南·斯里尼奇（Kenan Slinić）在被问及他和他的手下冒着生命危险拯救图书馆的动机是什么时说："因为我出生在这里，他们正在烧毁我的一部分。"[25]

萨拉热窝的一所图书馆成功逃脱了被破坏的命运。国家博物馆下属研究图书馆（the research Library）的工作人员一边躲避着狙击手的子弹和平均每天落在这座城市的 400 发炮弹，一边转移了 20 万册藏书中的大部分以及博物馆的文物。1993 年，博物馆馆长里佐·西亚里奇（Rizo Sijarić）博士在一次手榴弹爆炸中丧生，当时他正试图安排用塑料布盖住博物馆墙壁上的洞，以保护仍然在里面的藏品。[26]

这一英勇的行动使被称为《萨拉热窝哈加达》的希伯来语手稿得救了。这是一份重要的泥金装饰手抄本，拥有悠久而复杂的历史。它于 14 世纪中叶诞生于西班牙，1497 年被驱逐出伊比利亚半岛的犹太人将它带走。《萨拉热窝哈加达》已经成为萨拉热窝和波黑多元文化力量和坚韧的象征，现在是该地区最著名的书籍。它在 1894 年被波斯尼亚国家博物馆买下之前经过了许多人的手，在许多冲突中幸存了下来。在第二次世界大战期间，博物馆的首席图书馆员德尔维什·科尔库特（Derviš Korkut）把《哈加达》私运出了萨拉热窝，躲避纳粹的搜查。科尔库特把它交给了泽尼卡镇的一名穆斯林神职人员，它被藏在一所清真寺或一个穆斯林家庭的地板下。1992 年，《哈加达》的手稿在一次博物馆盗窃中幸存了下来，人们发现它与小偷认为不值钱的众多其他物品一起被扔在地上，后来它被收进了银行的地下保险库里。1995 年，波斯尼亚总统为了平息政府为购买武器而出售了《哈加达》的谣言，在一次社区逾越节家宴上将手稿送回了国家博物馆。直到今天，人们仍然可以在这里看到这份手抄本。[27] 2017 年 11 月，它被列入由联合国教科文组织负责的为保护世界文献遗产而创立的世界记忆名录。

波斯尼亚并不是唯一一个近期遭受了文化灭绝的地区。贾夫纳（Jaffna）市在 10 年前也有相似的遭遇。贾夫纳是斯里兰卡最北端省份的首府，自斯里兰卡 1948 年脱离英国统治独立以来，僧伽罗人（Sinhalese）和泰米尔人（Tamil）之间的斗争一直是该地区社会的一个鲜明特征。1981 年 5 月，在地方政府选举引发的一场动乱中，200 名警察发起了暴乱。

6 月 1 日晚，贾夫纳公共图书馆被烧毁，自建馆以来积累的10 万册藏书和 1 万份手稿全部被毁。虽然斯里兰卡从 19 世纪初就有了图书馆，但直到 1934 年贾夫纳公共图书馆建立，斯里兰卡才有了第一座真正的公共图书馆。虽然它搬到了一个新的地点，并于 1954—1959 年重新投入使用，但到了 1981 年，它已经成了"贾夫纳的灵魂和人民获得更高教育水平的愿望的一部分"。[28]

泰米尔社区一直非常强调教育的重要性，焚烧图书馆是警察的蓄意行为，目的是恐吓泰米尔人，但也是为了摧毁他们对未来的渴望。正如记者弗朗西斯·惠恩（Francis Wheen）当时所写的那样，图书馆、书店和报社总部的被毁"显然是对泰米尔文化的系统性攻击"。[29] 一个泰米尔政治团体声称，斯里兰卡警方摧毁泰米尔人的图书馆是"文化种族灭绝"政策的一部分。[30] 斯里兰卡政府将 1981 年 5 月和 6 月的暴力事件归咎于流氓安全部队，并在国际压力下承诺赔偿 90 万卢比。尽管有这笔额外的资金，但直到 2003 年贾夫纳市政委员会的 23 名成员辞职作为抗议，图书馆都没有被重建。2004 年，它终于重新开放，并被沿用至今。

在也门，另一种文化也正面临着同样的威胁。也门内战已造成数万人丧生，数十万人沦为难民，也门的图书馆遭到严重破坏。宰德派（Zaydi）社区的图书馆是也门文化生活的一个独特特征，因为他们信仰的知识遗产是由自 9 世纪以来就一直存在于也门的手稿培育出来的。宰德派是伊斯兰教什叶派的一个分支（除此之外只存在于伊朗北部的里海地区），在也门的山区最盛。宰德派社区拥护胡塞运动（Houthis）——一个被沙特领导的（且在 2018 年 12 月之前由美国支持的）联军反对的反政府武装组织。

正如其图书馆的手稿中所反映的，宰德派的知识传统特别丰富，因为该教派对非什叶派思想有开放的态度，并且坐落在也门，因此能方便地迎接来自阿拉伯半岛、北非和印度洋地区的穆斯林群体。宰德派保留了穆尔太齐赖派（Mu'tazilites）的教义，后者是一个中世纪的伊斯兰理性主义思想流派，提倡将人类理性用作一种获取神圣智慧的方式。[31] 宰德派图书馆被摧毁部分是由战争的普遍破坏造成的，图书馆被交火无差别地伤害。尽管在也门经历过的各种冲突中，抢劫和破坏已是常事，但大部分破坏都是有意为之，是萨拉菲（Salafi）武装分子宗派仇恨的结果。

图书馆员们正在利用数字技术阻止知识的永久流失。在安德拉斯·里德尔梅尔到海牙国际刑事法庭作证之前，他一直在勇敢地试图通过"波斯尼亚手稿收集项目"重建波斯尼亚的多家图书馆。里德尔梅尔和世界各地的图书馆员追踪在波斯尼亚图书馆中被毁的手稿（特别是萨拉热窝东方研究所图书馆的丰富藏书）的副本。其中一些副本（大部分在缩微胶片上）在一些机构图书馆中被找到了，一些则是在学者的私人工作用藏书中找到的。里德尔梅尔和他的同事对这些副本进行了数字扫描。只有一小部分手稿通过这种方式被找回了，而副本在重要性上也不及原件。但作为帮助机构恢复和让知识服务波斯尼亚当地社区的一种方式，这个项目是向前迈出的重要一步。[32]

数字化和复制也在也门发挥着作用。由普林斯顿大学高级研究所与明尼苏达州科勒格维尔圣约翰大学希尔博物馆和手稿图书馆联合开展的一个项目，正在也门和世界上各个收集宰德派手稿的地方将宰德派手稿数字化。与美国倡议合作的数字化项目已在欧洲国家获得资助，其中包括意大利、德国、奥地利和荷兰。为了帮助保护宰德派手稿文化，总共超过 1.5 万卷的书籍将被数字化保留，并向公众开放，以此提高宰德派群体的知名度，并突出这一罕见的人类知识分支的重要性。

这些受到威胁的宰德派手稿中包含着一个自 10 世纪以来一直存在的社区的文化记忆。一个在扎法尔（Zafār）由伊玛目①曼苏尔（Imam al-Mansūr bi-LLāh'Abd Allāh b. Hamza，任期为1187—1217 年）建立的图书馆或多或少存活到了今天，尽管它的藏书现在存于萨那（San'ā）清真寺内。面对一场由强大力量发动的暴力战争，这种独特的文化面临着被抹去的危险。但不管这些威胁有多可怕，人们对知识的保护不会停止。[33]

---

① 伊玛目在阿拉伯语中即"走在前列的人"，是对教义学问领袖和宗教神职人员的称呼。——编者注

博德利图书馆的一份埃塞俄比亚手稿，旁边是英籍埃塞俄比亚和厄立特里亚人
社群成员，2019 年 8 月

第 11 章

帝国的火焰

在博德利韦斯顿图书馆的温湿度控制书库里，放置现代藏书的书架错综复杂，其中有一小批书架存放着博德利图书馆最早的一组藏书，它们于 1599 年来到了这里，当时托马斯·博德利爵士对他的图书馆的构想正在成形。这组特别的藏书是他的朋友，精力充沛的埃塞克斯伯爵罗伯特·德弗罗（Robert Devereux）赠送的。德弗罗当时是英格兰最有权势的人之一，一个书生气十足的朝臣，一度是女王的亲信。从书架上拿出一本，你会发现它是用黑色皮革装订的，封面上印有金色的纹章，而这个纹章并不是你有可能以为的德弗罗的纹章，而是法鲁主教（Bishop of Faro，法鲁位于今葡萄牙）的纹章。

旅游指南将法鲁描述为"一个繁荣、繁忙的城市"，主教座堂周围的区域具有"令人愉悦的不均匀空间"，主教座堂具有哥特式的"骨骼"。在其附近，主教的宅邸伫立在法鲁的老城区。旅游指南还指出，"主教的图书馆被埃塞克斯伯爵掠夺，其藏书构成了牛津博德利图书馆的核心"。

窃取知识的行为由来已久。图书馆和档案馆的藏书有时就包含在战争和领土争端中被掠夺来的资料。这种侵占像烧毁图书馆或档案馆一样直接剥夺了受害社区自身获取知识的机会。

温斯顿·丘吉尔有可能说过"历史是由胜利者书写的"这句名言，但历史是通过获取知识来书写的。这一章要讨论的是对历史的控制，以及文化和政治认同的问题。

牛津现在藏有这么多古籍，这一事实引出了一系列有趣的问题。像法鲁主教的图书馆这样的知识实体什么时候会成为合理的政治目标？把它们从最初所属的社区移走算不算一种破坏行为？类似的问题也围绕着博物馆中通过帝国的探索旅行带回欧洲的物品——比如欧洲各地的博物馆都有的贝宁青铜器（the Benin bronzes），这是当今博物馆界探讨的话题。[1]

法鲁主教的藏书是通过一条不同寻常的路线来到博德利图书馆的——它是英格兰与西班牙断断续续的冲突时期（1585—1604）的战利品。两国的冲突涉及许多因素，其一是宗教——西班牙是一个天主教国家，并试图把天主教信仰强加给英格兰。英格兰当时刚刚背弃了天主教和罗马的宗教领导，成立了英格兰国教，这是基督教的一个新教分支，由君主而非教皇担任领袖。伊丽莎白一世的前任女王，信奉天主教的玛丽一世的丈夫是西班牙国王菲利普二世。这段婚姻在英格兰引起了很多反感，而伊丽莎白的大部分外交政策都是为了削弱西班牙在全球范围的权力。反过来，西班牙人也一直把英格兰当作其帝国目标的潜在对手。弗朗西斯·德雷克爵士在1587年对西班牙海军的一系列攻击有一个出名的绰号，"烧焦西班牙国王的胡子"。1588年，西班牙入侵未遂，这些小规模冲突终于演变成公开战争。这场战争变成了一场围绕大西洋的帝国主义冲突，两国在这场冲突中试图控制海洋，从而成为殖民帝国以推动自己的经济实力。西班牙已经展示了对海洋的控制如何能将一个国家变成一个全球帝国，给它带来非凡的财富。英格兰不仅看到了捍卫其宗教立场的机会，还看到了走得更远的机会。在战胜西班牙无敌舰队 10 年后，英格兰仍然在使用海军攻击和防御西班牙。

在这些持续不断的小规模冲突中，宗教、政治和贸易问题交织在一起，英格兰宫廷的一些主要人物也牵涉其中。1596 年 6 月 3 日晚，罗伯特·德弗罗率领的一支远征队从普利茅斯驶往西班牙，他从西班牙得到情报说，西班牙正在计划再次入侵英格兰，今年早些时候西班牙对康沃尔（Cornwall）的突袭加剧了人们的恐慌。舰队于 6 月 21 日抵达加的斯港（the port of Cadiz）。埃塞克斯是第一个带着他的部队登陆的人，他们在一次突袭中攻占了这座城市。几天后，他们的衣服上仍然散发着燃烧的加的斯港的烟味，埃塞克斯突袭部队向西航行，在旁边的阿尔加维的法鲁港重演了这一幕。着陆后不久，当时的一篇记载描述埃塞克斯"在主教的房子里安营扎寨"。在宫殿里，埃塞克斯和他的突袭小组发现了费尔南多·马丁斯·马什卡雷尼亚什主教（Bishop Fernando Martins Mascarenhas）的图书馆，并从里面挑选了满满一箱印刷书籍，这些书的封面上都压印有主教的纹章。他们把这些书带出了宫殿图书馆，并把它们和其他各种掠夺来的物品一起装上了船。[2]

远征队一回到英格兰，埃塞克斯就把这些藏书赠送给了托马斯·博德利爵士的新图书馆。这些书被放在新设计的书架上，并被列入 1605 年出版的博德利图书馆的第一本印刷目录。[3] 在埃塞克斯、博德利和国内的其他人看来，这些书会是合法的"战利品"。英格兰与西班牙帝国处于战争状态，不仅是为了保卫自己的宗教，也是为了保卫领土。马什卡雷尼亚什同时也是臭名昭著的西班牙大审判官，负责宗教强制执行，因此可能负责监督了对英格兰水手施加的酷刑。这位主教还负责西班牙的书籍审查，他授权编制了一份因宗教原因而被降罪的作者名单，即 1624 年在里斯本发布的《须记住的有罪作者名录》(*Index Auctorum Damnatae Memoriae*)，这份列表是《禁书索引》的变体，集中记录了其中被禁的书的作者，后者最初于 1546 年在位于鲁汶的西班牙宗教裁判所的授权下编制。

在命运的奇特转折下，西班牙的这份"索引"给博德利图书馆的第一任馆长托马斯·詹姆斯带来了灵感。詹姆斯形容这些书是出于"神的旨意"被送到他的图书馆的，并指出其中一些书"所有书页被粘在一起，字句上有墨水渍，书都被糟蹋得一塌糊涂"。他说，仅仅是看到这些书，"任何人都会为之心痛"——这必然是一个真正爱书的人说的话，同时也是一个狂热的新教徒爱书人说的话。詹姆斯对这份天主教索引的编写者希望其读者无法阅读的书籍特别感兴趣。事实上，它成了博德利图书馆新增书目的想法来源。1627 年，博德利图书馆出版了一份《禁书索引》中所有博德利图书馆没有的书的清单，这些书也就是部分詹姆斯最想获得的书。[4]

这些书如今仍然在博德利图书馆的书架上，在 419 年的时间里只移动了几码，它们得到了很好的照顾，并一直向世界各地的研究人员开放。然而，托马斯·詹姆斯的名字被列入了 1632 年版的西班牙禁书索引，即《新禁书及被肃清书索引》(*Novus librorum prohibitorum et expuratorum index*)，因此他的作品在西班牙被禁止阅读。马什卡雷尼亚什再也没有拿回他的书，但也许通过这种方式完成了某种报复。

虽然夺取法鲁主教的藏书是一次投机行为，不是那次远征的主要目标，但偷窃帕拉蒂那图书馆〔Bibliotheca Palatina，帕拉蒂诺选帝侯（the Prince Electors Palatine）的图书馆，存于德国海德堡市〕肯定是有预谋的。帕拉蒂那图书馆是16世纪最享有盛名的图书馆之一，也是公民、地区和新教徒骄傲的中心。在宗教改革期间，海德堡市的人民站出来支持新教改革者。信奉加尔文主义的难民被迎进了城市和大学中。1563年，海德堡《教义问答》（Heidelberg Catechism）就在这里颁布，正式声明了整个帕拉蒂那地区的新教信仰。该图书馆是通过宗教改革的掠夺而建立的，它在某些方面反映了书籍从修道院图书馆到世俗图书馆的转移，并收藏了许多手稿。这些手稿以前放在海德堡以北的洛尔施隐修院（Abbey of Lorsch），隐修院于1557年被查封。洛尔施隐修院的宝藏中有著名的"黄金手抄本"（Codex Aureus）或另称为"洛尔施福音书"（the Lorsch Gospels），这是一份华美的8世纪末泥金装饰手抄本，也见证了查理曼宫廷的艺术力量。

1622年，当海德堡被巴伐利亚的马克西米利安一世的天主教联盟占领时，教皇额我略十五世作为第一位耶稣会训练出身的教皇，知道图书馆的知识价值，他看到了一个能大大丰富罗马的教廷图书馆即梵蒂冈宗座图书馆（Biblioteca Apostolica Vaticana）的机会。额我略教皇安排把帕拉蒂诺选帝侯，即神圣罗马皇帝的五名选举人之一的权力职位移交给马克西米利安。这是马克西米利安的凯旋，在占领这座城市后，马克西米利安在5天之内把图书馆赠送给了额我略教皇，作为一份奢侈的感谢礼，并写道，他将图书馆"作为一份战利品，并以表达我无上的顺从和应有的爱意"赠送给教皇。[5]最终，这些书被转移到了罗马——图书馆的书架被砍成一片一片，做成了打包盒。他们改造了梵蒂冈图书馆，增加了3500份手稿和5000本印刷书籍，使藏书数量几乎翻了一番；除了中世纪手稿，图书馆还收入了同时代的新教文献，后者有实际用途，能帮助教皇建立反驳新教的论点。图书馆的移除象征着权力的转移：异端的"武器库"被转移到正统信仰的中心，从而失去了火力。今天在梵蒂冈图书馆漫步，你仍然可以看到当时新增藏书的题目："帕拉蒂那拉丁语手抄本"（Codices Palatini Latini，洛尔施福音书就在这个区域）和"帕拉蒂那希腊语手抄本"（Codices Palatini Greci），这些书来自帕拉蒂那图书馆。

正如法鲁主教图书馆和帕拉蒂那图书馆的命运所显示的，强行将图书和文献从一个国家转移到另一个国家的做法由来已久。最近，这种文件被称为"离散或被迁移"的档案。这些文件的命运——其中一些为了掩盖管理不善和滥用权力的证据而被销毁，另一些则被带离前殖民地，并被带回欧洲——成了谁控制着前殖民地历史的关键问题：是新独立的国家还是前殖民政权？

对于在 18 世纪和 19 世纪将其影响力扩散到全球的欧洲国家来说，帝国的遗产以许多形式存在。殖民地通常是作为母国的行政部门来管理的，许多殖民地的行政人员是为任务出勤的人，而不是殖民领土的本土公民。档案是殖民事业的一个重要组成部分。这些文件往往非常详细地记录了殖民政府的行为，记录的严谨程度往往会反映出控制的级别／程度。因此，前殖民地的去殖民化和独立进程令这些记录变得至关重要。它们记录了殖民政府经常令人尴尬的行为，从而使自身成了销毁的目标，但是它们也是一个新国家的历史和身份的宝贵来源，值得保存。

在 19 世纪末和 20 世纪，西方的档案实践随着"档案顺序"和"档案完整性"的概念而进化了。这一思想源于英国档案学家希拉里·詹金森爵士（Sir Hilary Jenkinson，1882—1961）的著作，他的方法至今仍然是现代档案实践的核心。档案的顺序应随档案所记录的行政结构的发展而变化。按照惯例，殖民地的档案被视作殖民政权的档案的一部分。正常的记录保存做法包括，当该部门关闭时，使用既定的程序——查看保留和处理安排，并决定哪些文件应该归还给保留在母国的母本档案。在过去70年左右的时间里，这导致了一系列极具争议性的问题，一些新独立的国家与它的前殖民者因此对立起来，其中历史叙述的正当性是异议的核心。

这类争议对不列颠来说仍然是一个重要的问题，因为它的帝国是欧洲各国中最大的。在殖民地独立之前从殖民地转移档案，导致大量"迁移"档案返回英国，由政府内部的母机构——外交与殖民局档案馆（the Foreign and Colonial Office，FCO 141）保管。多年来，这些记录的存在要么被否认，要么充其量是官员们闪烁其词的评论的对象，但现在这一庞大的知识实体已被正式和公开承认，它们被转移到英国国家档案馆，被编目，并向学者们开放。[6] 除了这些"迁移"档案外，还有许多故意销毁的案例，有时是行政人员按照可接受的记录管理程序进行的，但有时也是为了隐藏前殖民政府官员令人发指的行为的证据——这些行为如果被曝光，将会产生严重的政治和外交后果。

评估记录的过程包括选择一些记录销毁或归还，并不一定意味着隐藏证据的邪恶意图。销毁记录并不一定是为了保护某些人的声誉或隐藏不当行为的证据。一个政府部门产生的记录并不是全都可以保存——这样做是疯狂的，而且是价格高昂无法负担的疯狂。以前旨在帮助管理公共记录的法规允许处置掉无价值的记录，特别是在殖民地部（the Colonial Office），因为到了 20 世纪初，殖民地部成了一个庞大的官僚机构，产生了大量协助政治中心伦敦有效管理帝国的文件。[7] 今天的国家档案馆通常只保留一个政府部门所产生记录的 2%—5%，这是当时处理殖民记录采用的标准。在档案室（存储和跟踪行政人员需要的记录的部门）工作的办事员会例行公事，应用他们收到的关于保留记录的指导意见，并销毁目前在行政管理中不再需要的，或者他们认为对历史学家没有任何长期价值的记录。这些决定通常会受到更为务实的考虑的影响 —— 他们有足够的空间来存放不需要的文件吗？

第二次世界大战结束后，欧洲大国的许多殖民地发起了争取独立的运动。这一过程尤其影响到了英国、比利时、荷兰和法国。在决定如何处理这些记录时，殖民行政当局必须做出决定：他们是应该销毁自己已不再需要的材料，还是应该将其移交给新独立的政府，抑或是应该将其送回母国？

英国前殖民地独立进程的第一个重大事件是 1947 年印度独立，紧随其后的是次年独立的锡兰（斯里兰卡）。在独立之前的时间里，所有记录都被转移回了伦敦的外交和联邦事务部，而不是逐个文件地进行评估，这应该发生在任何文件被归还之前。锡兰警察特别分局的负责人在将记录送回伦敦的过程中，惊讶地发现在被送回的大量材料中还有他自己的文件。[8]

马来西亚于 1957 年脱离英国独立。1954 年在吉隆坡，马来西亚殖民政府的主档案室已经过满，大量的记录被销毁，因为它们被认为是重复的，其中许多可以追溯到 19 世纪。[9] 在这一过程中，有关马来西亚早期历史的重要知识丢失了。多亏了历史学家爱德华·汉普希尔（Edward Hampshire）的工作，我们知道其中一些记录是因更险恶的原因而被销毁的。他发现了一份为马来西亚的殖民行政当局提供指导的文件，强调了那些"不应该留在马来亚人手中的文件"，这些文件反映了"英国政府不想让联邦政府知道的政策或观点"，更糟糕的是那些"在讨论马来西亚的问题和人物时可能带有冒犯性描述"的文件。[10]

因此，销毁档案是为了掩盖前殖民地官员的种族歧视和带有偏见的行为。5卡车文件被运到了新加坡（当时新加坡仍然是英国殖民地），并在那里的皇家海军焚化炉中被销毁。就连这一过程也充满了殖民焦虑：驻吉隆坡的英国高级专员带着典型的英国式轻描淡写道，"为了避免加剧英国政府与那些可能不太通情达理的马来西亚人之间的关系恶化，我们费尽周折谨慎地进行了这次行动"。有趣的是，人们后来发现了一张纸条，纸条透露出，殖民地部希望马来西亚新政府继承大部分完整的记录，特别是为了确保"在历史材料方面，英国人不能因为历史目的而遭受抢劫档案的指控，以及这些材料应该留给马来西亚历史学家研究"。根据汉普希尔的说法，这一指导方针之所以没有被遵守，是因为当地官员固有的保守主义。[11]

随着时间的推移，随着前殖民地试图了解他们的历史，被迁移的档案变得更具争议性。1963年，就在肯尼亚独立之前，在内罗毕政府大楼工作的一名办事员在草坪上的火盆里烧毁了许多捆文件。许多记录了残酷镇压茅茅起义（Mau Mau insurgency）的记录在那里被销毁，以防止它们落入新政府手中。其中一些材料被带回了英国，进入了著名的外交与殖民局档案馆。[12]直到2011年，参与过茅茅起义的退伍军人提起高等法院诉讼，要求英国政府赔偿，这些在1963年11月被装进4个板条箱里的1500份文件才公之于众。直到2014年，这些记录才被评估、编目并移交给英国国家档案馆。被英国人委婉地称为"肯尼亚紧急状态"的茅茅起义迫使人们对肯尼亚保存的记录采取行动，这些记录的保留和处置过程中固有的种族主义：只有属于"欧洲血统的大英子民"的军官才有权决定这些记录该保留还是销毁。言下之意是，让非洲人决定自己历史的命运是"不安全的"。[13]

这些情况并不仅限于英国。其他欧洲殖民政权也经历了非常类似的过程。例如，在东南亚，当荷兰当局对迫在眉睫的民族主义和独立浪潮最后一搏时，档案是荷兰人紧紧攥住的权力象征之一——他们创建了他们自己的外交与殖民局档案馆，叫作普林戈迪多档案（Pringgodigdo Archive），这是一组与荷兰伞兵在 1948 年控制的一起民族主义行动有关的文件，荷兰军事情报机构对此进行了详细分析。[14] 这组文件的成形是为了支持一场抹黑独立斗士的政治运动，以发展对打击叛乱分子的战争的支持。最终，它未能使事情的走向按照荷兰人的期望发展。最终印尼获得独立，一段时间后，印尼与荷兰政府达成和解。印尼政府开始寻求西方国家，特别是荷兰的经济和政治支持，作为这一过程的一部分，两国还达成了一项文化协议，允许印尼档案人员在荷兰接受培训，这预示着更高程度的合作。最终，普林戈迪多档案被重新发现，尽管人们认为它已丢失多年。档案于 1987 年被归还给了印度尼西亚。

*

在英国和荷兰的例子中，都是前殖民地占据了上风。是他们的行政人员决定了哪些文件应该销毁，哪些文件应该迁回母国。即使在那时，人们对有争议的文件存在的了解也被故意隐瞒，整个系列的记录都被排除在公共领域之外，甚至它们的存在也被官方否认。

20世纪50年代末，法国人在普罗旺斯地区艾克斯（Aix-en-Provence）建立了法国档案馆（Archives de France）的一个边远分部，称为法国海外档案馆（the French Ocerseas Archive，AOM），其明确目标是将现已不复存在的政府部门的档案与从"前殖民地和阿尔及利亚"（阿尔及利亚并不被法国人正式视为殖民地，而是被视为法国不可分割的一部分）转移过来的档案统一起来。[15]法国档案馆普罗旺斯分部的第一任馆长是曾担任阿尔及尔档案馆馆长的皮埃尔·布瓦耶（Pierre Boyer），他于1962年上任，即阿尔及利亚独立的那一年。馆内有大量档案——8.5千米的档案被存放进新馆，随后在1986年和1996年进行了扩建。最初的工作人员团队很小，只有布瓦耶和其他3人，他们最初得到了法国外籍军团的一队士兵的支持。法国外籍军团是著名的军事单位，在19世纪法国殖民扩张中发挥了重要作用：这座新的档案馆与法国的殖民经历无比紧密地交织在一起。布瓦耶本人在阿尔及尔独立前参与了档案的破坏，1962年6月，他乘船进入阿尔及尔湾，试图将30箱警方记录沉入海底，这一事件现在已经广为人知。他发现这些箱子不会消失在海浪中，于是把它们浇上汽油烧了。想必这些文件不是仅仅因为占用了太多空间而被这样处理的。如果这些内容落入阿尔及利亚民族主义者手中，那肯定是极具争议性的，会严重威胁法国的声誉。[16]在此几天前，秘密军（OAS，试图阻止阿尔及利亚独立的法国殖民者秘密恐怖组织）放火烧了阿尔及尔大学图书馆。[17]这几个纸箱只是在阿尔及利亚被销毁的不可知文件的冰山一角，但数以万计的文件被送去了法国，大多数文件可能最终被送到了布瓦耶在艾克斯运营的新馆。但由于当时法国总统瓦莱里·吉斯卡尔·德斯坦（Valéry Giscard d'Estaing）的声明——"这些档案是我们国家遗产的组成部分，也是我们国家主权的组成部分"，更多的文件散布在其他政府部门（如国防部）的库藏（有序的一组组文件）中。[18] 所有这些文件后来都陆续被独立的阿尔及利亚政府收回。[19]

随着阿尔及利亚在 2012 年庆祝独立 50 周年——一个反思历史和庆祝国家建设的合适时机，档案问题在该国变得更加激烈了。国家档案资料的缺失变得越来越明显，暴露了关于独立斗争的不同历史叙述。阿尔及利亚希望，归还档案可能有助于避免更严重的社会冲突。

离散和被迁移的档案仍然是前殖民地和它们的前殖民统治者之间的一个主要问题。即使在今天，殖民政权和前殖民地之间的关系也依然很复杂。罗得西亚军队的档案在津巴布韦独立时被从罗得西亚转移，并在南非保留了一段时间。这些档案多年来一直存放在布里斯托尔的一家私营博物馆：大英帝国和英联邦博物馆（the British Empire and Commonwealth Museum），但当该机构因缺乏资金而关闭时，其中的藏品便无人照管了。津巴布韦国家档案馆声称，那些档案是他们国家遗产的一部分，当时是被非法转移的，国际学术界和津巴布韦公民仍然无法接触到这一重要的历史资料。对此案的主要担忧之一是，这些记录揭示了军队在津巴布韦独立前的行为细节，而这些细节可能会对军队的形象产生负面影响。[20]

2019 年夏天，博德利图书馆举办了一场手稿展览，这些手稿来自规模虽小但意义重大的埃塞俄比亚和厄立特里亚馆藏。展出的手稿揭示了该地区历史、文化、语言和宗教的有趣信息。

在这些手稿中，有一些是被称为"马格达拉宝藏"（Magdala
Treasure）的部分手稿。

英国在埃塞俄比亚的马格达拉远征（1867—1868）在许多
方面都值得注意。英属印度陆军［由罗伯特·内皮尔爵士（Sir
Robert Napier）指挥］入侵埃塞俄比亚，以营救被特沃德罗斯
二世皇帝（Emperor Tewodros Ⅱ）劫持为人质的英国公务员和
传教士。特沃德罗斯对维多利亚女王没有回复他的一封信感到
愤怒。最后人质获释，埃塞俄比亚军队被歼灭，1868 年 4 月，
马格达拉要塞被攻陷洗劫，皇帝自杀身亡。英属印度陆军之后
很快就离开了。

埃塞俄比亚的艺术珍宝和文化手工艺品遭到了大范围的掠
夺。根据一份记述，战利品需要 15 头大象和 200 头骡子来运
走。一位同时代的目击者格哈德·罗尔夫斯（Gerhard Rohlfs）
报告说，

> ……我们来到国王自己的房间，这里的士兵已经把一
> 切都拆毁了，成堆的各种物品乱七八糟地散落在那里……
> 这简直就是一家大型的普通旧货铺子……当时我们不知道，
> 当英国军队占领一座城市时，落入军队手中的所有货物都
> 是他们的财产，会为了集体利益而出售。[21]

在马格达拉洗劫而来的物品进入了国家和私人收藏。大部
分书籍和手稿进入了大英博物馆的图书馆（现大英图书馆）、博
德利图书馆、曼彻斯特的约翰·赖兰兹图书馆（现在是曼彻斯
特大学图书馆的一部分）、剑桥大学图书馆和一些较小的英国图
书馆藏。特沃德罗斯的图书馆被盗相当于剥夺了埃塞俄比亚的

国家文化、艺术和宗教珍宝。人们一再呼吁将"马格达拉宝藏"（特沃德罗斯图书馆的俗称）归还给埃塞俄比亚。

离散的图书馆藏书可以在支持文化认同方面发挥积极作用。2019 年 8 月，英国埃塞俄比亚人和厄立特里亚人群体的数千人（包括埃塞俄比亚驻英格兰大使）参观了博德利图书馆的展览，但展览没有提到马格达拉，尽管展出的其中一份手稿是被掠夺的珍宝之一。这次策展的不是博德利图书馆的工作人员，而是居住在英国的埃塞俄比亚人和厄立特里亚人群体的成员。[22]策展团队的成员当然都知道马格达拉问题和其他掠夺及帝国主义行为的例子，但展览中的说明文字并没有提到这些历史。他们专注于个人对手稿的反应，通常是非常感性的反应，旨在唤起童年记忆和在非洲的经历，或者是非洲裔但生活在英国和作为英国人的经历。掠夺问题并不是被故意绕开的，而是展览把重点放在了这些人和手稿之间的接触（也有一份附带的目录明确地谈到了手稿的出处）。[23]展览展示了埃塞俄比亚和厄立特里亚的文化，这对策展团队来说是非常积极的，他们不希望有任何事情盖过这一赞颂手稿及其所代表的文化的重要性的机会。

将知识从一个社区中移除，即使该知识没有被破坏，也会产生非常严重的后果。历史叙述可以被控制和操纵，而且当一个社区无法接触到自己的历史时，其文化和政治认同可能会受到严重破坏。许多欧洲政权的前殖民地已经独立了几十年，其中一些国家仍然担心自己的历史将继续被锁在外国的资料储藏间里。被移除这些材料的社区应该被允许再次控制其历史的叙述，这是至关重要的。

第 12 章

对档案的执念

纵观历史，全球各地的专制政权一直通过文献史料保持着对人民的控制。在古代美索不达米亚，以提高税收为目的的记录保存可能是政权对人民实施全面监视的第一个例子。诺曼人在 1066 年征服不列颠后，新政权对土地进行了调查，以了解土地是如何被分配的、各种财产的所属人都是谁，以及这些人在哪儿。这被记录在了一系列文件中，其中最著名的是《末日审判书》（the Domesday Book）。最后，政府使用秘密监视来维持控制。在法国大革命、纳粹德国和苏联期间，公民受到严密的监视和详细的记录，这些文件使严厉的控制得以实施。

第二次世界大战结束时，苏联控制着东德和半个柏林。东德在接下来的 45 年里成了冷战的前线。1950 年 2 月 8 日，共产主义政权成立了一个国家安全组织——国家安全部，即史塔西（the Stasi）。史塔西是东德的秘密警察、情报机构和犯罪调查机构，最终有 27 万人为其效力，其中包括 18 万名密探或"非官方合作者"。它几乎监视了东德人日常生活的方方面面，并开展了国际间谍行动。它保存着大约 560 万人的档案，积累了一个巨大的档案库，保存的文件总共长达 111 千米。除了书面文件，档案库中还有照片、幻灯片、胶片和录音等视听材料。史塔西甚至有一份汗液和体味样本的档案，是由史塔西的官员在审讯期间收集的。

1989 年 12 月 3 日，德国统一社会党的中央委员会被取消后，史塔西成了极权统治最后的堡垒。在东德各地，以新论坛为首的各个政治组织开始担心史塔西可能会烧毁他们的记录和文件，以掩盖他们的活动。12 月 4 日上午，当地政治团体察觉到爱尔福特的史塔西区总部的烟囱冒出了烟，断定史塔西一定是在销毁文件。在其他公民的帮助下，一个叫"争取变革的妇女"（Frauen für Veränderung）的妇女团体占领了史塔西妥善保管文件的总部大楼和旁边的史塔西还押监狱。[1] 这一行动促使东德各地的史塔西大楼也被占领。1990 年 1 月 15 日，公民进入了位于柏林的史塔西总部。统一的德国政府很快就承担起了对这些记录的责任，1991 年 12 月通过的《史塔西记录法案》（Stasi Records Act）给予了人们查看这些记录的权利。截至 2015 年 1 月，已有超过 700 万人申请查看自己的史塔西档案。

事实证明，东德的史塔西启发了中欧、东欧和中东其他专制政权使用监视和文件记录。随后这些档案的使用也将成为这些记录被用来治愈一个破碎的社会的例子。

档案作为社会秩序、控制历史和表达国家与文化认同的核心问题，在 21 世纪仍然受到急切的关注。在我写这本书时，现代伊拉克的一大部分国家档案都在美国 —— 这个仍然被许多伊拉克人视为敌国的国家。要想透彻理解自 1968 年阿拉伯复兴社会党上台以来，影响了伊拉克及其整个周边地区的命运，甚至在某种程度上影响了整个世界的动荡事件，这些文件至关重要，但是它们也可以达到帮助伊拉克解决数十年的内战的有益的社会目的。

这些档案中最重要的是复兴党的档案。阿拉伯复兴社会党（Hizb al-Ba'ath al-'Arabī al-Ištirākī）是伊拉克 35 年以来政治和政府事务中的唯一主导。从 1979 年就任总统到 2003 年 4 月下台，萨达姆·侯赛因利用复兴社会党的组织和资源对国家实施了极端的控制，主要是依靠国家安全组织，这些组织支持监视公民、检举文化，以及武力镇压任何他们所认为的持不同政见者。[2]

在萨达姆·侯赛因掌权期间，东德的史塔西在不同时期为这些组织提供了培训和指导，尽管方式比复兴社会党的伊拉克人所希望的要有限得多。[3] 1968 年复兴党掌权后，伊拉克人联系了史塔西。史塔西训练伊拉克官员进行秘密监视（特别是窃听）、使用隐显墨水和解码通信，以及保护高级政治官员。[4]

由于国际社会对伊拉克的持续兴趣，复兴党的档案已经被转移到美国，但这次转移也是由于少数人的影响，这些人的热情和决心对它们的保护是至关重要的，他们经常面临着严厉的批评，有时甚至还冒着生命危险。

第一组档案与科威特有关。1990 年，萨达姆·侯赛因以闪电般的速度入侵了科威特：在 24 小时内就占领了整个国家。入侵之后，伊拉克宣布科威特成为伊拉克的一个省，正式并入本国。这次入侵遭到了国际社会的严厉谴责。1990 年 11 月，联合国通过了一项决议，要求伊拉克在 1991 年 1 月 15 日之前撤军，并授权外界可以在伊拉克不遵守的情况下使用武力。联合国军的攻击于 1991 年 1 月 16 日开始，随后 2 月 28 日，科威特被从伊拉克的统治下解放了出来。[5] 伊拉克军队匆忙撤离科威特时留下了大量文件。这些文件被带到了美国，被美国国防部数字化；随着时间的推移，其中的一部分已经被撤销了密级。科威特材料的数字文件最终被送到了斯坦福大学的胡佛研究所（Hoover Institution），在那里被命名为"科威特数据集"（Kuwait Dataset）。[6]

1991 年爆发的库尔德起义紧随科威特的灾难，是伊拉克复兴社会党政府与伊拉克北部库尔德人之间数十年摩擦导致的。从 20 世纪 70 年代中期开始的，被库尔德斯坦民主党称为"种族主义灭绝战争"的伊拉克袭击，即"安法尔屠杀"（Anfal）由于过于凶残，[7]成为一起国际事件。库尔德人的村庄经常遭到炮击和轰炸，使用的武器包括凝固汽油弹和毒气。作为回应，库尔德部队利用第一次海湾战争后伊拉克遭受的国际压力，将伊拉克人赶出自己的领地，他们占领了一些行政中心，包括伊拉克北部苏莱曼尼亚、达霍克和埃尔比勒的复兴社会党地区指挥中心。在这一过程中，库尔德人缴获了数百万份行政记录，据估计总重达惊人的 18 吨。库尔德人知道这些文件的价值，将它们转移到了库尔德斯坦的偏远地区和其他地区的洞穴中安全保管。这些文件的保存状况很差——它们被塞进麻袋和弹药箱里，已经完全失去了一切"档案秩序"，但这些文件将对世界事务和伊拉克的未来产生深远的影响。

1991 年 11 月，卡纳安·马基亚前往了伊拉克北部库尔德人控制的地区。马基亚是一名伊拉克侨民，他是伊拉克档案故事中的核心人物。通过他，这些记录档案在日后成了国际政治的中心，并决定了伊拉克几十年的历史。马基亚的行为有一个不同寻常的方面，他将档案作为其运动的核心，作为揭露不公正、恐怖和残酷统治的证据，并促使国际社会站出来采取行动：他之后会发展出他所说的对档案的"执念"。[8]

马基亚的父母在 20 世纪 70 年代逃离伊拉克，他的父亲与极权政府发生了冲突，于是将自己的建筑业务搬到了伦敦。马基亚的父母逃离巴格达时，他正在麻省理工学院学习建筑学。在伦敦，他与持不同政见者的团体往来，甚至共同创办了一家阿拉伯语书店，帮助传播有关中东的出版物——不光关于经典阿拉伯文化的，更有关于时事的，因为他认为当时西方正"淹没在谎言的海洋中"，无法看到萨达姆·侯赛因领导下的伊拉克正在发生的事情的真相。

1989 年，卡纳安·马基亚以萨米尔·阿勒哈利勒（Samir al-Khalil）的笔名出版了一本名为《恐惧之国》（*Republic of Fear*）的书。在这本书中，他不仅利用了在持不同政见者群体中传播的资源，还利用了大英图书馆、美国国会图书馆和哈佛大学怀德纳图书馆（Widener Library）的资源，以揭露萨达姆统治下伊拉克的暴政。在后来的版本上，他署了自己的本名，然后立即成了伊拉克政权的主要反对者。1991 年，这本书重新发行了平装本，随着 1990 年 8 月伊拉克入侵科威特，书的内容和当下的政治局势变得息息相关，人们又开始读这本书，使其登上了畅销书排行榜。从此以后，马基亚成了反对伊拉克政权的一个关键知识分子。[9]

马基亚被库尔德人视为盟友，他们向他展示了一些文件，他开始意识到这些文件有着不可估量的价值，能够帮助人们意识到库尔德人的人权所遭受的侵犯。正如他所说，他早先的书"就像一个医生只根据外部症状诊断一个人得了什么病。这些文件则能够让医生检查病人的身体内部"[10]。

主要的几组档案都在库尔德同盟政治组织——库尔德斯坦爱国联盟和库尔德斯坦民主党的控制之下，对萨达姆统治下的伊拉克的共同憎恨使他们联合了起来。在 20 世纪 90 年代，他们逐步意识到，将这些档案移交给美国可以提高他们组织的地位。他们达成了一项协议，允许这些文件通过土耳其的一个空军基地被空运出库尔德人控制的伊拉克北部，并交由美国国家档案馆保管。[11] 档案管理员随后开始工作，将它们重新安置在了 1842 个档案盒中，由美国国防情报局和中东观察的工作人员在约斯特·希尔特曼（Joost Hiltermann）的指导下安全地处理这些文件。截至 1994 年底，希尔特曼的团队已经完成了 550 万份文件的数字化。此时，这些文件已被作为一份档案对待了。1997 年，美国参议院外交关系委员会将这些文件（以及数字文件的一份副本）移交给科罗拉多大学博尔德分校保管。转移是在卡南纳安·马基亚所坚持的条件下进行的：这些文件的合法所有权属于伊拉克人民，暂由美国保管，直到伊拉克有一个愿意将它们保存在一个类似于德国所建立的那种档案馆的地方，他指的是像德国一样档案馆向公众开放史塔西的档案。[12]

1992 年，卡纳安·马基亚在哈佛大学中东研究中心成立了一个名为"伊拉克研究和记录项目"（Iraq Research and Documentation Project，简称 IRDP）的小型研究小组，并安排将大多数文件（但并不是所有）的数字化副本交给 IRDP。在接下来的一年中，数字化文件进入了一个数据库系统，并添加了元数据：个人姓名、发起部门、关键事件日期和内容摘要。IRDP 网站在 1999 年自豪地宣布，这是"有史以来最大的公开的伊拉克档案集"。马基亚的目的是让这些档案得到研究和分析，从而造福伊拉克社会。由于在伊拉克北部，人民的人权每天都在受到侵犯，这一更广泛的社会目的因此变得更加紧迫，这是他的目的的核心：提供证实这些不公正的证据，让更多人认识到库尔德人民的处境，以便向国际社会施加压力，要求其进行干预。然而，一个道德困境很快变得明显。公布原始文件威胁到了伊拉克人的生命，因为将这些文件以可搜索的形式放在网上，会将许多人的姓名和个人详细信息暴露给那些可能对他们造成伤害的势力。他决定，从公共网站上删除所有泄露个人详细信息的文件。

马基亚对伊拉克政权变更的主张是通过他从库尔德人那里获取的档案中收集的信息而形成的，在 20 世纪 90 年代末至 21 世纪初的美国外交政策圈中变得非常有影响力。随着美国开始倾向于发起第二次海湾战争和强行推翻萨达姆和复兴社会党，他成了白宫听取的声音之一。美国的伊拉克档案馆开始搜索有关大规模杀伤性武器的线索。马基亚对伊拉克政权的热情观点开始有了实质性影响，使华盛顿的态度日渐强硬。

对马基亚来说，一个关键的转折点是在一个广受欢迎的时事电视节目《现在》（Now）中亮相，该节目由美国资深政治评论员比尔·莫耶斯（Bill Moyers）、作家沃尔特·艾萨克森（Walter Isaacson）和历史学家西蒙·沙马（Simon Schama）主持。他在节目中敦促进行第二次海湾战争，并为战后成功过渡提供了极为充分的道德理由。这期节目于 2003 年 3 月 17 日播出，直接切入了当时的热门话题：预期中的入侵伊拉克。马基亚对莫耶斯说："美国军队进入伊拉克并不是为了摧毁，而是为了建设。"主持人询问他有关伊拉克国内不公正行为的证据，他提到了档案，回答说："我们有大量的证据。我有失踪人员的名单。我刚刚说过，自 1980 年以来，有 150 万人，伊拉克人，被该政权暴力杀害。"之后在节目中，莫耶斯向他提出了那个无解而重要的问题："你确信战争是正确的选择吗？"马基亚回答说："我们没有别的选择。一场战争已经开始了。这是一场对伊拉克人民发动的战争。"[13] 这样的主张在政府圈子里影响很大。战争前夕，卡纳安·马基亚与美国领导人进行了密切的联系，乔治·布什亲自通知他，美国将会入侵。不到一个月后，美军入侵了伊拉克，马基亚和总统一起在总统办公室观看了入侵的实况。[14] 他对即将随之而来的混乱毫无准备。

"古代档案在巴格达图书馆的大火中一去不返。"《卫报》于2003年4月15日宣布。报道称："昨日，大火吞噬了巴格达国家图书馆，摧毁了有几百年历史的手稿，五角大楼承认，尽管美国考古学家几个月来一直发出警告，但他们依然对大规模的文物掠夺事件措手不及。"[15] 随着入侵的继续，人们的注意力从图书馆转移到了博物馆，被掠夺的文物将成为世界媒体关于文化遗产的主要议题：教科文组织负责文化的助理总干事穆尼尔·布切纳基（Munir Bouchenaki）将掠夺文物描述为"伊拉克文化遗产的灾难"。同样，更具灾难性的可能是伊拉克各地的档案和图书馆遭到的破坏和扣押，国际媒体在接下来的15年里几乎没有注意到这一情况。

传统的记录形式遭受着攻击，同时，新的形式也在涌现。入侵伊拉克是现代史上第一次在社交媒体上实时播报的冲突。"巴格达博主"萨拉姆·阿卜杜勒穆内姆（Salam Abdulmunem）生动、深刻地描写了伊拉克首都的生活，唤起了人们对即将发生之事的恐惧和不安。2003年3月17日，他在博客上写道，"昨晚，加油站前排起了难以置信的长队"，并补充说，"有传言说，多拉区和塔瓦拉区的萨达姆雕像被损坏了"。伊拉克人仍然可以收看电视，萨拉姆写道："我们昨晚在电视上看到的画面……很糟糕。好像整个城市陷入了火海。我唯一能想到的是，'为什么这种事一定要发生在巴格达？'当我非常喜欢的一栋建筑葬身于一次巨大的爆炸中时，我几乎要流泪了。"第二次海湾战争的入侵造成了惨重的伤亡：4000—7000 名伊拉克平民和 7000—1.2万名安全部队成员丧生。近 200 名英国和美国士兵阵亡。[16]

当美国的炸弹落在巴格达的时候，复兴党的档案被遗弃在巴格达地下的几个房间里听天由命。这批档案有各种不同的描述，但最常见的名称是"复兴社会党地区指挥部档案集"（Ba'ath Regional Command Collection，简称 BRCC），大部分存放在巴格达复兴党总部下面的一组房间中。除了这批主要是纸质的档案外，还有一批应伊拉克安全局要求制作的录音文件。与大多数国家能更容易区分政党记录和国家档案的情况不同，由于该党在伊拉克国家中占据着如此重要和核心的地位，其文件基本上采用了政府文件的形式。

卡纳安·马基亚没有把那些当作一个档案集，更没有意识到这会成为他生命中，以及他的国家在未来几年如此重要的一部分。2003 年 6 月，他应邀与其他约 60 名伊拉克人一起参加了在伊拉克南部举行的一次会议，一起"思考这一过渡"。他对后萨达姆时代的伊拉克的未来持乐观态度。入侵伊拉克后不久，他写道："伊拉克足够富裕、足够发达，有足够的人力资源，能像它之前一直作为的一股独裁和破坏的力量一样，成为一股阿拉伯和伊斯兰世界民主和经济重建的强大力量。"[17]

被入侵后的巴格达充满了混乱、谣言和破坏。一名美军上尉就巴格达复兴党中央总部地下室里的大量文件请教卡纳安·马基亚的意见，这些文件勾起了马基亚的好奇。他被带到几个"就像阿拉丁的洞穴一样"的迷宫般的地下室里。地下室的部分地方有齐膝深的积水，没有电，但这些房间里有一架子一架子的文件，其中许多架子倒了，上面的文件散落在地板上。马基亚检查了一些文件和档案，立即看出它们是一个重大的信息来源。他立刻意识到，它们必须得到维护。

马基亚的父母在 1971 年逃离伊拉克之前，在巴格达建造了一座大房子，所幸这座房子位于"绿区"，一个受美军保护的地区。他找到了驻扎在那里的美国军官，并设法利用伊拉克联盟临时权力机构（Coalition Provisional Authority）最高文职行政长官保罗·布雷默（Paul Bremer）的关系将文件移出，转移到了自己的控制下。他几乎不敢相信自己运气这么好：他父母的老房子现在是他为处理伊拉克档案而设立的组织——伊拉克记忆基金会（the Iraq Memory Foundation，简称 IMF）的官方总部。这些材料开始从地下室搬到房子里，并且开始了数字化的过程。[18] 惠普捐赠了扫描仪，伊拉克记忆基金会的工作人员和一支伊拉克志愿者团队每月能够扫描 8 万页文件（考虑到这些档案现在有 600 多万页，这个速度远远不够快）。[19] 这是一项非常危险的工作：有人——可能是前复兴社会党官员——试图销毁档案，向团队成员发出了死亡威胁。曾有一枚火箭弹落在屋顶上，但奇迹般地没有爆炸。考虑到伊拉克国内陷入暴力内战，因此将档案移走的决定似乎是一种明智的预防措施。

在美国国防部的资助和马基亚团队的监督下，这些档案被转移到弗吉尼亚州的一个巨大的军事机库。这里设了一个大规模的加工设施，拥有一条每天能够扫描 10 万页文件的流水线。不到 9 个月，扫描工作全都完成了。这些文件以及库尔德人获取的材料成了法庭审理萨达姆·侯赛因犯有反人类罪的指控的证据。2006 年 12 月 30 日，他被判有罪，并被处以绞刑。

复兴社会党的档案现存于加州，在斯坦福大学的胡佛研究所。与档案转移有关的各种记录都显示，它最初被计划为一项短期安排。[20] 档案将由高度专业的工作人员团队保护和管理，但历史已经被第二次海湾战争的胜利者所控制。伊拉克国家图书档案馆馆长萨阿德·埃斯坎德（Saad Eskander）写道：

> 在 3 天的时间里，伊拉克国家图书档案馆失去了很大一部分伊拉克的历史记忆。数十万份档案文件和珍本书籍一去不复返……这两起火灾和抢劫的直接结果是，国家档案馆丢失了大约 60% 的档案。一言以蔽之：这是一场大规模的国家灾难。这些损失是无法补偿的。正是那些档案形成了现代伊拉克的历史记忆。[21]

除了库尔德人发现的材料和复兴党档案，还有其他文件被带离了伊拉克。伊拉克秘密警察的文件也到了科罗拉多大学博尔德分校。[22] 许多政府和国防大楼中的文件收藏被发现并移走了。这些文件比复兴党的档案体量大得多，并被带到了卡塔尔，在那里进行了数字化，以帮助搜索大规模杀伤性武器。它们的使用目的与库尔德人文件的截然不同，后者为的是揭露侵犯人权的行为。这组文件是所有文件中体量最大的，估计有 1 亿多页。这些记录由美国国防大学冲突记录研究中心（Confliction Records Research Center）筛选后发布在网络上，其中大部分记录在 2013 年 5 月已被返还，当时，3.5 万个箱子在 634 个集装架上被装上运输机，运回了伊拉克。[23] 然而，复兴社会党的记录仍然留在美国。

考虑到伊拉克社会的崩溃，以及档案在入侵事件中扮演的角色，移走档案是正确的做法吗？卡纳安·马基亚现在后悔他在 2003 年敦促美国入侵伊拉克，但并不后悔移走档案。伊拉克政府"在 20 世纪 90 年代已经腐烂……被西方制裁掏空了",[24] 因此,2003 年的入侵并不是一场真正的战争,因为伊拉克没有做出任何反抗:"整座纸牌屋都塌了"。伊拉克之外的任何人,包括马基亚自己和布什政府的决策者,都没有意识到伊拉克政府已经腐朽至此。他也没有想到,在入侵之后,伊拉克的社会秩序会如此迅速地消失:"2003 年后伊拉克滚雪球般的灾难让我目瞪口呆。"[25]

档案在塑造导致第二次海湾战争及其后果的政治观点上发挥了重要作用。两场海湾战争对世界有着深远的影响,以前所未有的规模刺激了全球恐怖主义,带来了席卷伊拉克和该地区其他国家的社会和经济灾难,其结果可以说是导致了全球数十万人的死亡。伊拉克档案的持续缺失是否推迟了社会的愈合?

就档案开放问题所带来的影响,我们可以将伊拉克与共产主义垮台后的东德进行对比。当我努力想清楚伊拉克档案被移走的伦理问题时,前东方集团国家和伊拉克发生的事情之间的反差让我困惑了好几个月。没有这些档案,他们该怎么面对艰难的过去呢?[26] 1989 年柏林墙倒塌后,德国成立了一个名为高克管理局(Gauck Authority)的组织,负责管理在高度管控下开放对史塔西档案的访问的过程。伊拉克有没有可能实现前东德档案开放(尽管是在高克管理局的介入下)所带来的社会进步水平?可以说,德国的这一过程是成功的,因为西德的经济足够强劲,使其拥有充足的资源。建立了高克管理局的前东德牧师约阿希姆·高克(Joachim Gauck,后来成为德国总统),他建立了一个复杂的组织,该组织可以严密控制向公民发布的信息,以免危及他人的安全。时至 1994 年,高克用高额的开支雇用了

3000 名员工，他们能够处理数百万份访问这些文件和从中获取信息的请求。[27] 如果没有资金为其提供适当的资源，整个计划都可能会陷入灾难性的境地。伊拉克的情况很可能就是这样。

另一组与伊拉克最近的历史有关的文件，出现在了几个不同且彼此无关的在线资源中。其中最引人注目和最具争议的是鲁克米尼·卡利马奇（Rukmini Callimachi）的作品。她是一名跟随伊拉克军队的《纽约时报》记者，进入了最近从 ISIS 控制下夺回的建筑物，发现了 1.5 万页的文件和电脑硬盘——这些信息对她有关"ISIS 文件"的工作至关重要。这些信息与这一自称为"伊斯兰国"的恐怖组织有关，该组织最初是基地组织的一个分支，试图控制叙利亚和伊拉克的领土。卡利马奇没有获得也没有寻求将这些文件带离伊拉克领土的许可，而是直接把它们带走了。自那以后，她与乔治·华盛顿大学合作，陆续将这些文件数字化、翻译并在网上发布，同时以播客形式提供长篇的新闻材料，并在报纸上发表文章。只有在她自己的报道发表后，其他人才被允许访问这些文件。这一过程再次引发了围绕从原籍国移走和发布文件的法律和道德权威的问题。[28]

这些文件披露了许多关于 ISIS 于 2014 年 6 月建立的哈里发国是如何运作的重要信息——许多关于行政体系的运作，以及它们如何影响普通人的生活的细节，例如，设定价格（从剖宫产的费用到橘子卖多少钱）或详细说明对某些罪行的惩罚（同性恋者被判死刑；被发现饮酒的人被鞭打 80 下）。这些文件与之前从伊拉克移走的文件截然不同，因为 ISIS 不是一个伊拉克组织，而是一个伊拉克和叙利亚跨国组织，它没有取代伊拉克的政治体系，而是提出了一个新的政治体系。卡利马奇的行为依然存在关键的伦理问题：这些文件是非法移走的吗？特别是当文件中提到活着的人，可能会危及他们的生命时，公布这些文件是负责任的行为吗？

与美国政府移走的大量文件相比，卡利马奇目前公布的文件数量较小，但它表明，档案依旧是理解全球政治和社会事件的中心一环。在过去的 10 年里，伊拉克档案特别是复兴党档案的地位一直是激烈的批评性辩论的主题，因为其中涉及知名的个人和组织。关键问题仍然存在：它们是被非法移走的吗？应该被归还吗？

伊拉克的文件有着复杂的历史。库尔德人发现的第一批文件在第二次海湾战争中起到了决定性作用，但是它们也暴露了萨达姆·侯赛因政权的恐怖。我们很难指责库尔德人利用这些文件来引起人们对他们所遭受的可怕行径的关注是不对的。卡纳安·马基亚在伊拉克救下的复兴党文件以惊人的细节显示了复兴社会党政权实施的控制。告密者的角色，对持不同政见者的处决，与库尔德人的战争，以及伊拉克生活中这些方面的所有细节，都因此而变得更加广为人知。如果它们留在巴格达的话，那么就连美国军队也很难保住它们。但这些文件并没有留在伊拉克人民手中，它们也没能像在东德实现的史塔西档案开放那样，在它们国家的社会发展中发挥作用。

受到欧洲和美国的大屠杀博物馆以及南非的经验（真相与和解委员会将档案和口头证词作为社会治愈的一部分）的启发，卡纳安·马基亚看到了在巴格达建立一座博物馆来存放他发现的材料的可能性。人们必须"记住"过去的暴行。

伊拉克人花了 10 年的时间试图忘记过去的 40 年。新一代人值得拥有"记住"或了解过去的机会——但是是作为伊拉克人，而不是作为一个强加的政权的成员。遗憾的是，如今当我在 2020 年初写这本书时，胡佛研究所持有的伊拉克档案还没有归还给伊拉克政府保管。该地区的地缘政治局势并不允许这么做。但是，如果不能利用这些档案来正视自己的过去，伊拉克人民将难以迈向未来。

航拍图："驴领"组织（Led by Donkeys）在反脱欧游行中的横幅，
伦敦，2019 年 4 月

第 13 章

数字洪流

我们所处的这个历史时刻，知识与我们互动的方式正发生着戏剧性的变化。我们现在生活的时代是一个"数字充裕"的时代，数字信息饱和渗透了我们的生活。[1] 每天被创建的，以数字形式保存并可在网上获取的信息的数量高得惊人。2019 年，全球每分钟有 1810 万条短信被发送，8.75 万条推文被发出，超过 39 万个应用被下载。[2] 我们不仅需要关注这些短信的内容或者这些推文中的图片，支撑它们的潜在数据现在也是社会知识的一部分。

许多图书馆和档案馆的馆藏现在是"混合型"的，既包含传统媒体也包含数字媒体。在许多机构，数字馆藏通常会分为两类：一类是现有的书籍、手稿和记录的数字化形式，另一类是从一开始就以数字形式创建的"天生就是数字"的材料，如电子邮件、文字处理文件、电子表格、数字图像等。学者们不仅在学术期刊上撰写文章，他们还用科学仪器或在其他学术过程中创造研究数据，这些数据通常数量巨大。许多图书馆和档案馆的数字馆藏规模一直在迅速增长。例如，在博德利图书馆有大约 1.34 亿份数字图像文件，分布在多个存储位置，它们需要被保存。[3] 如此充裕的信息已经成为常态。我们现在把获取信

息的轻松和便利当成了理所当然的事，认为它所带来的在所有
领域进行研究的机会都是稀松平常的。

随着我们的日常生活越来越多地以数字形式呈现出来，这
对知识的保存意味着什么？既然信息的数字化转变是由少数实
力雄厚的科技公司推动的，那么谁来负责控制历史和保存社会
记忆呢？当知识被私人组织控制时，它会更不容易受到攻击吗？
图书馆和档案馆是否会像从美索不达米亚古代文明以来那样，
在一代接一代的管理数字记忆方面仍然有一席之地呢？

图书馆和档案馆一直非常积极地将它们的藏书数字化，并
将其在网络上共享。所有在网络上发布信息的人都很熟悉分布
式拒绝服务（Distributed Denial of Service，简称 DDoS）现象。
DDoS 攻击是通过可以让公共网站每秒遭受来自一系列互联网地
址的数千次甚至数万次的查询轰炸的软件进行的，通常使用的
是一个名为"僵尸网络"（botnet）的自动软件。这通常会使托
管被攻击网站的服务器不堪重负。这类攻击可能是经常和频繁
的，有时是闲散的黑客所为，他们乐于挑战"拿下"一家大型、
著名、地位崇高或受人尊敬的机构（如时不时遭受此类攻击的
博德利图书馆）的网站，但越来越多的证据表明，许多国家政
府也在使用 DDoS 来对付他们的对手和敌人。作为回应，这些
被攻击的组织建设了更强大的基础设施，成本越来越高。但这
种攻击只是数字世界中最"直截了当"的一种。还有一些更阴
险的形式。

图书馆和档案馆面临着一个新的关乎生死存亡的挑战，这
个挑战影响着整个社会。数字形式的知识越来越多地被相对少
数的超大型公司整理，这些公司如此强大，以至于文化记忆的
未来几乎在不知不觉中掌握在了它们的手中，其后果和影响我

们才刚刚意识到。他们正在收集由我们所有人创造的知识，我们现在仅仅把这些知识称为"数据"。这些数据是从全球收集的，因为它们和我们与其平台的互动有关，所以这些大公司通常拥有独家访问权限。他们正在利用数据以许多不同的方式操纵我们的行为，主要是通过试图塑造我们的购买习惯，但这种影响也进入了生活的其他领域——我们的投票行为，甚至我们的健康。他们以秘密的方式做着这些，人们很难理解知晓。

这些公司凭借全球客户基础和巨额收入，其崛起之迅速是史无前例的，也许只有中世纪和文艺复兴时期的罗马天主教会能勉强匹敌。天主教会同样在全球大片地区拥有精神和世俗权力，拥有巨大的经济利益。它的权威掌握在一个人手中，尽管他是在一个赋予了少数人巨大权力的权力结构中工作的人。一个共同持有的信仰体系和一种通用语言使他们的全球权威得以维持和发展。脸书（Facebook）今天以其"单一的全球社区"而自豪；统计数据显示，谷歌在在线搜索市场占有压倒性的份额，因此在"广告技术"（Adtech）中占有最大份额，所谓"广告技术"就是跟踪这些服务用户行为的数据，然后把这些数据卖给在线广告商（和其他公司）[4]；中国最大的科技公司，如腾讯和阿里巴巴，拥有数十亿用户，这些用户每天与该平台互动多次。所有这些公司都为用户提供免费的在线图像、信息、音乐和其他内容托管，使用云技术占用大量存储空间（亚马逊现在通过其子公司亚马逊网络服务已成为世界上最大的数据存储提供商）。我们已经习惯于点"赞"，或者与其他社交媒体用户或广告商创建的帖子和广告互动。这些公司现在掌握如此大的权力，历史学家蒂莫西·加顿·阿什（Timothy Garton Ash）称它们为"私人超级大国"。[5]这些公司的运作方式被称为"监视资本主义"（surveillance capitalism）。[6]

2019 年底，照片分享网站雅虎网络相册（Flickr）在努力跟上照片墙（Instagram）等竞争对手的步伐，宣布将减少账户持有人的免费存储空间。2019 年 2 月之后，免费账户的用户被限制只能存储 1000 份照片和视频，任何超过 1000 份的部分都会被该公司自动删除。数百万的 Flickr 用户发现，他们的许多内容已被永久删除。Flickr 所发生的事情告诉我们，"免费"服务并不是真正免费的。他们的商业模式是基于（经常是用户不知情的）用户数据的交易，随着市场份额被竞争对手抢走，"免费"服务不得不让位于付费服务。储存（storage）并不等同于保存（preservation）。[7]

Flickr 的事例提出了对现在控制在线知识的公司的信任问题。活跃用户将知道即将到来的变化，并且也许能够将他们的数据转移到其他平台上。其他行动不够快的人可能丢失了他们所爱的人的照片或记录他们冒险的照片——一眨眼的工夫就不见了。消费者在聚友网（Myspace）和谷歌 +（Google+）等其他所谓"免费"平台上也有过类似的经历，这两个平台也在 2019 年关闭，几乎没有提前通知。优兔（YouTube）在 2017 年销毁了长达数千小时的记录叙利亚内战的视频。[8]宝贵的信息丢失了，大部分都一去不复返了。[9]这些网站以及维护这些网站的公司，都是由商业利润驱动的，（在很大程度上）是听股东们的。他们没有公益使命，他们储存的任何知识都只是为了支持他们的商业运作。

图书馆和档案馆正在努力迎合这一新的信息秩序，并在保存数字知识方面发挥积极作用，但这些工作复杂而昂贵。例如，美国国会图书馆在 2010 年宣布与社交媒体巨头推特（Twitter）建立开创性的合作伙伴关系，国会图书馆的目标是将推特自 2006 年 3 月上线以来的所有推文（涵盖推特的过去、现在和未来）完整存档。国会图书馆一直是致力于保存数字知识的领先机构之一，作为世界上最富有国家的国家图书馆，它与一家走在社交媒体革命前沿的科技公司建立合作伙伴关系似乎是情理之中的。

遗憾的是，由于资金短缺，该项目在 2017 年终止了，国会图书馆现在只"有选择性"地保留推文。[10] 考虑到推特和脸书等社交媒体平台的力量，以及参与政治和公共生活其他方面的领导人和组织对它们的使用，缺乏保存好的系统记录对开放社会的健康发展百害而无一利。

我们越来越多地在社交媒体上展示我们的生活，所以我们需要找到让图书馆和档案馆帮助社会保持开放的方法。自从政治领域拥抱了数字信息，我们看到了"假新闻"和"另类事实"的兴起。为了向公民提供信息并提供公共生活的透明度而保存知识，正成为事关民主制度未来的一个关键问题。科技公司（尤其是社交媒体公司）和受雇于政治竞选的数据公司的行为，正受到越来越多的关注。档案是他们行为的重要证据。

保存网络的图书馆和档案馆（在"网络档案"中）现在变得尤为重要，因为它们能够为网站、博客和其他网络资源在线记录的大量人类活动提供永久的根据。政治候选人、公职人员和政府官员的公开声明（往往让他们难为情地）出现在网络上，越来越多的人认为，这些声明应该被保留，以便公众、媒体以及最终选民能要求他们的代表对这些声明负责。

网络存档仍然是一个相对较新的工具。例如，英国网络档案馆（UK Web Archive）就是联合王国和爱尔兰共和国的 6 个版权图书馆的合作成果。[11] 他们享有"法定送存"特权，自 1662 年的"出版许可法"和 1710 年的《安妮女王法》（the Copyright Act of Queen Anne）以来，印刷出版物就被要求存入指定的图书馆。[12] 英国网站领域的存档始于 2004 年，这是大英图书馆提出的一项倡议，它通过自愿的"以权限为基础"的方法收集精心挑选的网站：选择要获得的网站，并联系每个网站的所有者，获得明确许可后才将网站添加到档案里。然后，所有保存下来的网站都在网上向公众开放。2013 年，随着《非印刷品法定送存条例》（"Non-Print Legal Deposit Regulations"）的通过，法定送存立法进行了更新。这些规定将这一自愿制度转移到了法律要求的制度中，并用到了 6 个法定送存图书馆，这些图书馆现在共同为这个庞大的项目提供资金。[13]

存档网页是一项复杂的任务，因为保存的目标是不断移动的。许多网站经常消失或更换地址。英国网络档案馆显示了它在长时间以来所获取的网站惊人的高消耗率。在任何一年中当我们去看这些保存的网站时，大约有一半的网站在 2 年内从开放网络上消失了，或者因为某种原因而无法找到（在技术层面，它们的网址是无法被消除的）。3 年后，这一比例达到 70% 左右。尽管存在这些问题，网络档案仍然在增长。2012 年，它拥有大约 2 万个网站的定期存档副本。英国网络上一次完整的"抓取"在 2019 年结束时（抓取花了近一年的时间），该档案包含了 600 多万个网站的副本，存档了超过 15 亿份网络资源。档案中还拥有 9000 多个更具深度、更固定的精心管理的网站"特殊收藏"，我们的管理团队认为这些网站具有更重要的研究价值。这些网站被抓取的频率要高得多：每月、每周甚至每天一次，它们贡献了 5 亿份网络资源，因为它们会定期被重新抓取。[14]

英国网络档案馆的一个博客和网站的特殊收藏收录了 1 万个与 2016 年英国退欧公投以及公投政治后果有关的网站。2016 年 6 月，脱欧阵营从他们的公共网站上删除了大量内容，包括提到该阵营承诺如果英国退出欧盟，每周将在英国国民医疗服务体系（NHS）投入 3.5 亿英镑，这一承诺的争议到了 2016 年日益加剧。所幸英国网络档案馆在该网站的内容被删除之前已经获取了该网站。

在网络上获取知识现在是一种社会需求。然而，2007 年，哈佛大学学者乔纳森·齐特林（Jonathan Zittrain）、肯德拉·阿尔伯特（Kendra Albert）和劳伦斯·莱西格（Lawrence Lessig）发现，受到数字保存社区所称的"链接损坏"（linkrot）的影响，《哈佛法律评论》（Harvard Law Review）和其他法律期刊的文章中引用的网站超过 70% 都失效了，更重要的是，美国最高法院公共网站上 50% 的网址失效了。这些网站对社会十分重要：如果社会不知道国家的法律是什么，又谈何遵守法律呢？[15]

图书馆和档案馆跟不上数字信息的增长速度，其他参与者纷纷进入，试图填补这一空缺。其中之一的超级网络存档，"互联网档案馆"（Internet Archive）就是这种私人机构进行存档的一个很好的例子。它由互联网先驱布鲁斯特·卡尔（Brewster Kahle）于 1996 年创立，总部设在旧金山。它的口号，"所有人都能查看人类的一切知识"是在加州这一地区总能碰到的大胆想法的典型代表。自成立以来，通过其名为返程机（Wayback Machine）的关键服务，它已经获取了 4410 多亿个网站，这些网站可以通过互联网公开查看。该工具完全是通过使用从公共网络上"刮"出并获取数据的网络爬虫程序开发的。他们的活动没有寻求任何许可，也没有类似英国法定送存条例这样明确的法律依据可以约束这些活动。

"互联网档案馆"本身已成为试图破坏其所拥有知识的团体的攻击对象。2016 年 6 月，互联网档案馆上遭受了大规模的DDoS 攻击，发起攻击的团体对该网站包含极端组织 ISIS 成员及其支持者创建的网站和视频感到愤怒，但此次攻击失败了。这起事件凸显的是，合法获取知识和提供获取知识的途径以及对知识的审查之间存在的界限是相对微妙的，这有可能冒犯大多数公民，也有可能被那些因其暴力或非法观点而被法律禁止的团体用作宣传工具。[16]

"互联网档案馆"最让我担心的是它的长期可持续性。这是一个很小的组织，有一个理事会监督它的活动，但它的运营资金基础不大。没有一个上级机构来打理它 —— 也许这正是它能够如此迅速地实现它的发展的原因 —— 但一个上级机构能为它提供更长久运营的能力。在某个时间点，它必须加入一个和它共同拥有保存全世界的知识并让人们使用这些知识这一目标的更大的机构，或者与之合作。我自己就多次使用过"互联网档案馆"，它有着无与伦比的价值。2003 年，我和我的家人刚搬到牛津，为了让我们的两个孩子能够上当地的同一所小学，我们不得不与当地教育局打了一场官司。我们能够通过返程机访问教育局网站的已保存副本，从而证明他们关于其政策的公开信息在某一天发生了变化。

"互联网档案馆"提醒人们，在公共生活的某些领域，档案馆和图书馆没有跟上社会的需求。它们往往是谨慎的机构，行动缓慢。在许多方面，这一直是它们的优势之一，因为它们建造的体系往往适应性很强。我感觉，"互联网档案馆"现在是一个对全球社会具有巨大重要性的"有组织的知识体系"，但它目前的独立状态使其正处于"危险之中"。图书馆和档案馆的国际社区需要团结起来，开发新的方法来支持"互联网档案馆"的使命。

"互联网档案馆"的工作就是我所说的"公共存档"或"行动主义存档"的一个例子，这些举措是由关心此事的公众发起的，他们独立于图书馆和档案馆等"记忆组织"，自己承担起了这些责任。有时，这些公共存档活动可能会比受制度约束的活动进行得更快，特别是在"假新闻"兴起的情况下，公共存档不得不再次介入。

特朗普政府时期，美国政治生活的一个特点是总统对社交媒体的使用——截至 2020 年 2 月 28 日，唐纳德·特朗普在推特上有惊人的 7310 万关注者（相当于美国人口的 22%），在照片墙上有 1790 万关注者。如此庞大的关注量给了他直接接触美国选民的能力。因此，他在社交媒体上的言论产生了强大的影响，可能进而对整个世界产生深远的影响。事实库（Factbase）组织一直在追踪特朗普的推文及其删除情况。从 2009 年特朗普加入推特到 2020 年 2 月 28 日，他已经发布了 46516 条推文——一个惊人的数字。其中一小部分（777 条）已经被删除，可能是他本人，也有可能是他的工作人员删除的。根据《总统档案法案》（the Presidential Records Act）的严格规定，总统的推特内容最终应该成为总统档案馆的一部分，如果确实是这样的话，美国国家档案和记录管理局应负责将它们存档。[17]

《总统档案法案》的基础是总统办公室和美国国家档案馆之间的信任。美国的国家档案保管员实际上不能强迫总统或他的团队遵守该法案。该法要求总统"采取一切必要步骤，确保反映总统有关宪法、法规或其他官方或仪式职责的活动、审议、决定和政策得到充分记录，并确保这些记录作为总统记录得到保存和维护"，但总统也有权"处置不再具有行政、历史、信息或证据价值的总统记录"。该法案规定，只有征求过美国国家档案管理员的建议，才能进行这样的处置，但总统不受法律约束必须遵守这些建议。因此，在美国总统任期内，除了寻求两个国会委员会的建议外，国家档案管理员采取任何措施保存总统记录的能力是很有限的。

尽管白宫总统顾问唐纳德·F. 麦卡恩二世（Donald F. McGahn II）在 2017 年 2 月向所有白宫人员发布了一份备忘录，说明他们（根据《总统档案法案》的规定）有义务维护总统记录，其中明确提到了电子通信，但政府或者确切说是总统本人是否遵守了该法案，仍然有待观察。该法案没有任何效力，因为它自始至终都假设所有的总统都会尊重这一制度。允许在用户预先设定的一段时间后自动删除信息的加密通信软件（如 WhatsApp，众所周知，WhatsApp 被总统的核心顾问圈子广泛使用）等技术，以及社交网络和其他"基于互联网的电子通信手段"，都是被明令禁止在未经白宫办公室批准的情况下在官方事务中使用的。[18] 使用这类技术本应是一种需要向美国国家档案管理员寻求建议的情况，许多评论员称，使用这类技术违反了《总统档案法案》。[19]

在成为总统之前，唐纳德·特朗普在 2011—2014 年间一直在特朗普集团的优兔频道上更新视频日志（vlog）。他在 2015 年之前删除了大部分内容（最初的 108 个原始条目中只有 6 个仍然可以在优兔上找到），但"事实库"在他们的网站上保留了相关记录，以便将其添加到公共档案中。该网站的一个板块涵盖了总统在任期内接受的媒体采访。他接受采访的大多数媒体被新闻集团（News Corp）拥有和控制，这是"事实库"向公众提供的最具启发性的数据之一：他接受的所有采访中，有36.4%来自新闻集团。"事实库"对所有这些采访进行了来源追溯、获取、转录，让它们都能被搜索到，但它并不是唯一一个记录总统在网络上的行为的工具；一个名为"特朗普推特存档"（Trump Twitter Archive）的网站也试图以类似的方式追踪这些推文。[20]

"事实库""特朗普推特存档"和其他机构的目标是让总统的公开言论接受公众监督，这种监督方式是其他任何一位总统都没有受到过的，至少在他的任期内是这样。这种"公众知识"对一个开放民主制度的健康发展是必不可少的，特别是在一个世界上最有权势的政治职位的现任官员广泛利用公共媒体渠道来宣传他的政治目的的情况下。当总统或他的助手们倾向于删除这些公开言论时，这项工作就变得更加重要。这项工作依赖于特朗普推文的截图，随后会有自动程序对推文进行转录，添加元数据，并将其放入一个数据库，以便于进一步分析。

另一个公众存档的例子是由英国一家名为"驴领"的独立组织开发的。在公共领域，在网络上与在大城市的广告牌和其他公共场所的实际环境中，"驴领"（这个名字源于第一次世界大战期间使用的一个短语，当时的英国步兵经常被描述为"被驴子领导着的狮子"，让人能体会到前线的人是如何看待他们的将军的）一直在保留主要政客们发出过的与他们现在所宣称的政策立场不同的声明，并将其公之于众——本质上是追究这些政客的责任。[21]

这些公众存档活动揭示了保存信息的重要性，这些信息可以要求政客们为他们的评论负责。政治交流经常是真相与谎言的战场，但数字舞台放大了政治谎言能够对选举结果产生的影响。在我看来，像"事实库"和"驴领"这样的公众存档举措似乎正在填补一个空白，公共机构可以且应该更有系统地保存这类信息。

*

当今使用最频繁的"有组织的知识体系"之一是在线百科全书维基百科（Wikipedia）。它成立于 2000 年，在 6 年内迅速扩张，增加了 100 万个条目。尽管它受到了许多批评，局限性也毋庸置疑，但它现在是一个巨大的和使用量极大的资源，其 600 万个条目中的随便一个点击量都在每秒 5000—6000 次左右。图书馆和档案馆非但没有感受到威胁，反而从一开始就选择了与之合作。

维基百科中保存的知识是被攻击的目标。例如，有公关公司受雇编辑或删除令客户感到不适的资料。"时代啤酒"（Stella Artois）是一种很受欢迎的饮料，过去有个绰号叫"打老婆酒"。这是一个有消息来源支持的可证事实，并被收录在维基百科关于时代啤酒的文章中。西方社会现在不再容忍这种绰号，于是这个绰号在某个时间被删除了。删除该绰号的账户其实属于公关公司波特兰通信公司（Portland Communications）。维基百科社区的成员后来恢复了被删除的引用条目。[22]

政客们删除了维基百科中不利的有关所谓"报销门"（expenses

scandal，《每日邮报》和其他报纸披露的一系列与英国议会成员非法报销有关的内容）的条目。记者本·莱利-史密斯（Ben Riley-Smith）通过分析修改了这些议会成员传记的计算机的 IP 地址，发现了这样一个事实，即这些引用虽然可以在公共领域得到证实，却被威斯敏斯特宫的工作人员删除了。[23]

维基百科是建立在一种开放的文化之上的。任何条目做出的所有更改都会被追踪，并且都是公开可见的。被删除（或更改）的内容的性质、日期和时间以及相关的账户都能被看到。维基百科组织了一组"监督者"，他们定期阅读一些预先确定的条目，他们知道这些条目会被未经授权恶意删除或不正确地编辑。任何有账户的人都可以选择"监督"任何选择的页面，这样他们就会注意到自己感兴趣领域的任何变化。

每个贡献者都有可公开查看的贡献记录，因此，如果某人只对某些个人或主题进行编辑，其他用户是能够看到该信息的。虽然有一层真人"监督者"，维基百科也有软件工具（自动程序）的技术层面支持，这些工具可以进行大规模的自动化"监督"。

维基百科自己监控整个网站。他们的软件可以检测到一些事件，比如一篇文章的大部分被删除，或者添加了仇视同性恋或种族歧视的内容。当大量文本被添加时，它们能自动用谷歌搜索文章中的句子，以检测任何抄袭行为。当政客的工作人员删除内容时，各种软件和真人编辑都会标记出来，可以看到同一个账户或计算机所做的编辑规律，只需点击一下就可以恢复被删除的内容。有时，删除或审查维基百科的企图也会成为媒体报道的内容，然后在文章中被引用。

知识创造向数字形式的转变给管理者带来了挑战，他们面临着数字洪流，难以应对处理大量数字信息的负担。2018 年 12

月，缅因州政府透露，安格斯·金（Angus King）和约翰·巴尔达奇（John Baldacci）州长政府公开文件遭受了灾难性的损失，2008 年之前发送的大多数州政府电子邮件都已无可挽回地丢失，还有许多其他类型的文件在进入缅因州档案之前被州官员销毁了。这不仅使未来的历史学家丢失了信息，这些电子邮件还可能包含备受关注的法律案件中关键信息的记录，正如拉里·查平（Larry Chapin）等律师对 2012 年伦敦银行间拆借利率丑闻（Libor scandal）所做的工作表明的 —— 当电子邮件记录被拼凑在一起时，可以足够详细地讲述一个故事，以帮助定罪或阻止被告入狱。[24]

在生活的其他一些领域，能够在未来访问知识将是至关重要的，而商业利益却不一定是有益的。核工业就是一个很好的例子。作为一个社会，我们需要确定未来很长一段时间 —— 不只是 5—10 年，而是数百甚至数千年后 —— 我们到底把核废料储存在哪里，其中含有哪些材料，是什么时候被放置在那里的，储存的容器是怎样的，等等。这些数据今天仍然存在，但核能除役署（Nuclear Decommissioning Authority）和核能世界的其他参与者面临的挑战是，我们如何确保房地产开发商、矿业公司、供水公司以及地方当局和政府在比如说 500 年后能够保证获得所有这些信息。我们需要知道在哪里可以找到这些信息，知道它们被存储的格式能够被访问，并且知道我们可以在需要的时候理解它们。当企业面临危机时［就像 21 世纪初安然公司（Enron）的情况］，如果企业界能更容易获得数字保存的解决方案，那么诉讼可能会变得容易得多 —— 因为安然的员工删除了大量电子邮件和其他数字信息，妨碍了审计师了解情况的能力，并增加了诉讼工作的困难和成本。

知识的保存的根本不是关于过去，而是关于未来。美索不达米亚的古代图书馆包含了大量关于预测未来的文本：占星术、天文学和占卜。统治者们想要获得信息来帮助他们决定什么时候是开战的最佳时机。今天，未来仍然依赖于获取过去的知识，随着数字技术改变我们预测未来事件的方式，之后将更加如此。它还将取决于一些日益强大的组织如何利用我们数字生活创造的知识来获取政治和商业利益。

科技行业现在正向物联网投入巨资，在物联网中，许多家用设备，如冰箱，都与互联网联通，通过传感器的数据交换被操控。物联网正在进入可穿戴设备领域，如手表和珠宝。这些设备旨在监测我们的健康状况，产生大量的生物特征数据。数据的量将达到一个点，让医务人员将能够对我们未来的健康做出准确的预测。这将有助于预防疾病，但也会引发重大的伦理问题。谁将拥有这些数据？我们可能很乐意与我们的医生分享这份材料，但我们会乐意与我们的健康保险公司分享吗？图书馆和档案馆可能会在提供对个人数字信息的安全访问方面发挥更大的作用，在这种情况下，公民能控制谁可以访问这些信息，但为了公共卫生目的，图书馆可以帮助这些信息被匿名聚合使用。如果这些知识被摧毁，它可能会对个人的健康产生深远的影响，因为我们现在与数字医疗系统的联系前所未有地紧密。

2019 年 6 月，微软宣布将下线一个巨大的人脸图像数据库，其中总共超过 1000 万张图像，涉及 10 万人，被用于训练世界各地的人工智能面部识别系统。这些图片是未经许可从开放网站上"刮"来的。[25] 研究人员亚当·哈维（Adam Harvey）发现了其他类似的数据库，这些数据库在网络上公开可用，他的工作使得许多其他面部识别数据集被发现，包括由杜克大学和斯坦福大学创建的。这些甚至包括一个从跨性别者团体在优兔上发布的内容中抓取的数据集，该数据集被用来训练人工智能面部识别跨性别人群。[26]

之前，对收集在线服务用户产生的数据的担忧一直集中在侵犯隐私和将这些数据货币化的风险上。现在，人们的担忧正转向更广泛的领域。如此多的政治竞选活动发生在社交媒体领域，我们怎么能确保我们的信息源没有被非法操纵？除非这些公司收集的数据可以存档供公开审查，不然那怎么能确保在线竞选活动是在公开、公平和得到个人同意的情况下进行的？

从 2017 年到 2018 年，人们逐渐发现，脸书用户产生的数据被一家私有公司，剑桥分析公司（Cambridge Analytica）非法使用，用于制作有针对性的政治广告。与此同时，权威信用调查机构艾贵发（Equifax）无意泄露了 1.47 亿用户的财务信息。[27] 这些问题引发了人们对将私人公司拥有的个人信息置于薄弱或不存在的立法框架下的担忧。还有指控称，一些政府通过操纵这些平台来牟取政治利益。

剑桥分析公司的网站早就消失了，但幸运的是，几个网络存档在该网站下线前抓取了它。2018 年 3 月 21 日，它将自己描述为"数据驱动我们所做的一切：剑桥分析公司利用数据改变观众的行为"。然后，有人被邀请"参观我们的商业或政治部门，看看我们能为您做些什么"。剑桥分析公司在纽约、华盛顿、伦敦、巴西和吉隆坡设有事业部，是数字雇佣兵，旨在让全球社会为任何愿意付费的人服务，无论对方的政治或商业意图是什么。该网站声称，他们收集了每个使用互联网的美国选民的 5000 个数据点。

他们网站的网络存档似乎是他们行为的唯一档案痕迹，但该公司在未经同意的情况下能获取惊人的8700万脸书用户的数据。他们活动的全部范围仍然不清楚，具体发生的全部细节仍然在揭露的过程中。卡罗尔·卡德瓦拉德尔（Carole Cadwalladr）在推特上评论说："没有人看到过为特朗普竞选团队所用的脸书数据集。"她为《卫报》撰写的调查性新闻致力于揭露此事。她说，"没有人看过广告存档。没有人知道剑桥分析公司做了什么。没人知道什么起了作用。* 如果有任何东西起作用了的话 *。这就是我们需要证据的理由"。[28]

我相信，对大型科技公司创建的数据集（比如脸书上的广告、推特上的推文，或者广告公司收集的"看不见"的用户数据）进行归档，是负责保存知识的机构面临的主要挑战之一。图书馆和档案馆在数据量巨大的领域只能获得相对微小的进展。但社会需要这样的归档存在，需要能够理解我们今天的文化在做什么，以及关键的个人、公司和其他人在社会变化的方式中扮演了什么角色。

社交媒体网站的存档问题令人望而生畏，我们已经看到，就推特而言，整个社交媒体平台的数字化保存比世界上最大的图书馆所能面临的挑战更大。这些网站是动态的，每秒都在变化，并且呈现给每个用户的方式都是独特和个性化的。我们需要将在平台本身进行的通信以及支撑平台的数据传输存档。信息是一回事，但平台上的"赞""拍一拍"和其他社交工具可以告诉我们很多关于社会行为、文化、政治、健康等更多方面的信息。在我看来，保护体量巨大的社交媒体和广告技术平台正成为当前的关键问题之一。

然而，也有一些将社交媒体存档的方法开始出现。2019

年夏天，新西兰国家图书馆宣布了一个项目，要求新西兰人将他们在脸书上的个人资料捐赠给亚历山大·特恩布尔图书馆（Alexander Turnbull Library）。正如图书馆的数字服务团队负责人杰西卡·莫兰（Jessica Moran）在她的博客中解释的那样：

> 我们希望收集一个具有代表性的脸书档案样本。我们希望建立一组资料，让未来的研究人员可以用来了解我们保存的东西，以及我们是如何使用脸书等社交媒体平台的，同时也更好地理解 21 世纪初数字文化和生活的丰富背景。作为对您捐赠的回报，我们可以为潜在的捐赠者提供一个值得信赖的数字存储库，该存储库致力于保存这些数字档案，直到未来。[29]

新西兰国家图书馆强调了两个关键问题。第一，记忆机构必须开始将主要社交媒体平台上的信息存档：未来需要知道过去发生了什么，如果不能在平台层面做到这一点，就必须通过每次处理较小的区块来完成。目前全球每月有超过 25 亿活跃的脸书用户，新西兰这样一个相对较小的国家用户样本，是解决如此大的问题的一个非常好的方式。第二，他们知道，脸书的一些当前用户有兴趣让一个值得信任的公共机构来保存他们自己的历史，这个公共机构将代表他们完成大部分工作，并承担费用。至关重要的是，国家图书馆还非常明确地声明，会尊重任何贡献脸书资料的人的隐私。

社会跟不上大数据和无处不在的计算机世界创造的商业现实。我们的法律和制度已经跟不上这个行业的步伐，这个行业现在非常富有，而且在其中工作的人非常聪明。正如数据科学家佩德罗·多明戈斯（Pedro Domingos）所说："谁拥有最好的算法和最多的数据，谁就赢了。"[30] 这些平台的建设和围绕它们的"数据产业"创造了肖莎娜·祖博夫（Shoshana Zuboff）所称的"私有知识王国"，尽管"众王国"可能是一个更好的类比。所有这些数据和技术都是"为了修改、预测、货币化和控制"而创建的。[31] 祖博夫和其他研究了监视资本主义的发展的作家发出警告说，现在世界上多得不成比例的记忆被外包给了科技公司，而社会既没有意识到这一事实，也没能完全理解其后果。

目前公众和科技大公司之间关系的核心是信任问题。我们都使用它们的服务，部分原因是我们对它们产生了依赖，但公众也越来越不信任它们。社会创造了一个巨大的知识库，但已经将其所有权、其管理和使用私有化，尽管这些知识是由世界各地的个人自由创造的。可以说，公众开始以一种反乌托邦的恐惧和怀疑来看待这些公司的持有者。

皮尤研究中心（Pew Research）2016年的一项研究报告称，78%的美国成年人认为图书馆在引导他们获得值得信赖和可靠的信息。这一数字在18—35岁的年龄段（即所谓的"千禧一代"）中甚至更高。目前还没有长期的研究可以让我们描绘出随着时间的推移这一趋势的变化，但皮尤的研究人员认为，成年人中对图书馆的信任水平正在上升，这与对金融公司和社交媒体组织，甚至政府的信任水平形成了鲜明对比。[32]

鉴于公众对图书馆和档案馆的信任度很高（而且还在持续增长），可能它们可以成为存储个人数据的地方？或许，社会正开始进入一个挑战"私人超级大国"的主导地位、将社会利益置于突出地位的时代。我们能想象这样一个未来：个人数据交到公共机构手中，公共机构成为值得信赖的公共数据的管理者吗？

某些特定条件需要被满足。第一，必须立法来建立这些设施，并实施监管。[33] 在政策的制定和制度的建立过程中，应该征询公众的意见，并让他们参与进来。这样的法律需要跨越地缘政治边界进行协调。第二，需要有大量的资金让图书馆能够承担这项任务。这笔资金也许可以从对同一批科技公司征收的"记忆税"中取得。[34]

现有的机构，如数字保存联盟（Digital Preservation Coalition），将是支持数字保存的关键参与者，国家机构，如大英图书馆、英国国家档案馆及其在苏格兰、威尔士和北爱尔兰的姐妹组织可以合作实现这一目标。这样的运作方式是有模式的——比如共享法定送存的责任，正如我们所看到的，法定送存条例在2013年囊括了数字出版物。虽然还不完善，但6家法定送存图书馆已经建立的立法和制度是可行的。

单单这些是不够的。我们需要一种新的互联网数据架构，允许个人控制谁有权访问他们的数据。[35] 在英国随着《2018年数据保护法》（Data Protection Act 2018）生效的《一般数据保护条例》（General Data Protection Regulations）在欧洲加强了对个人数据的保护。

社会知识从个人领域向商业领域的转移带来了社会必须解决的大量问题。个人的权利当然岌岌可危。在生活的其他领域，有一种概念叫"注意的义务"（duty of care），即公司和机构必须遵守标准，例如在公共建筑的设计和运营方面。这一概念可以且应该应用于数字世界。[36] 如果我们没有将正在被开发利用的数据存档，我们将永远不会正确、全面地了解这种开发利用，以及它所产生的影响。在我们获得脸书政治广告的完整档案之前，我们将无法评估选民受到的影响。没有这些信息允许我们对这些组织及其平台上的广告进行分析、研究和审讯，我们将永远不会知道。

一百年后，历史学家、政治学家、气候学家和其他人将为2120年的世界是怎样发展成了那个样子寻找答案。图书馆和档案馆仍然有时间在21世纪初控制这些数字知识体系，保护这些知识不受攻击，并以此保护社会本身。

21 岁的约翰·弥尔顿，威廉·马歇尔（William Marshall）绘

第 14 章

失乐园？

在 16 世纪 50 年代，牛津大学之前的图书馆被摧毁后，托马斯·博德利爵士对博德利图书馆进行了重建。在血腥的内战之后，大学会议曾两度宣布了官方命令，要求在老图书馆外的四方院子里焚烧约翰·弥尔顿写的书，同时被要求焚烧的还有与失败的清教事业有关的其他宗教作家的作品，如约翰·诺克斯（John Knox）、约翰·古德温（John Goodwin）和理查德·巴克斯特（Richard Baxter）。据安东尼·伍德（Anthony Wood）所说，1660 年 6 月 16 日，弥尔顿和古德温的书被"从它们所在的图书馆带走"，之后被"召回并烧毁了"。[1]

弥尔顿一直是博德利图书馆的重要支持者，他给他的朋友约翰·罗斯（John Rous）——博德利图书馆的第二任馆长——寄了一本他的《诗集》（1645）的特别版本，装订在一起的有其他短论。书中有一首弥尔顿专门为赞扬罗斯和博德利图书馆而作的诗，为他的诗将在那里找到一个无忧无虑的幸福家园而表达了满足。[2] 弥尔顿还在他著名的《论出版自由》（Areopagitica，1644 年）中为言论自由写了一篇流利的辩护。1683 年，博德利图书馆陷入了一个特别为难的境地：是应该屈从于大学权威的压力，放弃这本特别版本的诗集，还是应该保留言论自由捍卫者的书卷？拥有独立思想的博德利图书馆在其成立之初是一个不外借的参考图书馆，1645 年英格兰战争期间有一起著名事件：查尔斯一世居住在牛津时，博德利图书馆拒绝了他借阅一本书的要求（尽管国王的议会当时在博德利图书馆内重建、召开会议）。[3]博德利图书馆做出了一个危险的决定，即无视权威，将这些书藏了起来，但在图书馆员的个人博德利图书馆目录副本中的一张手写便条显示，为了防止被发现，它们被谨慎地从公共目录中删掉了。[4]因此，这些书在今天仍然可以被查阅。[5]正如本书中探讨的案例研究所表明的，几百年来，图书馆员和档案管理员在保护知识免受攻击方面发挥了至关重要的作用。

在这本书中，我试图讲述知识被攻击的悠久历史，以及摧毁图书馆和档案对特定社区以及整个社会的影响。然而，知识在今天仍然在受到攻击。对这些历史的无知导致了一种盲目，正是这种盲目促使亚历山大图书馆缓慢衰落，并造成了一种弱点，导致宗教改革期间的一些图书馆（包括牛津大学的图书馆）被摧毁。

盲目有多种形式。可以说，它无形中促使了英国内政部官员销毁"疾风世代"的入境记录，因为他们认为这些信息在其他地方有保存。今天，我们的盲目在于没有充分保存数字形式的知识，而这种盲目导致了各国政府削减这方面的资金。

档案管理员和图书馆员制定了保护他们手下负责的知识的战略和技术。无论是 20 世纪 40 年代维尔纳"文献兵团"的男男女女，还是 1992 年在萨拉热窝死去的艾达·布图罗维奇，还是 21 世纪初在巴格达的卡纳安·马基亚及其伊拉克记忆基金会的同事，作为个人，他们经常表现出惊人的献身精神和勇气，拯救知识不被毁坏。

伟大的法国评论家雅克·德里达在其经典著作《档案热》（*Archive Fever*）中写道："没有掌控档案的权力，就没有政治权力可言。"[6]专制政权和大型科技公司已经了解到这一点，它们是全球的"私人超级大国"，随着档案进入数字领域（以及在许多情况下，档案还没有进入数字领域），它们已经控制了档案。社会的盲目意味着，正如我在上一章试图展示的，缺乏对有史以来最强大的知识体系——数字时代的社交媒体平台和广告技术数据集——的监管、控制和隐私。正如奥威尔在《1984》中警告我们的那样："过去被抹去，被抹去的东西被遗忘，谎言变成了真理。"

*

在过去的几十年里，图书馆界经历了一场所谓的"服务转向"。[7]当我刚开始做图书管理员时，变化正在发生，用户的需求被放在图书馆工作人员的优先事项之前。这是一项必要的战略，该行业也因此变得更好了。然而，结果是，我们变得不那么关心保护知识了。尽管图书馆员和档案管理员已经能非常熟练地使用新技术，但我们一直在努力找到足够的资金用于数字保存。

随着社会开始面临新的数字时代，我们需要重新确定优先顺序。保护知识必须被视为对社会的一种服务。归根结底，"记忆组织"从政府和其他资助机构获得的资金是使"保存作为一种服务"能够适应数字数据时代不断变化的知识性质的最关键因素。美国的政治领导人减少了对图书馆的资金投入，他们常常认为，有了在线信息，图书馆就是多余的了。而事实恰恰相反。美国图书馆的使用量如此之大，以至于它们已不堪重负了。[8] 我们需要我们的社区告诉他们的民选官员优先考虑图书馆和档案馆，就像他们在 2016 年俄亥俄州哥伦布市所做的，那里的选民投票决定增加税收，以维持他们的公共图书馆系统。

我们的专业团体需要有更响亮的声音，我们的社区需要被鼓励以代表我们发出他们的声音。知识的保存在很大程度上取决于人。人员配置水平对于确保这些组织的基本任务能够执行至关重要。17 世纪的图书馆理论家加布里埃尔·诺代宣称，一堆书算不上是一座图书馆，正如一群士兵算不上是一支军队。[9] 是图书馆的工作人员把这堆书变成了"有组织的知识体系"。他们是真理的卫士，收集传统形式和数字形式的知识。没有他们，没有他们的多种技能、奉献精神和对保护知识的热情，我们还将继续失去知识。

2018 年 11 月，联合国极端贫困与人权问题特别报告员菲利普·阿尔斯顿（Philip Alston）教授就英国社会状况发表了一份强有力的声明。"数字援助已经外包给公共图书馆和民间社会组织。公共图书馆正在第一线帮助那些被数字世界排除在外和不懂怎么运用数字技术的人取得自己有权获得的通用信用福利（Universal Credit）。"[10]

图书馆面对资金和数字化转型的挑战的方式之一是更多的合作。知识的保存现在依赖于这种合作；由于该挑战的规模如此之大，因此没有一个机构能够独当一面。在许多方面，情况一直如此——宗教改革后，欧洲中世纪图书馆的书籍被数百家不同的图书馆保存，从博德利图书馆（存有数千本中世纪书籍）到只有少数几本的什鲁斯伯里学校图书馆（Shrewsbury

School Library)。这种分布在各地的藏书概念从来都不是被明确点明的,但早在 1600 年,我的"博德利的图书馆员"前辈托马斯·詹姆斯就编制了一份目录,列出了牛津大学和剑桥大学图书馆的所有手稿。1696 年,牛津大学的学者爱德华·伯纳德(Edward Bernard)出版了一本范围更广的目录,列出了英国公共和私人图书馆中的所有手稿。[11] 学者们很早就认识到了共享知识的保存情况的必要性。随着时间的推移,非正式网络不断扩大,并变得更加正式。英国和爱尔兰的法定送存图书馆就是一个很好的例子,它们通过多层次的合作来分担法定送存的责任和成本。

图书馆也越来越多地共享知识的存储空间。在新泽西州,有一处庞大的研究藏书与保存联盟(Research Collections and Preservation Consortium,简称 ReCAP)机构作为共享的印刷品和档案仓库,由普林斯顿大学、哥伦比亚大学和纽约公共图书馆共同出资、共同管理。运营这样的大型机构的成本很高,如果它们可以被共享,那么对每一方都有益处。在数字领域,已经有协同行动展开,以分配保存知识的负担。CLOCKSS 项目基于一个非常传统的、源自印刷界的模式,被斯坦福大学图书馆的工作人员应用在数字保存中。他们提出的核心概念很简单,也很吸引人:"大量拷贝能保证东西的安全"(Lots of Copies Keeps Stuff Safe,简称 LOCKSS),但它依赖于图书馆自愿在其运营中提供多余的计算能力。合作和信任是 CLOCKSS(Controlled LOCKSS,受管理的 LOCKSS)成功的关键,它将 LOCKSS 的概念应用于保存学术期刊,现在保存了超过 3300 万篇期刊文章。[12]

保存知识从来都不便宜。资金是一个可持续和成功的图书馆的核心。托马斯·博德利爵士在 16 世纪就认识到了这一点，建议由自己提供一笔"固定的年租金"，也就是我们今天所说的捐赠，来为他的新图书馆提供"购买书籍……补贴工作人员，以及其他相关情况"的资金。他认为，中世纪图书馆被摧毁的原因是缺乏资金和工作人员。[13]

在数字世界里，知识变得越来越不稳定，它的持久性取决于保存它的机构。英国的图书馆和档案馆很艰难地面对着政府为应对 2007—2008 年全球金融危机而对公共部门施加的"紧缩"挑战。在负责公共图书馆和地方档案馆的地方政府那里，这些服务必须与学校、医院和收集生活垃圾竞争资金。

在南非，真相与和解委员会存档的任务被交给了南非国家档案馆，但由于缺乏资金，他们的工作效率受到了严重的打击。问题很简单——他们没有足够的员工来做这项工作。这影响了政府部门向档案保管员移交记录的过程，导致未处理的记录被积压。个人无法访问这些"共享的记忆"，国家治愈的过程也效率低下。这些都是政治决定，通过立法要求政府公开和支持公民权利是一回事，但分配资源使立法具有意义又是另一回事。[14]

全球图书馆和档案馆的支持面临着极大的压力。近期在尼日利亚，历史学家们表示了担忧，认为尼日利亚国家档案馆正处于"非常糟糕的状态"，需要重整旗鼓，才能使人们了解尼日利亚在非洲的处境。他们呼吁联邦政府"为尼日利亚国家档案馆的记录和服务注入更多活力"。[15] 2019 年 7 月，澳大利亚国家档案馆咨询委员会警告称，由于被政府忽视，他们的档案正"处于危险之中"，自 2014 年以来，他们每年都会失去 10% 的资金预算。[16] 咨询委员会主席表示："英联邦的数字档案记录目前分散在数百个独立的系统和政府实体中，容易受到损害、被废弃或丢失。"[17]

图书馆和档案馆需要保存大量的实物资料——书籍、手稿、地图等——以及处理快速增长的数字藏品，后者的维护成本往往很高。"混合"藏品的挑战意味着雇用更多具有合适的技能、经验和思维模式的员工（如数字档案管理员或电子记录管理人）。它还意味着为符合行业标准的技术系统和工作流程投入资金。现在，图书馆员和档案管理员是未来的先遣卫士，是过去的保管人。多年来，他们一直使用开放的方法致力于软件开发、数据实践和学术交流。

政府解决资金问题的方法之一是对大型科技公司征税。这些拥有跨国运作方式的"私人超级大国"一直擅长避税。我之前建议过，征收"记忆税"也许是解决资金问题的一种方式。[18]科技公司从我们所有人身上赚取了如此多的收入，但在常规营业税方面支付得如此之少，我们可以要求它们为其业务正在破坏的领域——社会记忆——提供资金。一笔很小的税，比如说它们利润的 0.5%，就能提供一笔可观的资金，能让公共记忆机构用于支持它们的工作。

如果其他国家在税收方面通过类似的立法，就可以形成一个网络，以应对将社交媒体公司所托管的大量知识存档的挑战。我已经表明，图书馆和档案馆之间的合作非常有效。它们可以做得更多，特别是在获得额外资金的情况下。正如我们所看到的，存档推特已被证明是一个就算对美国国会图书馆来说也太大的挑战，而对脸书、微信、微博、腾讯或其他社交媒体平台进行归档的挑战可能甚至比这更大。然而，我们在没有持续尝试存档大型社交媒体平台的情况下持续的时间越长，我们的社会就变得越脆弱。我们将失去对人类互动的丰富性的判断，也将无法理解我们的社会是如何被社交媒体影响和支配的。

现代生活已经变得越来越执着于短期成果。投资者希望获得即时回报，交易已经自动化到了每小时进行数十亿笔股票交易的程度。这种对短期的执着在生活的各个方面都很明显。长期思维已不再受社会欢迎。人类的记忆，人类创造的各种形式的知识，从楔形文字泥板到数字信息，从来都不是仅供短期使用的。销毁知识可能比评估、编目、保存和提供知识更便宜、更方便、更容易、更快，但为了短期利益而放弃知识肯定会削弱社会对真相的把握。

由于知识和真相仍然是攻击的目标，我们必须继续相信我们的档案馆和图书馆。保护知识应该被视为对社会的一种服务，因为它支撑着完整性和对处境的认知，并确保了想法、观点和记忆的多样性。图书馆和档案馆受到公众的高度信任，但是它们的资金水平正在下降。而在发生这种情况的当下，保存数字形式的知识是开放、民主社会所需要的一大主要条件。我们没有时间盲目自满，下一次对知识的攻击即将发生，但如果我们能够给予图书馆、档案馆和在其中工作的人足够的支持，他们将继续保护知识，并使其为每个人所用。

史塔西博物馆（Stasi Museum）的一架又一架纸质文件，柏林，2013 年 8 月

尾 声

我们为何会永远需要
图书馆和档案馆

我想强调当图书馆和档案馆被毁时，我们会失去的五项功能。图书馆员和档案管理员完成分内的工作，呼吁所需的资金，但权力往往在其他人手中。图书馆和档案馆的这五项职能针对的正是手握权力之人。当这些机构被摧毁或资金匮乏时，以下就是我们所失去的。

第一，它们支持整个社会和社会内部特定社群的教育。

第二，它们提供多样化的知识和思想。

第三，它们通过维护关键权利和鼓励决策中的廉正，以支持公民的福祉和开放社会的原则。

第四，它们提供了一个固定的参照点，允许人们通过信息透明、核查、引用和复制来判别真相和谎言。

第五，它们通过保存社会和文化的书面记录，来帮助社会确认其文化和历史身份。

第一是教育。图书馆和档案馆的教育作用真的很强大。图书馆为人们提供了批判性思考的机会，并允许人们在一个支持性的环境中探索新想法。大多数图书馆是免费开放的或者收费非常低，而且无论光顾者的背景或学习目的，他们都被平等对待。20 世纪 90 年代，位于萨拉热窝的波黑国家与大学图书馆不仅支持了该地区主要大学中的学生和研究人员的教育，更是支持了整个国家的教育。对它的攻击严重损害了一代人的教育。今天，世界各地的大学和学院图书馆继续为数量庞大的学生和研究人员提供服务。仅在 2017—2018 学年，与博德利图书馆的藏书的互动（从下载期刊文章到从书库中调出中世纪手稿）就超过 4000 万次。阅读这些藏书（或运行程序对其进行数据挖掘）的牛津大学的学术群体不到 3 万人。将这些数字乘以英国的约 130 所大学，或者美国的数千所大学，然后全球的所有大学，你就会对图书馆的中心地位以及它们给社会进步所带来的动力有些概念了。

公共图书馆系统和地方档案馆对它们所服务的社区来说是一样重要的。随着社区需求的变化和发展，它们所做的工作一直在扩张。仅在英国，每年就有数百万本书被借阅。这些机构的资金现状是极其严峻的。在英国，2017 年至 2018 年，公共图书馆的资金减少了 3000 万英镑，超过 130 家图书馆关闭，500 多家图书馆由志愿者而不是专业图书馆员运营。[1] 考虑到公共图书馆在教育中的重要性，这无疑将加剧社会不平等，降低社会流动性。贾夫纳的公共图书馆是被故意作为袭击目标的，以破坏当地一个社区的教育机会，此事令我们惊愕，但我们周围的公共图书馆都在关闭，资金在被削减。

在"紧缩时代"，许多国家的公共图书馆来到了支持社区的第一线。公共图书馆以创新的方式做出了回应。纽约公共图书馆开始"出借"领带和公文包等衣物，以帮助那些负担不起传统的"体面"服装的人参加工作面试。在英国，随着政府将大量的服务转移到数字平台，公共图书馆也做出了回应，为那些面对数字鸿沟不知所措的人提供了有针对性的服务。

知识的保存可以起到深远的教育作用。气候变化问题可能是世界面临的最紧迫的问题，最近的一项重要研究分析了一份非凡的档案记录中包含的气候数据，其中详细描述了1354年至2018年勃艮第葡萄酒之都博讷的葡萄收成。在这些记录中有一组极其丰富的能追溯到过去的气候数据，且没有中断，这可能是欧洲最长的连续气候记录。气候科学家已经发现，他们可以利用这些数据来表明，极端天气频率在最早的几个世纪是异常值，但这些极端天气在现在已经成为常态，因为自1988年以来，气候发生了明显的变化。[2] 这些记录出自世界上最大的几个葡萄园，但除了最初创建这些记录的目的外，还有其他潜在的用途。当知识被摧毁或被放任腐朽时，我们往往无从得知我们正在失去的知识的价值。

第二，图书馆和档案馆提供多样化的知识和思想，让人们能够通过加深对过去的理解，来面对现在和未来。我们所邂逅的想法、所理解的历史和所接触的文化塑造了我们。但是，如果我们想要有创造性和创新性，我们需要不断更新这些想法和信息。不仅在艺术、音乐和文学等创造性领域是如此，而且在更广泛的范围内也是如此。我们在英国所拥有的民主依赖于思想的自由传播，从而为我们民主进程的质疑精神注入生命。这在一定程度上意味着出版自由，但公民需要了解各种不同意见的渠道。图书馆收集各种各样的内容，这些资源允许我们的观点受到挑战，让公民能够自己获取信息，遵循约翰·斯图尔特·密尔在《论自由》中所坚持的："在人类智力的现有状态下，只有通过意见的多样性，才有机会公平对待真理的方方面面。"[3]

　　1703 年，牛津大学基督堂学院的学监亨利·奥尔德里奇（Henry Aldrich）向伟大的天文学家埃德蒙·哈雷建议，在他被任命为牛津大学萨维尔几何学教授后，他应该研究古希腊的科学作品。哈雷启动的项目之一是继续伟大的语言学者爱德华·伯纳德的工作，后者查阅了博德利图书馆里希腊科学家阿波罗尼乌斯的阿拉伯语手稿的重要几何著作《比率的分割》（*De Rationis Sectione*）。哈雷完成了伯纳德的工作，于 1706 年翻译并出版了这部作品。[4] 正如哈雷的朋友兼合作者艾萨克·牛顿所说："如果我看得比别人更远，那是因为我站在巨人的肩膀上。"一代又一代的图书馆员和收藏家保存了这些古老的文本，使其免受破坏，让它们可以提供多样化的知识，从而引发新的发现。

　　这种多样性可能会被压迫的政权所抗拒，后者会关闭学习和检验想法与观点的机会。在土耳其，雷杰普·塔伊普·埃尔多安（Recep Tayyip Erdoğan）政权于 2019 年 8 月开始销毁与其对手法图拉·居连（Fethullah Gülen）有关的书籍。到目前为止，已有 30 万册图书从学校和图书馆被移除。出版社也受到了攻击，这引发了国际笔会（International PEN）等机构的批评。销毁图书馆的书籍，除了激发人们对这些文本的兴趣，很难看出还有什么别的效果。

　　图书馆和档案馆能让人们接触到关于可能挑战当局或被普遍接受的意见的知识。除非它们被允许在不受政府干预的情况下运作，否则它们在此方面的作用将被削弱。在危地马拉长期的内部冲突中，警察在国家压迫公民和侵犯人权方面的作用引起了极大的争议。人权组织挽救了国家警察的历史档案，使其免遭破坏。查看这些记录帮助了危地马拉人民接受他们最近的历史，但在 2019 年 3 月，工作人员被裁减，这些文件无法再被查看了。自那以后，有人就呼吁保护这些档案不受损害和政治干预，并复制副本存放在瑞士和美国得克萨斯大学奥斯汀分校图书馆。[5]与也门的宰德派图书馆一样，攻击知识的一方试图消除不同的观点和想法，但国际学术社区可以使用数字技术来保存这些材料。

第三，图书馆和档案馆维护人民的关键权利和鼓励在决策中保持廉正，从而支持公民的福祉和开放社会的原则。用历史学家特雷弗·阿斯顿（Trevor Aston）的话说，档案可以是"捍卫个人权利的堡垒"。[6]在档案材料丢失的情况下，这些权利可能会被伤害，例如在前南斯拉夫的例子中，塞尔维亚民兵销毁了档案记录，这是一起蓄意剥夺穆斯林公民权利、消除穆斯林在波黑存在的记忆的行为。

在过去的 30 多年里，档案馆在东德和南非之类的国家帮助捍卫公民了解本国历史的权利，在重建民主方面发挥了至关重要的作用。据前德意志民主共和国（更通俗的叫法是"高克当权期间"）国家安全局第一任记录联邦专员约阿希姆·高克（Joachim Gauck）说，人们在位于柏林-利希滕贝格的史塔西办公室发现了数千袋被粉碎的材料，"证实了担心自己的活动留下了纸面证据的人的狂热是不无理由的"。[7]开放史塔西档案的过程对中欧和东欧的前共产主义国家极为重要。国家运作其管理制度的方式已经变得透明，甚至允许人们访问自己的文件。[8]到 1994 年 6 月底，也就是柏林墙倒塌仅仅 5 年后，已有超过 185 万条访问高克当权期间文件的申请。[9]

日常生活、商业和政府记录向数字世界的转变带来了复杂的问题。保存数字资料正在成为我们所面临的最大问题之一：如果我们现在不采取行动，我们的后代将承受我们不作为的后果，并为之感到痛心。网页和社交媒体的存档是尤为紧迫的问题。2012 年，计算机科学家哈尼·萨拉赫艾尔丁（Hany SalahEldeen）和迈克尔·纳尔逊（Michael Nelson）研究了大量关于重大事件的社交媒体帖子，如贝拉克·奥巴马获得诺贝尔和平奖、迈克尔·杰克逊之死、埃及革命和叙利亚起义。他们的研究揭示了令人震惊的数据流失率：在一年内，11% 的帖子从网站上消失了，而内容的耗损率仍然在继续增高。正如我们在英国有关脱欧公投的网站上，以及网络上其他关键当代事件的记录中所看到的，保护这些网站将对我们政治和社会生活的开放性变得越来越重要。

图书馆和档案馆正在开发网络存档，作为其资料保护工作的一部分，有时还得到（英国）法定送存立法的支持。我们需要更大胆的行动来推动发展法律支持和正规资助的基于国家域名的网络存档。"互联网档案馆"继续发挥着领导作用，各个记忆机构也必须带头将网络作为社会记忆的一个关键部分进行存档。

第四，图书馆和档案馆提供了一个固定的参照点，让我们可以通过核实、引用和再现来追究真相和谎言。保存知识的这一概念可能起源于古代的税收管理，但它应该与问责的概念一样，在现代社会被明确地重视。奥威尔在《1984》中写道："每一份记录都被销毁或篡改……甚至没有一个日期能幸免……而且这一行为还在每天发生着。除了一个'党是永远正确的'无尽的当下，其他什么都不存在。"[10] 为了避免这种情况，我们需要保存记录，并确保其能被访问。

档案馆和图书馆通过提供支持问责制的基础设施来支持其社区。问责制在当代科学中已变得很重要。"科学的再现性"和"研究道德"是科学界的流行语，但归根结底，它们可以被归结为相同的一点：公众能否获取底层基础数据，从而使科学家们的说法能被其他科学家们验证（或再现其实验的结果）？这一过程需要数据被独立保存，从而使其能被开放获取——英国的一些研究资助者（如环境和物理科学研究理事会）现在就要求研究人员将与他们资助的研究相关的数据存放在认证的数据存储库中。

近几十年来，科学论文的数量大幅增加，部分原因是科学家们面临着需要迅速发表其研究发现的压力——通常是为了领先于竞争对手的研究团队。科学期刊也一直在鼓励科学家发表引人注目的高含金量论文，宣布重要的科学发现。发表论文的急切，再加上竞争的性质，便导致了一些著名的"伪科学"案例。在这些案例中，被宣布的科学发现基本上都是捏造出来的，其研究结果无法被其他研究者再现。伦敦皇家学会（世界上最古老、最崇高的科学机构之一）最近发表了一篇关于"伪科学"的论文，该论文敦促说，"科学界整体坚持道德行为、诚实和透明度的最高标准，从而维持研究诚信和有效信息的黄金标准，是尤为重要的"。作者还承认，"可悲的是，一系列力量正在与这一愿景作对"。科学界的人也不能完全免受个人野心和驱使人们行动的普遍压力的影响。[12]

为了对抗这些趋势，学术界越来越重视研究道德，提出了"研究的重现性"的概念，意为使用相同的输入数据、方法、代码和分析条件来获得一致的科学结果。在开放获取领域发布研究数据有助于重建信任和透明度。图书馆是这一进程的关键，因为它们通常代表科学界持有开放获取的研究论文和研究数据的机构储存库。工作人员帮助指导研究人员完成这一过程，在申请研究资金时就帮助他们起草数据管理计划，并在元数据等技术方面提供咨询意见。

第五，图书馆和档案馆通过保存社群的书面记录，帮助社会在其文化和历史身份中扎根。它们是帮助社群意识到他们的"地方归属感"和"共同记忆"的关键，这一概念已是公认已久的了。我第一次注意到这一点是在十几岁的时候，当时我发现迪尔公共图书馆有一个当地历史区，里面全是晦涩难懂的书籍、活页短论和报纸（以及特殊索引和目录）。成千上万的迪尔居民年复一年地使用这些藏书来研究他们家房子的历史，或该镇过去的某一事件，尤其多的人研究自己的家族史。图书馆、档案局和地方历史中心拥有极其丰富的藏书，这些地方通常能获得（通常是通过捐赠）非常稀有和鲜为人知的资料，并将其赠送给当地的"记忆机构"。这类工作往往鲜有人知，而且资金非常匮乏。重新强调地方历史可能有助于我们的社区更好地了解自己的位置，有助于将他们联系在一起，鼓励人们更多地了解我们是谁，我们来自哪里。

一个民族的文化和认同感经常成为被攻击的目标。纳粹对犹太人和"非德国"文学的攻击是他们对有经者实施种族灭绝政策的一个警告信号。波黑战争中，塞尔维亚族人攻击档案、破坏国家与大学图书馆，是因为他们希望抹掉穆斯林参与波斯尼亚历史和文化的记忆。我们都应该把对书籍的攻击视为一个"预警"信号——对人的攻击定会随后而来。

有许多关于故意破坏知识作为殖民主义和帝国的一大常规

操作的描述。正如我们所看到的，"离散档案和被迁移档案"的问题正变得越来越明显。这些资料在形成最近独立的国家的历史叙事方面发挥了重要作用，特别是现在我们正在进入一些这样的国家将庆祝其独立周年纪念的时期。愉快庆祝独立 75 周年、60 周年或 50 周年通常也包括颂扬独立以来的历史成就，但这些国家也可能会反思更早之前的被殖民时期，有时会比较"现在和以前"，有时会指出历史上的不公正，有时只是简单地叙述历史。殖民时代的历史依赖于殖民时代的档案和出版物。接触这段历史可能会在政治上很敏感。1963 年，一位英国官员在指导他的工作人员对北婆罗洲独立前的记录进行评估时说："被烧了的东西不会被惦记。"[13]

知识的回归可以帮助各个社会了解自己在世界上的位置，并与历史和解，尤其是那些艰难的历史，比如我们在伊拉克、德国和南非的例子中所看到的。2018 年 11 月，由贝内迪克特·萨瓦（Bénédicte Savoy）和费尔文·萨尔（Felwine Sarr）撰写的一份关于文物归还的有争议的报告在法国发表。该报告在国际博物馆界引发了关于殖民时代藏品处理方式的重大讨论，呼吁完全和无条件地归还非洲文物。这份报告仅简单评论道："在非洲，我们所有的对话者不仅坚持要求归还被法国博物馆持有的文化遗产，还坚持严肃反思档案问题的必要性。"[14]

以上五项职能并不全面，只是突出保存知识对社会的价值的一种方式罢了。在现在这个着眼于短期的世界中，图书馆和档案馆着眼于人类文明的长期价值。我们若忽视它们的重要性，最后为其后果买单的只有我们自己。

致　谢

　　2018 年春，我在《金融时报》上发表了一篇专栏文章，主题是档案在"疾风世代"丑闻中的角色，之后几乎是突发奇想有了写这本书的想法。我有提高公众对保存知识的重要性的认识的想法已经有一段时间了，而疾风世代的问题表明，审视对知识的攻击的性质可能是处理这个问题的一种有用方式。我的经纪人，费莉西蒂·布赖恩公司（Felicity Bryan Associates）的凯瑟琳·克拉克极大地帮助我完善了这个想法，在整个项目中给予了巨大的支持。

　　我必须首先感谢我在博德利图书馆的所有同事。在这本书的研究过程中，我使用了社会科学图书馆、利奥波德·穆勒纪念图书馆、拉德克里夫图书馆、萨克勒图书馆、博德利法学图书馆、韦斯顿图书馆、老博德利图书馆上层阅览室和下层阅览室的藏书，我从图书储藏设施和韦斯顿图书馆的书库调用了无数的书籍、文件和地图，请求成像工作室帮我拍摄文件，大量使用了我们的数字资源和服务。博德利图书馆所有勤奋、忠诚和敬业的工作人员都值得同样的感谢。在沉着冷静的罗斯玛丽·雷的带领下，我不知疲倦、高效和开朗的理事会工作人员保证了我的职业生活有条不紊，才让我写这本书并为之进行研究成为可能。我从许多专业的馆藏策划同事那里得到了宝贵的建议，特别要感谢克里斯·弗莱彻、马丁·考夫曼、克里西·韦布、迈克·韦布、马提姆·苏诺朵拉、麦伊·谬西耶和切萨尔·梅尔尚-阿曼。马丁·波尔特是当时维基百科驻博德利图书馆的工作人员，在我写本书中与维基百科相关的内容时给了我很多启发。

　　牛津大学的每个学院对于任何智力工作来说都是非同寻常的资源，能让人以极高的效率获得关于几乎任何问题的多种视角。我在贝利奥尔学院的同事们一直非常支持和鼓励我，耐心地倾听我（经常是非常幼稚）的问题。我要特别感谢约翰-保罗·贾布里勒、谢默斯·佩里、罗莎琳德·托马斯、恩里科·普罗迪、汤姆·梅勒姆、安迪·赫雷德，尤其是菲尔·霍华德，他作为牛津互联网研究所的负责人给了我很大的帮助。参加了2019 年 5 月我的研究会议的贝利奥尔学院的同事们提出了宝贵的意见。两位贝利奥尔学院的研究生，埃夫纳·奥夫拉斯（现为不来梅大学博士后）和奥利维亚·汤普森作为研究助理参与了本书的工作。没有他们勤勉的学术工作和许多重要的见解，我是不可能完成这本书的。

　　牛津大学的其他朋友和同事也慷慨地提供了他们的建议和专业知识：乔纳森·贝特、克里斯蒂安·萨纳、诺埃尔·马尔科姆爵士、詹姆斯·威洛比、梅格·本特、桑迪·默里、皮特·范博克塞尔、保罗·柯林斯、安德鲁·马丁、塞西尔·法布雷、乔治·加内特、艾伦·拉斯布里杰、保罗·斯拉克、基思·托马斯爵士、史蒂夫·史密斯、亚当·史密斯、奈杰尔·沙德博尔特爵士、安妮·特雷费滕、朱莉娅·沃尔沃斯和亨利·沃杜森。2019年 5 月，我在牛津参加了理查德·夏普精彩的莱尔文献学讲座（The Lyell Readership in Bibliography），他的演讲主题与英格兰中世纪图书馆高度相关，令我受益匪浅。在本书编校期间，他骤然离世，对我个人和整个中世纪学术界都是重大的打击。斯蒂芬妮·戴利的帮助使我避免了犯下许多错误。

我得到了波黑国家博物馆的安德里亚·道托维奇、赫尔城历史中心的克莱尔·韦瑟罗尔，以及阿什莉·吉尔伯森的大力协助。萨拉·巴克斯特、哈蒂·库克和艾玛·切希尔帮助我清权，从作家协会和费伯出版社为我取得了引用菲利普·拉金的文章的许可。

一些朋友和同事特别慷慨，如果没有他们，我根本写不成这本书。首先是约瑟夫·沙逊，他分享了他对伊拉克近代史的深刻了解，并向我介绍了卡纳安·马基亚。马基亚十分支持我，允许我采访他，然后又把我介绍给了胡佛研究所的哈桑·穆奈姆内、海德·哈迪和埃里克·威金。我也感谢约瑟夫在写这本书时提供的更广泛的建议和支持，他和海伦·杰克逊在华盛顿热情地款待了我。蒂莫西·加顿·阿什详细讨论了档案在一个国家的记忆（和遗忘）中的地位，以及数字领域中"私人超级大国"的危险，他自己的作品一直是我灵感的源泉。

美国国家档案馆管理员戴维·费列罗和英国国家档案馆首席执行官杰夫·詹姆斯对大西洋两岸档案馆当前面临的问题有深刻见解，都是智慧源泉级别的存在。安德拉斯·里德尔迈尔对波斯尼亚的图书馆和档案馆命运的了解是无人能及的，但他分享知识的慷慨是优秀图书馆员们共有的优良品质。他自己在前南斯拉夫问题国际刑事法庭中发挥的作用值得我的同行更广泛的赞赏。

世界各地其他为我提供了极大帮助的同事有伊斯梅尔·塞拉格尔丁，他和我谈到了现代的亚历山大图书馆；萨宾·施密特克分享了她与宰德派社区工作的细节；乔恩·泰勒提供了与大英博物馆的楔形文字藏品相关的帮助；大英图书馆的海伦·霍克斯-余、布鲁斯特·卡勒和安迪·杰克逊与我分享了他们丰富的网络知识存档。美国国会图书馆的约翰·Y.科尔和简·艾金为我提供了极佳的资源，特别是简允许我阅读了她的手稿，这些手稿和图书馆历史的重要著作有关。大卫·朗德尔分享了他有关汉弗莱公爵图书馆的研究成果。布赖恩·斯基布帮助我使用密歇根大学的资源；文特·瑟夫是许多数字人文问题研究的中心人物。约翰·辛普森分享了他对波斯尼亚的记忆。"驴领"团队，特别是詹姆斯·萨德里，在他们抗议运动中途抽出时间与我交流。对我个人来说，最惊喜的发现之一莫过于纽约的一家令人惊叹的机构——意第绪语研究所，我特别想向那里的乔纳森·布伦特、斯蒂芬妮·哈尔彭和雪莉·弗里曼致敬，他们非常慷慨地解释了他们罕见而特殊的组织的背景和如今的运作模式。他们还把我介绍给了纽约犹太神学院的大卫·菲什曼，他花了几个小时和我谈论文献兵团。大卫自己关于维尔纳那些鼓舞人心的人的研究为我提供了极大的帮助。罗伯特·桑德斯分享了他对公共知识和民主之间联系的看法。皮埃尔·德尔萨尔特和詹姆斯·基廷在最后很短的时间内为我核对了参考书目。我的三个老朋友，大卫·皮尔逊、比尔·扎克斯和迈克尔·苏亚雷斯牧师，都提供了源源不断的好建议、聪明想法和坚实支持。

我要感谢几位编辑发表并极大地改进了几篇文章，这些文章构成了本书部分内容的雏形：《金融时报》的莱昂内尔·巴伯和乔纳森·德比希尔、《金融周末时报》的洛里恩·凯特、《经济学人》的肯恩·库克尔，以及《卡内基报告》的肯尼斯·本森。

我无比感激约翰·默里出版社的编辑乔治娜·莱科克，她和她的助理编辑阿比盖尔·斯克鲁比在塑造这本书方面发挥了重要作用：她们详细的编辑建议令我的行文有了质的飞跃。马丁·布莱恩特富有洞察力的文案编辑极大地改进了这本书；霍华德·戴维斯一丝不苟的校对对本书做出了重要的改进；卡罗琳·韦斯特莫以高超的技巧统筹这本书完成了出品；露西·莫顿为本书的索引做了优秀的工作。我还要感谢哈佛大学出版社的莎米拉·森在整个项目中的支持。

最需要感谢的是我的家人：我的女儿凯特琳和安娜，尤其是长期受我"折磨"的妻子琳恩，没有她，这本书将是一个不可想象的项目，更不用说完成了。我的一切都归功于她。

理查德·奥文登

牛津，2020 年 6 月

注　释

导　言

1. Rydell, *The Book Thieves*, p. 9, and Ritchie, 'The Nazi Book-Burning'. 有关性学研究所，见 Bauer, *The Hirschfeld Archives*, pp. 78–101。

2. Orwell, *Nineteen Eighty-Four*, p. 247.

3. 2017年1月21日，特朗普在弗吉尼亚州兰利中央情报局总部的一次演讲中首次声明了自己的现场观众规模。同样是在2017年1月21日，时任白宫新闻秘书肖恩·斯派塞在其第一次电视采访中表示："这是有史以来最大的见证总统就职典礼时的观众规模——就是这样——亲自到场观看和在全球收看的观众规模都是。"而特朗普就职典礼时的华盛顿国家广场的照片与2009年贝拉克·奥巴马就职时的照片（包括路透社发布的由摄影师卢卡斯·杰克逊和斯特利奥斯·瓦里亚斯拍摄的照片）的比较结果并不支持这一说法。基思·斯蒂尔在为《纽约时报》撰写的一篇分析文章中表示，特朗普的观众规模约为奥巴马的三分之一（Tim Wallace, Karen Yourish and Troy Griggs, 'Trump's Inauguration vs. Obama's: Comparing the Crowds', *New York Times*, 20 January 2017）。

数据也与斯派塞的说法相矛盾。尼尔森调研公司报告称，有3060万观众收看了周五的就职典礼，比2009年的3780万少了19%，而创纪录的就职典礼观众数量是罗纳德·里根的，吸引了4180万人观看。最后，根据华盛顿都会区运输局（WMATA）的数据，截至上午11点，华盛顿地铁系统在特朗普就职当天共运送了19.3万人次；在2009年奥巴马就职当天，同时段数字为51.3万。从凌晨4点开始，截至关闭，2017年特朗普就职日的全天乘车次数为570557次，2009年奥巴马就职日的乘车次数为110万次。2017年1月22日，总统顾问凯莉安·康威在接受美国全国广播公司《与媒体见面》查克·托德的采访时驳斥了这些证据，称其为"另类事实"。后来有消息称，特朗普的就职典礼照片还在他的要求下被篡改过（Swaine, 'Trump inauguration photos were edited after he intervened', *Guardian*, 6 September 2018）。2018年11月3日，特朗普总统本人仍然专注于这一问题，在推特上发布了一名支持者在蒙大拿州集会上排队的视频，并写道："正降落在蒙大拿州——至少每个人都承认我的队伍和人群比贝拉克·奥巴马的多得多……"（来源：factba.se/search#%2Bin%@Bmontana）

4. Gentleman, 'Home Office Destroyed Windrush Landing Cards Says Ex-Staffer'.

5. 随后的调查显示，其中一些相同的信息保存在英国国家档案馆的不同记录系列中；见Wright, et al., 'Windrush Migrants'。

6. Ovenden, 'The Windrush Scandal'.

7. 总体介绍见Posner, *Archives in the Ancient World, and Pedersén, Archives and Libraries in the Ancient Near East*。

8. "元数据"是一个术语，代表描述其他形式数据的数据，通常是数字数据。

9. 见Pedersén, *Archives and Libraries in the Ancient Near East*, pp. 237–82, 以及König, et al., *Ancient Libraries*中的文章。

10. 这些清单在于俄克喜林库斯出土的莎草纸碎片中被保存了下来，现在存于都柏林圣三一学院的图书馆里；见Hatzimachili, 'Ashes to Ashes? The Library of Alexandria after 48 bc', pp. 173–4。

11. Burke, *A Social History of Knowledge*, p.138; Weiss, 'Learning from Loss; Digitally-Reconstructing the Trésor des Chartes at the Sainte-Chapelle', pp. 5–8.

12. Naisbitt, Megatrends, p. 24.

13. Rosenzweig, 'Scarcity or Abundance?'.

14. Winters and Prescott, 'Negotiating the Born-Digital', pp. 391–403.

15. 有关博德利图书馆的建立，见 Clapinson, *A Brief History of the Bodleian Library*。有关博德利图书馆藏书的介绍，见 Hebron, Marks of Genius and Vaisey, *Bodleian Library Treasures*。

16. Hansard, House of Commons Debates, 13 March 1850, 109: cc838–50. 见 Black and Hoare, *Cambridge History of Libraries*, III: *Part One* 中的文章，及 Max, 'Tory Reaction to the Public Libraries Bill, 1850', pp. 504–24。

17. Alsop, 'Suffrage Objects'.

18. Black, 'The People's University', p. 37.

19. Travers, 'Local Government'.

20. Busby, Eleanor, 'Nearly 800 Public Libraries Closed Since Austerity Launched in 2010'.

21. Asmal, Asmal, and Roberts, Reconciliation Through Truth, p. 6.

22. Garton Ash, 'True Confessions', p. 1.

23. Truth and Reconciliation Commission, Final Report, pp. 201–43.

24. 托马斯·杰斐逊于 1813 年 8 月 13 日写给艾萨克·麦克弗森的信。见 Lipscomb and Bergh (eds), *The Writings of Thomas Jefferson*, 13, pp. 333–5。

第 1 章

1. 尽管现在一些学者怀疑他是否真的去过那里。

2. Xenophon, *Anabasis*, 3.4.7–12.

3. 色诺芬的前辈希罗多德在提到尼尼微被洗劫时，提到了亚述人的名字（*Histories*, 1.106）。色诺芬至少读过希罗多德著作的一部分，因此他不知道亚述人使学者们感到困惑。然而，色诺芬描述的那场风暴的细节让人想起先知那鸿对尼尼微的陷落的描述（Nahum 2:6–7），以及后来的史家西西里的狄奥多鲁斯提到的一个神谕，神谕称，没有人能够占领尼尼微，除非河流先与它为敌（Diodorus，21.26.9）。言下之意是，亚述人的当地记忆已经被他们的敌人如此成功地抹去了，以至于他无法辨认出他们是这些曾经伟大的城市的居民。见 Haupt, 'Xenophon's Account of the Fall of Nineveh', pp. 99–107。

4. Buckingham, *Travels in Mesopotamia*, II, 211.

5. Rich, *Narrative of a Residence in Koordistan, and on the Site of Ancient Nineveh*, I, p. 2.

6. 同上，p. xxii。

7. Lloyd, *Foundations in the Dust*, p. 9.

8. 同上，p. 108。

9. Reade, 'Hormuzd Rassam and His Discoveries', pp. 39–62.

10. Robson, E., 'The Clay Tablet Book in Sumer, Assyria, and Babylonia', p. 74.

11. Layard, *Discoveries in the Ruins of Nineveh and Babylon*, pp. 344–5.

12. 同上，p. 345。

13. Finkel, 'Ashurbanipal's Library'. 欧文·芬克尔（Irving Finkel）在理解亚述巴尼拔王图书馆上所做的工作是最多的。

14. 同上，p. 80。

15. Robson, 'The Clay Tablet Book', pp. 75–7.

16. Finkel, 'Ashurbanipal's Library', p. 82.

17. Cuneiform Texts from Babylonian Tablets in the British Museum 22,1 (BM 25676 = 98-2-16, 730 and BM 25678 = 98-2-16, 732). 翻译改编自 Finkel, 'Ashurbanipal's Library', p. 82, and Frame and George, 'The Royal Libraries of Nineveh', p. 281。

18. Frame and George, 'The Royal Libraries of Nineveh', pp. 265–83.

19. Parpola, 'Assyrian Library Records', 4ff.

20. MacGinnis, 'The Fall of Assyria and the Aftermath of the Empire', p. 282.

21. 尤其见同上。

22. Robson and Stevens, 'Scholarly Tablet Collections in First-Millennium Assyria and Babylonia, c.700–200 bce', p. 335.

23. Posner, *Archives in the Ancient World*, p. 56; Pedersén, *Archives and Libraries in the Ancient Near East*, pp. 241–4.

第 2 章

1. Bagnall, 'Alexandria: Library of Dreams', p. 349.

2. Strabo, *Geography*, 17.1.8, 在 Hatzimichali, 'Ashes to Ashes? The Library of Alexandria after 48 bc', p. 170, n.7 被引用。

3. McKenzie, Gibson and Reyes, 'Reconstructing the Serapeum in Alexandria', pp. 79–81.

4. Ammianus Marcellinus, *History*, 22.16.12.

5. 罗杰·巴格诺尔（Roger Bagnall）在这一点上的论述是最令人信服的。Bagnall, 'Alexandria: Library of Dreams', pp. 351–6, with discussion of the sources.

6. 在 Rajak, *Translation and Survival*, p. 45 被引用。全文翻译见 McKenzie, Gibson and Reyes, 'Reconstructing the Serapeum in Alexandria', pp. 104–5。

7. Suetonius, *Lives of the Caesars*, 8.3.20; Bagnall, 'Alexandria: Library of Dreams', p. 357.

8. Ammianus Marcellinus, *History*, 22.16.13, 在 Barnes, 'Cloistered Bookworms in the Chicken-Coop of the Muses', p. 71 被引用。

9. Dio Cassius, *Roman History*, 42.38, 在 Casson, *Libraries in the Ancient World*, p. 46 被引用。

10. 在 Gibbon, *Decline and Fall*, III, pp. 284–5 中被最生动地还原。

11. 同上，p. 83。

12. Bagnall, 'Cloistered Bookworms in the Chicken-Coop of the Muses', pp. 71–2; Jacob, 'Fragments of a History of Ancient Libraries', p. 65.

13. McKenzie, Gibson and Reyes, 'Reconstructing the Serapeum in Alexandria', pp. 86, 98–9. 哲罗姆在他的优西比乌斯编年史版本里提供了公元181年大火的日期（见McKenzie, Gibson and Reyes, p. 86, with references）。基督教神学家德尔图良在公元197年的作品中描述他在塞拉比尤姆见到了七十子希腊文本圣经（*Apologeticum,* 18.8）；这是最早的关于那里的图书馆的记载。由于他的写作时间就在公元181年大火后不久，这也许暗示大火并没有烧毁图书馆。狄奥报告了公元217年的大火（*Roman History Epitome,* 79.7.3），这场大火奇迹般地没有对神庙造成损毁。

14. 阿米阿努斯·马尔切利努斯记载了奥勒良毁坏布鲁齐昂（皇家区）（*History,* 22.16.15）。

15. Gibbon, *Decline and Fall,* III, p. 285.

16. 同上，pp. 284–5。

17. 有关这场大火和盖伦的记述，见Tucci, 'Galen's Storeroom, Rome's Libraries, and the Fire of A.D. 192'。

18. Plutarch, *Aemilius Paulus* 28.6记载了图书馆的占领。见Affleck, 'Priests, Patrons, and Playwrights', pp. 124–6。

19. Houston, 'The Non-Philodemus Book Collection in the Villa of the Papyri', p. 183.

20. Posner, *Archives in the Ancient World,* pp. 71–2.

21. Strabo, *Geography,* 13.1.54; Coqueugniot, 'Where Was the Royal Library of Pergamum?', p. 109.

22. Bagnall, 'Alexandria: Library of Dreams', p. 352.

23. Casson, *Libraries in the Ancient World,* pp. 52–3.

24. Hatzimichali, 'Ashes to Ashes?', p. 173.

25. MacLeod, 'Introduction: Alexandria in History and Myth', p. 4.

26. 见Pfeiffer, *Politics, Patronage and the Transmission of Knowl-*

edge; Burnett, 'The Coherence of the Arabic-Latin Translation Program in Toledo in the Twelfth Century'; Gutas, *Greek Thought, Arabic Culture*。

27. 图片在Clark, J. W., The Care of Books, p. 41再现。

28. Reynolds and Wilson, *Scribes & Scholars*, pp. 81–3.

29. 同上，p. 54。

30. Breay and Story (eds), *Anglo-Saxon Kingdoms,* pp. 126–9.

31. 第8章更深入地讨论了这一话题。并见Stroumsa, 'Between "Canon" and Library in Medieval Jewish Philosophical Thought'。

32. Bloom, *Paper Before Print*, pp. 48–9.

33. 同上，pp. 119–21。

34. 在Biran, 'Libraries, Books and Transmission of Knowledge in Ilkhanid Baghdad', pp. 467–8被引用。

35. 见Hirschler, Medieval Damascus, and Hirschler, *The Written Word in the Medieval Arabic Lands*; Biran, 'Libraries, Books and Transmission of Knowledge in Ilkhanid Baghdad'。

36. Thomson, 'Identifiable Books from the Pre-Conquest Library of Malmesbury Abbey'; Gameson, *The Earliest Books of Canterbury Cathedral: Manuscripts and Fragments to c.1200*; Lapidge, *The Anglo-Saxon Library*, Chapter 2, 'Vanished libraries of Anglo-Saxon England'.

37. Meehan, *The Book of Kells*, p. 20.

38. Gameson, 'From Vindolanda to Domesday', pp. 8–9.

39. Ganz, 'Anglo-Saxon England', pp. 93–108.

40. 同上，p. 103。

41. Bodley, *The Life of Sir Thomas Bodley*, sig. A2v.

第3章

1. Leland, *De uiris illustribus*, p. xxii.

2. 同上，p. liii。

3. Harris, O., 'Motheaten', p. 472. Harrison, *The Description of Britain* (1587), p. 63, 在 Harrison and Edelen, The Description of England, p. 4 被引用。

4. Bodleian, MS. Top. Gen. c. 3, p. 203. 利兰的整段旅程记载于 Leland, *De uiris illustribus*, pp. lxi–xcv。

5. Bruce Barker-Benfield, *St Augustine's Abbey, Canterbury* 很细致地分析了这座中世纪图书馆。

6. Leland, *De uiris illustribus*, pp. 67, 69.

7. 同上，pp. 315, 321。

8. 同上，p. 66。

9. 同上，p. 386。

10. 现在在博德利图书馆的排架号是 MS. Auct.F.4.32。

11. 见博德利图书馆网上目录的条目 *Medieval Manuscripts in Oxford Libraries*, http://medieval.bodleian.ox.ac.uk/catalog/manuscript_675 (Accessed: 29 February 2020)

12. Knowles, *The Religious Orders in England*, pp. 348–9 中有一篇感人的记载。

13. 同上，p. 381。

14. Wood, *History and Antiquities of the University of Oxford*, 1, p. 141.

15. Dixon, 'Sense of the Past in Reformation Germany', pp. 184–6.

16. Leland, *The laboryouse journey*, sig. Bi.

17. 见 Ker, *Pastedowns in Oxford Bindings*; Pearson, *Oxford Bookbinding 1500–1640*。

18. 见 Watson, *A Descriptive Catalogue of the Medieval Manuscripts of All Souls College Oxford*, pp. 28–30; Ker, *Pastedowns in Oxford Bindings*, p. xi。

19. Duffy, *The Stripping of the Altars*, pp. 181–3.

20. Carley, 'The Dispersal of the Monastic Libraries', pp. 284–7.

21. Watson, 'Thomas Allen of Oxford', p. 287.

22. Ovenden, 'The Manuscript Library of Lord William Howard of Naworth', p. 306.

23. 该手稿现在大英图书馆，MS. Royal 1.A.xviii，见 *Libraries of King Henry VIII*, p. xlv。

24. 该手稿现在大英图书馆，MS. Royal 2.C.x，见 *Libraries of King Henry VIII*, p. xxxix。

25. *Libraries of King Henry VIII*, pp. xliii–xlvi.

26. 在 Leland, *The Itinerary of John Leland*, II, p. 148 被引用。

27. 被从海上运走的手稿中最大的一批是来自道明会修道院的250份手稿，这些手稿被送到了罗马的切尔维尼红衣主教手中，目前保存在梵蒂冈图书馆中。见 Ker, 'Cardinal Cervini's Manuscripts from the Cambridge Friars'; Carley, 'John Leland and the Contents of English Pre-Dissolution Libraries: The Cambridge Friars', pp. 90–100。

28. 约翰·利兰的这篇记载建立在詹姆斯·卡利（James Carley）的出色学术研究的基础上。Leland, *The laboryouse journey*, sig. Biiiv.

29. Leland, *De uiris illustribus*, p. xxiv.

30. 同上，p. xliii。

31. Wood, *The Life of Anthony à Wood from 1632 to 1672, written by himself*, p. 107.

32. 最好的记载是 Vincent, N., *The Magna Carta*。

33. Ovenden, 'The Libraries of the Antiquaries', p. 528.

第 4 章

1. 在 Philip, *The Bodleian Library in the Seventeenth and Eighteenth Centuries*, pp. 2–3 被引用。

2. Ker, 'Oxford College Libraries before 1500', pp. 301–2.

3. Parkes, 'The Provision of Books', pp. 431–44, 456–7.

4. 关于牛津的中世纪图书馆历史，最好的资源是 Parkes, 'The Pro-

vision of Books' 及 Ker, 'Oxford College Libraries before 1500'。

5. 见 Rundle, 'Habits of Manuscript-Collecting: The Dispersals of the Library of Humfrey, Duke of Gloucester', pp. 106–16; *Duke Humfrey's Library & the Divinity School, 1488–1988*, p. 46。

6. 见 *Duke Humfrey's Library & the Divinity School, 1488–1988*。

7. 与大卫·朗德尔博士（Dr David Rundle）的私人交流。

8. 在 *Duke Humfrey's Library & the Divinity School, 1488–1988*, p. 123 被引用。

9. 同上，pp. 18–49。

10. 最新的关于博德利早年生活的记载是 Goldring, *Nicholas Hilliard*, pp. 40–59。

11. Bodley, *The Life of Sir Thomas Bodley*, p. 15.

12. *Letters of Sir Thomas Bodley to the University*, pp. 4–5.

13. Peterson, *The Kelmscott Press*, pp. 45–7.

14. 这实际上意味着在英格兰出版的所有书籍都将进入该图书馆，因为书商公会几乎垄断了印刷和出版。这个故事最好的记载见 Barnard, 'Politics, Profits and Idealism'。

15. 见 Clapinson, *A Brief History of the Bodleian Library*, pp. 20–2。

16. 在 Burke, *A Social History of Knowledge*, pp. 104–5 再现。

17. Naudé, *Advice on Establishing a Library*, pp. 17, 67–8.

18. Bodley, *Reliquiae Bodleianae*, p. 61.

19. Ovenden, 'Catalogues of the Bodleian Library and Other Collections', p. 282.

20. Southern, 'From Schools to University', p. 29.

21. Slack, 'Government and Information in Seventeenth-Century England', p. 38.

22. Tyacke, 'Archives in a Wider World', p. 216.

23. Ovenden, 'Scipio le Squyer'.

24. Slack, 'Government and Information in Seventeenth-Century England', pp. 42–3, quoting John Graunt.

25. Slack, *The Invention of Improvement*, pp. 116–20.

26. Buck, 'Seventeenth-Century Political Arithmetic', p. 71.

27. Pepys, The Diary of Samuel Pepys, 5, p. 142.

28. Webster, *The Great Instauration*, p. 194.

29. Rozenberg, 'Magna Carta in the Modern Age'.

30. Prest, *William Blackstone*, p. 165.

31. 这是一段常被引用的文字，这里是从 Ovenden, 'The Libraries of the Antiquaries', p. 528 借用的。

32. Bepler, 'The Herzog August Library in Wolfenbüttel', p. 18.

33. 在 Philip, *The Bodleian Library in the Seventeenth and Eighteenth Centuries*, pp. 6–7 被引用。

第5章

1. Gleig, *A Narrative of the Campaigns of the British Army at Washington and New Orleans*, p. 128.

2. 同上，pp. 127, 134。

3. Madison, *The Papers of James Madison*, 1, p. 269.

4. Ostrowski, *Books, Maps, and Politics*, pp. 39–72.

5. 同上，pp. 12–14。

6. 见 Beales and Green, 'Libraries and Their Users'; Carpenter, 'Libraries'; Ostrowski, *Books, Maps, and Politics*, pp. 14–19。

7. 在 Johnston, *History of the Library of Congress*, p. 23 被引用。

8. 同上，p. 19。

9. McKitterick, *Cambridge University Library,* pp. 418–19; Ostrowski, *Books, Maps, and Politics*, pp. 44–5.

10. 在 Johnston, *History of the Library of Congress*, p. 38 被引用。

11. 同上，p. 517。

12. Fleming, et al., *History of the Book in Canada*, p. 313.

13. Vogel, '"Mr Madison Will Have to Put on His Armor"', pp. 144–5.

14. Johnston, *History of the Library of Congress*, pp. 65–6 讲述了这个故事。关于考德威尔，见 Allen C. Clark, 'Sketch of Elias Boudinot Caldwell', p. 208。

15. Gleig, *A Narrative of the Campaigns of the British Army at Washington and New Orleans*, p. 129.

16. 多亏了约翰·Y. 科尔的建议，简·艾金慷慨地把她关于美国国会图书馆历史的新作手稿分享给了我。

17. Gleig, *A Narrative of the Campaigns of the British Army at Washington and New Orleans*, p. 132.

18. 同上，p. 124。罗森巴赫的赠礼被记载在 *Annual Report of the Librarian of Congress for the fiscal year ended June 30, 1940*, p. 202。罗森巴赫本人在 *A Book Hunter's Holiday*, pp. 145–6 讲述了这个故事。

19. 在 Johnston, *History of the Library of Congress*, pp. 69–71 被引用。

20. 同上，p. 71。

21. Ostrowski, *Books, Maps, and Politics*, pp. 74–8.

22. 同上，p. 75。

23. 在 Johnston, *History of the Library of Congress*, pp. 86, 90 被引用。

24. 同上，p. 97。

25. 同上，p. 168。

26. Fox, *Trinity College Library Dublin*, pp. 90, 121; McKitterick, *Cambridge University Library*, p. 152; Harris, P. R., *A History of the British Museum Library*, p. 47.

27. Ostrowski, *Books, Maps, and Politics*, pp. 81–3.

28. Johnston, *History of the Library of Congress*, p. 154.

29. Conaway, *America's Library*, p. 68.

第6章

1. MacCulloch, *Thomas Cromwell*, pp. 1–3.

2. 在 Krevans, 'Bookburning and the Poetic Deathbed: The Legacy of Virgil', p. 198 被引用。

3. Letter to Thomas Love Peacock, 10 August 1821. *Letters of Percy Bysshe Shelley* (ed. F. L. Jones), II, p. 330.

4. Frederick Locker-Lampson, 'Tennyson on the Romantic Poets', pp. 175–6.

5. 关于约翰·默里出版社的最佳概述是汉弗莱·卡彭特（Humphrey Carpenter）出色的《约翰·默里出版社历史上的七位人物》（*The Seven Lives of John Murray*）。

6. Carpenter, *Seven Lives*, pp. 128–9.

7. 在 Carpenter, *Seven Lives*, p. 134 被引用。

8. 霍布豪斯的日记，British Library Add. MS 56548 ff. 73v-87v, 由彼得·科克伦（Peter Cochran）誊录，在同上，p. 132 被引用。

9. 我的有关焚烧手稿的记录来自卡彭特在《约翰·默里出版社历史上的七位人物》第128—148页中融合的多个资料来源，以及菲奥娜·麦卡锡（Fiona MacCarthy）所著的《拜伦：生平与传奇》（*Byron: Life and Legend*），第539—543页。

10. 在 Balint, *Kafka's Last Trial*, p. 128 被引用。

11. Stach, *Kafka*, pp. 542–3.

12. 同上，p. 642。

13. 同上，pp. 402–3。

14. 同上，pp. 475–6。

15. Murray, *Kafka*, pp. 39–43.

16. Balint, *Kafka's Last Trial*, p. 135.

第7章

1. Coppens, et al., *Leuven University Library 1425–2000*, p. 160. 他因写了这篇随笔而被一支德国行刑队处死了。

2. J. de le Court, *Recueil des ordonnances des Pays-Bas autrichiens. Troisième série: 1700–1794*, pp. 276–7.

3. Coppens, et al., *Leuven University Library 1425–2000*, pp. 52–5, 73–4.

4. 有关鲁汶大学图书馆的最佳记载在 *Leuven University Library 1425–2000* 中。

5. 'A Crime Against the World', *Daily Mail*, 31 August 1914, p. 4.

6. Toynbee, *The German Terror in Belgium*, p. 116; *La Croix*, 30 August 1914.

7. Schivelbusch, *Die Bibliothek von Löwen*, pp. 27–31.

8. 同上，pp. 27–8。

9. 同上，pp. 36–9。

10. Coppens, et al., *Leuven University Library 1425–2000*, p. 190.

11. 'Cardinal Mercier in Ann Arbor', p. 65.

12. *Illustrated London News*, 30 July 1921.

13. Guppy, *The Reconstitution of the Library of the University of Louvain*, p. 19.

14. Proctor, 'The Louvain Library', pp. 156–63.

15. 同上，pp. 163–6。

16. 'Nazis Charge, British Set Fire to Library', *New York Times*, 27 June 1940, p. 12.

17. 'Librarian of Louvain Tells of War Losses', *New York Times*, 17 April 1941, p. 1.

18. Jones, 'Ordeal by Fire', p. 2.

19. Schivelbusch, *Die Bibliothek von Löwen*, p. 19.

第 8 章

1. Rose, 'Introduction', p. 1.

2. 阿迪纳·霍夫曼（Adina Hoffman）和彼得·科尔（Peter Cole）在《神圣的垃圾》（*Sacred Trash*）中精彩地讲述了开罗藏经库的故事。关于更广泛的藏经库现象，见 pp. 12–16。

3. 信件原文在属于美国盲人基金会的海伦·凯勒档案中。可从线上访问：https://www. afb.org/HelenKellerArchive?a=d&d=A-HK02-B210-F03-001&e=----- --en-20--1--txt--------3-7-6-5-3--------------0-1 (Accessed: 10 April 2020)。

4. 'Mr H. G. Wells on Germany', *The Times*, 22 September 1933, p. 14.

5. von Merveldt, 'Books Cannot Be Killed By Fire', pp. 523–7.

6. 同上，p. 528。美国禁书图书馆的藏书现存于纽约的犹太教神学院图书馆。

7. Hill, 'The Nazi Attack on "Un-German Literature"'.

8. 同上，p. 32。

9. 同上，pp. 12–14。

10. Lustig, 'Who Are to Be the Successors of European Jewry?', p. 523.

11. Piper, *Alfred Rosenberg*, pp. 462–508.

12. Sutter, 'The Lost Jewish Libraries of Vilna', pp. 220–3.

13. Hill, 'The Nazi Attack on "Un-German Literature"', pp. 29–32.

14. Steinweis, *Studying the Jew*, pp. 115–16.

15. 同上，p. 117。

16. Matthäus, 'Nazi Genocides', pp. 167–73.

17. van Boxel, 'Robert Bellarmine Reads Rashi: Rabbinic Bible Commentaries and the Burning of the Talmud', pp. 121–3.

18. Grendler, *The Roman Inquisition and the Venetian Press*, 1540–1605, pp. 93–102.

19. Beit-Arié, *Hebrew Manuscripts of East and West*, pp. 9–10.

20. Shamir, 'Johannes Pfefferkorn and the Dual Form of the Confiscation Campaign'.

21. Goodman, *A History of Judaism*, p. 440.

22. Kuznitz, *YIVO and the Making of Modern Jewish Culture*, p. 3.

23. 同上，p. 18; Fishman, 'Embers Plucked from the Fire', pp. 66–8。

24. Kuznitz, *YIVO and the Making of Modern Jewish Culture*, p. 51.

25. Goodman, *A History of Judaism*, pp. 387–9.

26. 有关在维尔纳的文献兵团的内容，我离不开戴维·菲什曼（David Fishman）的学术研究、慷慨与建议；Fishman, *The Book Smugglers*, pp. 13–22。

27. 同上，p. 17。

28. Dan Rabinowitz, *The Lost Library* 极好地描述了斯特拉顺图书馆的历史。

29. Sutter, 'The Lost Jewish Libraries of Vilna', p. 224.

30. Fishman, *The Book Smugglers*, p. 21.

31. Kuznitz, *YIVO and the Making of Modern Jewish Culture*, pp. 73–6.

32. 同上，pp. 182–5。

33. 该记述在 Sutter, 'The Lost Jewish Libraries of Vilna', pp. 224–5 和 Fishman, *The Book Smugglers*, pp. 25–30 中有详细的展开。

34. Fishman, *The Book Smugglers*, pp. 55, 61–3, 71.

35. Fishman, 'Embers Plucked from the Fire', pp. 69–70.

36. 同上，p. 69。

37. Sutter, 'The Lost Jewish Libraries of Vilna', p. 228.

38. Fishman, 'Embers Plucked from the Fire', p. 70.

39. 同上，p. 71; Fishman, *The Book Smugglers*, p. 97。

40. Fishman, *The Book Smugglers*, p. 114.

41. 迪娜·阿布拉莫维奇本人在《维尔纳聚集区的图书馆》（'The Library in the Vilna Ghetto'）中讲述了维尔纳聚集区图书馆的历史，以及参见 Herman Kruk, 'Library and Reading Room in the Vilna Ghetto, Strashun Street 6'。

42. 在纽约，意第绪语研究所是首批将这场正在展开的灾难的消息传达给美国公众的组织之一，它在 1940 年出版了一本关于华沙聚集区的报道，4 年后出版了一本关于聚集区起义的小册子。

43. Roskies (ed.), *Voices from the Warsaw Ghetto*, pp. 62–3.

44. 同上，p. xxv。

45. 在 Fishman, *The Book Smugglers*, pp. 138–9 被引用。

46. 同上，pp. 65（生平细节），140。

47. 同上，pp. 145–52；Fishman, 'Embers Plucked from the Fire', p. 73.

48. 英语世界最好的记述是 Fishman, *The Book Smugglers*, pp. 244–8，但这个故事值得被更深刻地讲述。

49. Goodman, *A History of Judaism*, pp. 387–9.

50. https://vilnacollections.yivo.org/Discovery-Press-Release

51. 归还被掠夺的书籍和文件的过程已经被广泛地研究，最著名的是哈佛学者帕特里夏·肯尼迪·格里姆斯特德（Patricia Kennedy Grimsted）的研究。她的文章 'The Postwar Fate of Einsatztab Reichsleiter Rosenberg Archival and Library Plunder, and the Dispersal of ERR Records' 是一个很好的起点。

52. 该游客是露西·达维多维奇（Lucy Dawidowicz），在 Gallas, '*Das Leichenhaus der Bücher*': *Kulturrestitution und jüdisches Geschichtsdenken nach 1945*, pp. 11–14 被引用。

53. 同上，pp. 60–4; Lustig, 'Who Are to Be the Successors of European Jewry?', p. 537。

54. Esterow, 'The Hunt for the Nazi Loot Still Sitting on Library Shelves'.

55. *Trial of the Major War Criminals Before the International Military Tribunal, Nuremberg, 14 November 1945–1 October 1946*, 1, pp. 293–6, 11, pp. 493, 585.

第9章

1. Larkin, *Letters to Monica* (22 May 1964), p. 335.

2. Larkin, 'A Neglected Responsibility', p. 99.

3. Motion, *Philip Larkin*, pp. xv–xviii.

4. 同上，p. 522。

5. 同上，pp. 522, 552。

6. Larkin, *Letters to Monica*, pp. 278–83.

7. Larkin, *Selected Letters of Philip Larkin*, p. 600.

8. 其中一些被出版为选集 Philip Larkin, *Letters Home 1936–1977*。

9. Bate, *Ted Hughes*, p. 385.

10. Brain, 'Sylvia Plath's Letters and Journals', p. 141. 西尔维娅·普拉斯的文档如今分散在北美的几个储存处：普拉斯的母校史密斯学院的尼尔森图书馆莫蒂默珍本书籍馆藏、印第安纳大学布鲁明顿分校的作为特殊馆藏图书馆的利利图书馆，还有一些资料在泰德·休斯档案的大部分保存在佐治亚州亚特兰大埃默里大学的斯图尔特·A. 罗斯手稿、档案及珍本书籍图书馆。普拉斯的大部分日记都在史密斯学院的"普拉斯文件"中，都经过了史密斯学院的前档案管理员凯伦·库基尔的精心编辑。

11. 见弗里达·休斯在普拉斯诗集《爱丽尔》修复版（2004）的导言。在一封写给安德鲁·莫申的信中，泰德·休斯写道：

> 西·普的传记作家的主要问题是他们没有……意识到西·普生活中最有趣、最戏剧性的部分只是西·普的1/2——那另一半是我。他们可以用他们愚蠢的幻想来讽刺和重塑西·普，然后不被任何人追究——并以他们愚蠢的方式认为，也可以用完全相同的方式对待我。显然，他们忘记了我还活着，能检查他们的东西，而且忘记了如果我能控制得了的话，我并不打算把自己交给他们解读，让自己任由他们的重构。（在 Malcolm, *The Silent Woman*, p.

201 被引用）

12. Plath, *Journals of Sylvia Plath*, p. xi.

13. Brain, 'Sylvia Plath's Letters and Journals', p. 144. 这些日记由凯伦·库基尔（Karen Kukil）于 2000 年在她的 *The Unabridged Journals of Sylvia Plath: 1950–1962* 中发表。这是一项了不起的学术壮举，因为这些日记的性质非常杂乱。有些写在笔记本或活页本里，有些是打字机打印的或手写的单张纸，有些只是纸片，许多很难确定日期。

14. Ted Hughes, *Winter Pollen*.

15. Erica Wagner, 'Ted Hughes Archive Opened at Emory University', *The Times*, 10 April 2000, consulted in the version at http://ericawagner. co.uk/ted-hughess-archive-opened-at-emory-university/ (Accessed: 10 November 2019).

16. 在 Brain, 'Sylvia Plath's Letters and Journals', p. 154 被引用。

17. Bate, *Ted Hughes*, pp. 305–6.

18. Read, *Letters of Ted Hughes*, pp. 366–7.

19. Brain, 'Sylvia Plath's Letters and Journals', p. 152.

第 10 章

1. Kalender, 'In Memoriam: Aida (Fadila) Buturovic (1959–1992)', p. 73.

2. Riedlmayer, '*Convivencia* Under Fire', p. 274.

3. 在 Huseinovic and Arbutina, 'Burned Library Symbolizes Multi-ethnic Sarajevo' 中被引用。

4. Donia, *Sarajevo*, pp. 72, 314.

5. 对本章所描述事件的政治、宗教、文化背景的最佳概括在 Noel Malcolm, *Bosnia*, pp. 213–33。

6. Dunford, *Yugoslavia: The Rough Guide*, p. vii.

7. 在同上，p. 257 被引用。

8. 关于波斯尼亚的图书馆和档案馆的丰富程度的概览，见 Riedl-mayer, 'Convivencia Under Fire'; Riedlmayer, 'The Bosnian Manuscript Ingathering Project'; and Stipcević, 'The Oriental Books and Libraries in Bosnia during the War, 1992–1994'。

9. Schork, 'Jewel of a City Destroyed by Fire', p. 10.

10. 库尔特·朔尔克（Kurt Schork）写的《宝石般的城市毁于大火》（'Jewel of a City Destroyed by Fire'）在 8 月 27 日登上《泰晤士报》头条，虽然只是在报纸的第 10 页上。罗杰·博伊斯（Roger Boyes）8 月 28 日的长篇文章《这是文化种族灭绝》（'This is Cultural Genocide'）终于揭发了此次袭击更深层次的含义。

11. Riedlmayer, 'Convivencia Under Fire', pp. 289–90.

12. Malcolm, 'Preface', in Koller and Karpat (eds), Ottoman Bosnia, p. vii.

13. Riedlmayer, Destruction of Cultural Heritage in Bosnia-Herzegovina, 1992–1996, p. 18.

14. Riedlmayer, 'Convivencia Under Fire', p. 274.

15. Riedlmayer, 'Crimes of War, Crimes of Peace', p. 114.

16. Riedlmayer, 'Convivencia Under Fire', p. 276

17. Walasek, 'Domains of Restoration', p. 72.

18. 同上，p. 212。

19. Riedlmayer, 'Convivencia Under Fire', p. 274.

20. Riedlmayer, 'Foundations of the Ottoman Period in the Balkan Wars of the 1990s', p. 91.

21. Walasek, 'Cultural Heritage, the Search for Justice, and Human Rights', p. 313.

22. 私人交流，2019 年 8 月。

23. 见 Walasek, 'CulturalHeritage,theSearchforJustice,andHumanRights'。

24. The Prosecutor vs. Ratko Mladić: 'Prosecution Submission of the Fourth Amended Indictment and Schedule of Incidents'.

25. 在 Riedlmayer, 'Convivencia Under Fire', p. 274 被引用。

26. 同上, p. 276。

27. 同上, p. 288。

28. Sambandan, 'The Story of the Jaffna Public Library'.

29. Wheen, 'The Burning of Paradise'.

30. Moldrich, 'Tamils Accuse Police of Cultural Genocide'.

31. Sahner, 'Yemen's Threatened Cultural Heritage'.

32. Riedlmayer, 'The Bosnian Manuscript Ingathering Project'.

33. Ahmed, 'Saving Yemen's Heritage'; Schmidtke, 'The History of Zaydī Studies', p. 189.

第 11 章

1. 尤其见 Savoy and Sarr *Report on the Restitution of African Cultural Heritage.*

2. 最好的记述是 Purcell, 'Warfare and Collection-Building' 及 Pogson, 'A Grand Inquisitor and His Books'。

3. Philip, *The Bodleian Library in the Seventeenth and Eighteenth Centuries*, pp. 9–10.

4. Ovenden, 'Catalogues of the Bodleian Library and Other Collections', p. 283.

5. Mittler (ed.), *Bibliotheca Palatina*, p. 459.

6. Engelhart, 'How Britain Might Have Deliberately Concealed Evidence of Imperial Crimes'.

7. 见 Banton, 'Record-Keeping for Good Governance and Accountability in the Colonial Office', pp. 76–81。

8. Hampshire, '"Apply the Flame More Searingly"', p. 337.

9. W. J. Watts, Ministry of External Defence, to Private Secretary to High Commissioner, July 1956, folio 2, FCO 141/7524, National Ar-

chives; see Hampshire, p. 337.

10. Hampshire, '"Apply the Flame More Searingly"', p. 340.

11. 同上，p. 341。

12. Anderson, 'Deceit, Denial, and the Discovery of Kenya's "Migrated Archive"', p. 143.

13. 同上，p. 146。

14. Karabinos, 'Displaced Archives, Displaced History', p. 279.

15. Archives nationales d'outre-mer: History, http://archivesnationales.culture.gouv.fr/anom/en/Presentation/Historique.html (Accessed: 28 February 2020)

16. Shepard, '"Of Sovereignty"', pp. 871–2.

17. McDougall, *A History of Algeria*, pp. 224–31.

18. Shepard, '"Of Sovereignty"', pp. 875–6.

19. 同上，p. 873。

20. Chifamba, 'Rhodesian Army Secrets Kept Safe in the UK'.

21. Matthies, *The Siege of Magdala*, p. 129.

22. 由现任博德利图书馆的公众参与经理马伊·慕西埃博士（Dr Mai Musié）带领。

23. Gnisci (ed.), *Treasures of Ethiopia and Eritrea in the Bodleian Library.*

第 12 章

1. Große and Sengewald, 'Der chronologische Ablauf der Ereignisse am 4. Dezember 1989'.

2. 这篇记载很大程度上依赖了约瑟夫·沙逊（Joseph Sassoon）的作品，尤其是他权威的《萨达姆·侯赛因的复兴社会党》（*Saddam Hussein's Ba'ath Party*）。

3. 见 Sassoon, 'The East German Ministry for State Security and

Iraq, 1968–1989', and Dimitrov and Sassoon, 'State Security, Information, and Repression'。

4. Sassoon, 'The East German Ministry for State Security and Iraq, 1968–1989', p. 7.

5. Tripp, *A History of Iraq*, pp. 239–45.

6. 见 the Hoover Institution Archival Finding Aid, Register of the Hiz.b al-Ba'th al-'Arabī al-Ishtirākī in Iraq [Ba'th Arab Socialist Party of Iraq] Records, http://oac.cdlib.org/findaid/ark:/13030/c84j0cg3 (Accessed: 3 June 2019)

7. 在 Makiya, *Republic of Fear*, p. 22 被引用。

8. 我很感激卡纳安·马基亚抽出时间接受了我详尽的采访。

9. Filkins, 'Regrets Only?'.

10. 罗伯茨在一场访谈中描述了这个时期, 以及这些文件的发现: Stephen Talbot, 'Saddam's Road to Hell', 24 January 2006, https://www.pbs.org/frontlineworld/stories/iraq501/audio_index.html (Accessed: 24 November 2019)。

11. Gellman and Randal, 'U.S. to Airlift Archive of Atrocities out of Iraq'.

12. 见 Montgomery, 'The Iraqi Secret Police Files', pp. 77–9。

13. 比尔·莫耶斯(Bill Moyers)将卡纳安·马基亚的访谈转录成文字, *PBS:Now Special Edition*, 17 March 2003, https://www.pbs.org/now/transcript/ transcript031703_full.html (Accessed: 17 March 2019)。并见 Filkins, 'Regrets Only?'。

14. Gravois, 'A Tug of War for Iraq's Memory'.

15. Burkeman, 'Ancient Archive Lost in Baghdad Library Blaze', *Guardian*, 15 April 2003.

16. *Salam Pax: The Baghdad Blogger*, 19 March 2003, https://salampax.wordpress.com/page/22/ (Accessed: 17 March 2019); Tripp, *A History of Iraq*, pp. 267–76.

17. Makiya, 'A Model for Post-Saddam Iraq', p. 5.

18. Gravois, 'A Tug of War for Iraq's Memory'.

19. 档案的确切大小众说纷纭，美国档案工作者协会的一份声明，引用了2008年4月的国际货币基金组织网站，描述该档案有300万页：https://www2.archivists.org/statements/acasaa-joint-statement-on-iraqi-records (Accessed: 28 February 2020)。

20. Montgomery, 'Immortality in the Secret Police Files', pp. 316–17.

21. 在 Caswell, '"Thank You Very Much, Now Give Them Back"', p. 231 被引用。

22. Montgomery, 'The Iraqi Secret Police Files', pp. 69–99.

23. Montgomery and Brill, 'The Ghosts of Past Wars Live on in a Critical Archive'.

24. 与卡纳安·马基亚的采访，2019年6月。

25. Makiya, 'A Personal Note', p. 317.

26. Garton Ash, 'Trials, Purges and History Lessons', in *History of the Present*, p. 294.

27. Gauck, 'State Security Files', p. 72.

28. Tucker and Brand, 'Acquisition and Unethical Use of Documents Removed from Iraq by *New York Times* Journalist Rukmini Callimachi'.

第 13 章

1. Rosenzweig, 'Scarcity or Abundance?'.

2. Desjardins, 'What Happens in an Internet Minute in 2019'.

3. Halvarsson, 'Over 20 Years of Digitization at the Bodleian Libraries'.

4. 见 Binns, et al., 'Third Party Tracking in the Mobile Ecosystem'。

5. Garton Ash, *Free Speech*, p. 47.

6. 尤其见 Zuboff, *The Age of Surveillance Capitalism*。

7. Hern, 'Flickr to Delete Millions of Photos as it Reduces Allowance for Free Users'.

8. Hill, E., 'Silicon Valley Can't Be Trusted with Our History'.

9. 更多例子见 SalahEldeen and Nelson, 'Losing My Revolution'。

10. Bruns, 'The Library of Congress 推特 Archive'.

11. 六个版权图书馆包括博德利图书馆、大英图书馆、苏格兰国家图书馆、威尔士国家图书馆、剑桥大学图书馆和都柏林圣三一学院图书馆。

12. 见 Feather, *Publishing, Piracy and Politics*。

13. 本着充分披露的精神，我应该透露，作为博德利图书馆馆长，我是整个系统治理结构的一部分，（与其他图书馆馆长和出版业代表同为）法定送存董事小组和法定送存联合委员会的成员。自 2014 年以来，我还担任了负责数字法定送存整个系统实施的小组主席。

14. 我尤其感谢大英图书馆的安迪·杰克逊，与我分享了他关于网络存档的深入了解和专业知识。

15. Zittrain, Albert and Lessig, 'Perma', pp. 88–99.

16. 'Internet Archive is Suffering from a DDoS attack'; Jeong, 'Anti-ISIS Hacktivists are Attacking the Internet Archive'.

17. 如 https://factba.se/trump (Accessed: 28 February 2020) 所引。

18. 'The White House. Memorandum for All Personnel . . .'.

19. McClanahan, 'Trump and the Demise of the Presidential Records Honor System'.

20. 相关网站可在此找到：https://factba.se/ and http:// trump 推特 archive.com/。

21. Sherwood, 'Led By Donkeys Reveal Their Faces at Last'.

22. Wright, O., 'Lobbying Company Tried to Wipe Out "Wife Beater" Beer References'.

23. Riley-Smith, 'Expenses and Sex Scandal Deleted from MPs' Wikipedia Pages by Computers Inside Parliament'.

24. Woodward, 'Huge Number of Maine Public Records Have Likely Been Destroyed'.

25. Murgia, 'Microsoft Quietly Deletes Largest Public Face Recognition Data Set'.

26. Harvey, https://megapixels.cc/; Vincent, 'Transgender You-Tubers had Their Videos Grabbed to Train Facial Recognition Software'.

27. Coulter and Shubber, 'Equifax to Pay almost $800m in US Settlement Over Data Breach'.

28. https://twitter.com/carolecadwalla/status/1166486817882947586?s=20 (Accessed: 28 August 2019)

29. Moran, 'Is Your Facebook Account an Archive of the Future?'.

30. 在 Zuboff, *The Age of Surveillance Capitalism*, p. 191 被引用。

31. 同上，pp. 351–2。

32. https://www.pewresearch.org/fact-tank/2017/08/30/most-americans-especially-millennials-say-libraries-can-help-them-find-reliable-trustworthy-information/ (Accessed: 29 February 2020)

33. 或许可以通过修改法律实现，比如（在英国）1958年的《公共档案法》或1964年的《公共图书馆和博物馆法》。

34. Ovenden, 'Virtual Memory'.

35. 奈杰尔·沙德博尔特爵士（Sir Nigel Shadbolt）在其他地方提出了一种不同的网络治理方法，他将其描述为"自主架构"。

36. 我很感激奈杰尔·沙德博尔特爵士的这一建议。

第 14 章

1. 见 *Wood, Life and Times of Anthony Wood, Antiquary, of Oxford, 1632–1695*, I, p. 319。

2. Philip, *The Bodleian Library*, pp. 42–3.

3. 这份借阅请求被保存至今：MS. Clarendon 91, fol. 18。

4. 这一反抗行为后来启发菲利普·普尔曼（Philip Pullman）在小说《黑暗物质IV：洪水中的精灵》（*La Belle Sauvage*, 2017）中写了一段动人的情节——普尔曼小说世界中的博德利图书馆馆员拒绝将真理仪交给高等纪律法院，甚至到了面对行刑队的地步："图书馆员拒绝了，说他在这个位置上不是为了把图书馆的东西交出去，他的神圣责任是为了学术而保存和保护它们。" Pullman, *La Belle Sauvage*, pp. 62–3.

5. 弥尔顿《诗集》的1645年版，连同他个人献给罗斯的诗集，现在排架号为 Arch.G.e.44(1)。另见 Achinstein, *Citizen Milton*, pp. 5–7。

6. Derrida, *Archive Fever*, p. 4。

7. 这个用语由 Lorcan Dempsey, 'The Service Turn…' http://orweblog.oclc.org/The-service-turn/ (Accessed: 5 January 2020) 在图书馆界发扬光大。

8. Klinenberg, *Palaces for the People*, p. 32.

9. Naudé, *Advice on Establishing a Library*, p. 63.

10. Alston, 'Statement on Visit to the United Kingdom'.

11. 见 Ovenden, 'Catalogues of the Bodleian Library'。

12. 更多信息见：https://www.clockss.org。

13. *Letters of Sir Thomas Bodley to the University of Oxford 1598–1611*, p. 4.

14. Kenosi, 'Preserving and Accessing the South African Truth and Reconciliation Commission Records'.

15. Ojo, 'National Archives in a "Very Sorry State"'.

16. Koslowski, 'National Archives May Not Survive Unless Funding Doubles, Warns Council'.

17. 同上。

18. 见 Ovenden, 'Virtual Memory' and 'We Must Fight to Preserve Digital Information'。

尾 声

1. *CIPFA Annual Library Survey*, 2017–18.

2. Labbé, et al., 'The Longest Homogeneous Series of Grape Harvest Dates'.

3. Mill, *On Liberty*, p. 47.

4. Hamilton, 'The Learned Press', pp. 406–7; Carter, *A History of the Oxford University Press*, pp. 240–3.

5. Doyle, 'Imminent Threat to Guatemala's Historical Archive of the National Police'.

6. Aston, 'Muniment Rooms', p. 235.

7. Gauck and Fry, 'Dealing with a Stasi Past', pp. 279–80; Maddrell, 'The Revolution Made Law', p. 153.

8. 除了外交部的文件。加顿·阿什（Garton Ash）认为，这是因为他们会揭露东德和西德领导人之间的"奉承对话"，因此，"西德政客们无畏地没有放过任何人——除了他们自己"。Garton Ash, 'Trials, Purges and History Lessons', in *History of the Present*, p. 309.

9. Gauck and Fry, 'Dealing with a Stasi Past', p. 281.

10. Orwell, *Nineteen Eighty-Four*, p. 178.

11. 'Time to Press Ahead with Archive Law'.

12. Hopf, et al., 'Fake Science and the Knowledge Crisis', p. 4.

13. 在 Hampshire, '"Apply the Flame More Searingly"', p. 343 被引用。

14. Savoy and Sarr, *Report on the Restitution of African Cultural Heritage*, pp. 42–3.

参考文献

Abramowicz, Dina, 'The Library in the Vilna Ghetto', in Jonathan Rose (ed.), *The Holocaust and the Book: Destruction and Preservation* (Amherst, MA: University of Massachusetts Press, 2001), pp. 165–70

Achinstein, Sharon, *Citizen Milton* (Oxford: Bodleian Library, 2007)

Affleck, Michael, 'Priests, Patrons, and Playwrights: Libraries in Rome Before 168 bc', in Jason König, Katerina Oikonomopolou and Greg Woolf (eds), *Ancient Libraries* (Cambridge: Cambridge University Press, 2013), pp. 124–36

Ahmed, Amel, 'Saving Yemen's Heritage, "Heart and Soul of Classical Islamic Tradition"', *Al Jazeera America*, 5 February 2016, http://america.aljazeera.com/articles/2016/2/5/american-professor-in-race-to-save-yemens-cultural-heritage.html (Accessed: 17 November 2019)

Allen, P. S., 'Books Brought from Spain in 1596', *English Historical Review*, 31 (1916), pp. 606–8

Alsop, Ben, 'Suffrage Objects in the British Museum', *British Museum Blog*, 23 February 2018, https://blog.britishmuseum.org/suffrage-objects-in-the-british-museum/ (Accessed: 17 September 2019)

Alston, Philip, 'Statement on Visit to the United Kingdom, by Professor Philip Alston, United Nations Special Rapporteur on Extreme Poverty and Human Rights', 17 November 2018, https://www.ohchr.org/Documents/Issues/Poverty/EOM_GB_16Nov2018.pdf (Accessed: 3 September 2019)

Ammianus Marcellinus, *History*, (ed.) John Carew Rolfe, 3 vols (Harvard, MA: Harvard University Press, 1986)

Anderson, David M., 'Deceit, Denial, and the Discovery of Kenya's "Migrated Archive"', *History Workshop Journal*, 80 (2015), pp. 142–60

Annual Report of the Librarian of Congress for the Fiscal Year Ended June 30, 1940 (Washington: United States Government Printing Office, 1941)

Archi, Alfonso, 'Archival Record-Keeping at Ebla 2400–2350 bc', in Maria Brosius (ed.), *Ancient Archives and Archival Traditions: Concepts of RecordKeeping in the Ancient World* (Oxford: Oxford University Press, 2003), pp. 17–26

Asher- Schapiro, Avi, 'Who gets to tell Iraq's history?', *LRB Blog*, 15 June 2018, https://www.lrb.co.uk/blog/2018/06/15/avi-asher-schapiro/who-gets-to-tell-iraqs-history/

Asmal, Kaider, Asmal, Louise, and Roberts, Ronald Suresh, *Reconciliation Through Truth: A Reckoning of Apartheid's Criminal Governance*, 2nd edn (Cape Town: David Philip Publishers, 1997)

Aston, Trevor, 'Muniment Rooms and Their Fittings in Medieval and Early Modern England', in Ralph Evans (ed.), *Lordship and Learning: Studies in Memory of Trevor Aston* (Woodbridge: Boydell Press, 2004), pp. 235–47

Al-Tikriti, Nabil, '"Stuff Happens": A Brief Overview of the 2003 Destruction of Iraqi Manuscript Collections, Archives and Libraries', *Library Trends* (2007), pp. 730–45

Bagnall, Roger S., 'Alexandria: Library of Dreams', *Proceedings of the American Philosophical Society*, 146 (2002), pp. 348–62

Balint, Benjamin, *Kafka's Last Trial: The Case of a Literary Legacy* (London: Picador, 2018)

Banton, Mandy, '"Destroy? Migrate? Conceal?" British Strategies for the Disposal of Sensitive Records of Colonial Administrations at Independence', *Journal of Imperial and Commonwealth History*, 40 (2012), pp. 321–35

——, 'Record-Keeping for Good Governance and Accountability in the Colonial Office: An Historical Sketch', in James Lowry and Justus Wamukoya (eds), *Integrity in Government Through Records Management: Essays in Honour of Anne Thurston* (Farnham: Ashgate, 2014), pp. 73–84

Barker- Benfield, B. C. (ed.), *St Augustine's Abbey, Canterbury* (*Corpus of British Medieval Library Catalogues 13*), 3 vols (London: British Library in association with the British Academy, 2008)

Barnard, John, 'Politics, Profits and Idealism: John Norton, the Stationers' Company and Sir Thomas Bodley', *Bodleian Library Record*, 17 (2002), pp. 385–408

Barnes, Robert, 'Cloistered Bookworms in the Chicken-Coop of the Muses: The Ancient Library of Alexandria', in Roy MacLeod (ed.), *The Library of Alexandria: Centre of Learning in the Ancient World* (London: I. B. Tauris, 2000), pp. 61–77

Bate, Jonathan, *Ted Hughes: The Unauthorised Life* (London: William Collins, 2015)

Bauer, Heiker, *The Hirschfeld Archives: Violence, Death and Modern Queer Culture* (Philadelphia, PA: Temple University Press, 2017)

Beales, Ross W., and Green, James N., 'Libraries and Their Users', in Hugh Amory and David D. Hall (eds), *A History of the Book in America*, 1: *The Colonial Book in the Atlantic World* (Cambridge: Cambridge University Press/American Antiquarian Society, 2000), pp. 399–403

Beit-Arié, Malachi, *Hebrew Manuscripts of East and West: Towards a Comparative Codicology* (London: British Library, 1993)

Belgium, Ministry of Justice, *War Crimes Committed During the Invasion of the National Territory, May, 1940: The Destruction of the Library of the University of Louvain* (Liège: [Ministère de la justice] 1946)

Bélis, Mireille, 'In search of the Qumran Library', *Near Eastern Archaeology*, 63 (2000), pp. 121–3

Bepler, Jill, 'The Herzog August Library in Wolfenbüttel: Foundations for the Future', in *A Treasure House of Books: The Library of Duke August of Brunswick- Wolfenbüttel* (Wiesbaden: Harrasowitz, 1998), pp. 17–28

——, 'Vicissitudo Temporum: Some Sidelights on Book Collecting in the Thirty Years War', *Sixteenth Century Journal*, 32 (2001), pp. 953–68 *La bibliothèque de Louvain: séance commémorative du 4e anniversaire de l'incendie* (Paris: Librairie académique, 1919)

Binns, Reuben, Lyngs, Ulrik, van Kleek, Max, Jun Zhao, Libert, Timothy, and Shadbolt, Nigel, 'Third Party Tracking in the Mobile Ecosystem', *WebSci '18: Proceedings of the 10th ACM Conference on Web Science*, May 2018, pp. 23–31, https://doi.org/10.1145/3201064.3201089

Biran, Michal, 'Libraries, Books and Transmission of Knowledge in Ilkhanid Baghdad', *Journal of the Economic and Social History of the Orient*, 62 (2019), pp. 464–502

Black, Alistair, 'The People's University: Models of Public Library History', in Alistair Black and Peter Hoare (eds), *The Cambridge History of Libraries in Britain and Ireland*, III: *1850–2000* (Cambridge: Cambridge University Press, 2006), pp. 24–39

——, and Hoare, Peter (eds), *The Cambridge History of Libraries in Britain and Ireland*, III: *1850–2000* (Cambridge: Cambridge University Press, 2006)

Bloom, Jonathan M., *Paper Before Print: The History and Impact of Paper in the Islamic World* (New Haven, CT: Yale University Press, 2001)

Bodley, Sir Thomas, *The Life of Sir Thomas Bodley, The Honourable Founder of the Publique Library in the University of Oxford* (Oxford: Printed by Henry Hall, 1647)

——, *Reliquiae Bodleianae* (London: John Hartley, 1703)

Bond, W. H., and Amory, Hugh (eds), *The Printed Catalogues of the Harvard College*

Library 1723–1790 (Boston, MA: Colonial Society of Massachusetts, 1996)

Boraine, Alex, 'Truth and Reconciliation Commission in South Africa Amnesty: The Price of Peace', in Jon Elster (ed.), *Retribution and Repatriation in the Transition to Democracy* (Cambridge: Cambridge

University Press, 2006), pp. 299–316

Boxel, Piet van, 'Robert Bellarmine Reads Rashi: Rabbinic Bible Commentaries and the Burning of the Talmud', in Joseph R. Hacker and Adam Shear (eds), *The Hebrew Book in Early Modern Italy* (Philadelphia, PA: University of Pennsylvania Press, 2011), pp. 121–32

Boyes, Roger, 'This is Cultural Genocide', *The Times*, 28 August 1992, p.12

Brain, Tracy, 'Sylvia Plath's Letters and Journals', in Jo Gill (ed.), *Cambridge Companion to Sylvia Plath* (Cambridge: Cambridge University Press, 2006), pp. 139–55

Brammertz, S., et al., 'Attacks on Cultural Heritage as a Weapon of War', *Journal of International Criminal Justice*, 14 (2016), pp. 1143–74

Breay, Claire, and Harrison, Julian (eds), *Magna Carta: Law, Liberty, Legacy* (London: British Library, 2015)

Breay, Claire, and Story, Joanna (eds), *Anglo- Saxon Kingdoms: Art, Word, War* (London: British Library, 2018)

Brent, Jonathan, 'The Last Books', *Jewish Ideas Daily*, 1 May 2013, http://www.jewishideasdaily.com/6413/features/the- last- books/

Brosius, Maria (ed.), *Ancient Archives and Archival Traditions: Concepts of Record-Keeping in the Ancient World* (Oxford: Oxford University Press, 2003)

Bruns, Axel, 'The Library of Congress Twitter Archive: A Failure of Historic Proportions', *Medium.com*, 2 January 2018, https://medium.com/dmrc-at-large/the-library-of-congress-twitter-archive-a-failure-of-historic-proportions-6dc1c3bc9e2c (Accessed: 2 September 2019)

Bryce, Trevor, *Life and Society in the Hittite World* (Oxford: Oxford University Press, 2002)

Buck, Peter, 'Seventeenth-Century Political Arithmetic: Civil Strife and Vital Statistics', *Isis*, 68 (1977), pp. 67–84

Buckingham, James Silk, *Travels in Mesopotamia*, 2 vols (London: Henry Colburn, 1827)

Burke, Peter, *A Social History of Knowledge II: From the Encyclopédie to Wikipedia* (Cambridge: Polity, 2012)

Burkeman, Oliver, 'Ancient Archive Lost in Baghdad Library Blaze', *Guardian*, 15 April 2003, https://www.theguardian.com/world/2003/apr/15/education.books (Accessed: 12 June 2019)

Burnett, Charles, 'The Coherence of the Arabic-Latin Translation Program in Toledo in the Twelfth Century', *Science in Context*, 14 (2001), pp. 249–88

Busby, Eleanor, 'Nearly 800 Public Libraries Closed Since Austerity Launched in 2010', *Independent*, 6 December 2019, https://www.independent.co.uk/news/uk/home-news/library-closure-austerity-funding-cuts-conservative-government-a9235561.html (Accessed: 4 April 2020)

'Cardinal Mercier in Ann Arbor', *Michigan Alumnus* (November 1919), pp. 64–6

Carley, James P., 'John Leland and the Contents of English Pre- Dissolution Libraries: The Cambridge Friars', *Transactions of the Cambridge Bibliographical Society*, 9 (1986), pp. 90–100

——, 'John Leland and the Contents of English Pre-Dissolution Libraries: Glastonbury Abbey', *Scriptorium*, 40 (1986), pp. 107–20

——, 'The Dispersal of the Monastic Libraries and the Salvaging of the Spoils', in Elisabeth Leedham-Green and Teresa Webber (eds), *The Cambridge History of Libraries in Britain and Ireland*, 1: *To 1640* (Cambridge: Cambridge University Press, 2006), pp. 265–91

Carpenter, Humphrey, *The Seven Lives of John Murray: The Story of a Publishing Dynasty 1768–2002* (London: John Murray, 2008)

Carpenter, Kenneth E., 'Libraries', in *A History of the Book in America*, 2: *Print, Culture, and Society in the New Nation, 1790–1840* (Chapel Hill, NC: University of North Carolina Press in association with the American Antiquarian Society, 2010), pp. 273–86

Carter, Harry, *A History of the Oxford University Press*, 1: *To the year 1780* (Oxford: Clarendon Press, 1975)

Casson, Lionel, *Libraries in the Ancient World* (New Haven, CT: Yale University Press, 2001)

Caswell, Michelle, '"Thank You Very Much, Now Give them Back": Cultural Property and the Fight over the Iraqi Baath Party Records', *American Archivist*, 74 (2011), pp. 211–40

Chifamba, Sarudzayi, 'Rhodesian Army Secrets Kept Safe in the UK', *Patriot*, 5 December 2013, https://www.thepatriot.co.zw/old_posts/rhodesian-army-secrets-kept-safe-in-the-uk/ (Accessed: 8 February 2020)

Choi, David, 'Trump Deletes Tweet after Flubbing Congressional Procedure After Disaster Relief Bill Passes in the House', *Business Insider*, 4 June 2019, https://www.businessinsider.com/trump-mistakes-congress-disaster-aid-bill-tweet-2019-6?r=US&IR=T (Accessed: 9 September 2019)

Clapinson, Mary, *A Brief History of the Bodleian Library* (Oxford: Bodleian Library, 2015)

Clark, Allen C., 'Sketch of Elias Boudinot Caldwell', *Records of the Columbia Historical Society, Washington, D.C.*, 24 (1992), pp. 204–13

Clark, John Willis, *The Care of Books: An Essay on the Development of Libraries and Their Fittings, From the Earliest Times to the End of the Eighteenth Century* (Cambridge: Cambridge University Press, 1909)

Clennell, William, 'The Bodleian Declaration: A History', *Bodleian Library Record*, 20 (2007), pp. 47–60

Conaway, James, *America's Library: The Story of the Library of Congress 1800–2000* (New Haven, CT: Yale University Press, 2000)

Conway, Paul, 'Preserving Imperfection: Assessing the Incidence of Digital Imaging Error in HathiTrust', *Digital Technology and Culture*, 42 (2013), pp. 17–30, https://deepblue.lib.umich.edu/bitstream/handle/2027.42/99522/J23%20Conway%20Preserving%20Imperfection%202013.pdf; sequence=1 (Accessed: 3 September 2019)

Coppens, Chris, Derez, Mark, and Roegiers, Jan (eds), *Leuven University Library 1425–2000* (Leuven: Leuven University Press, 2005)

Coqueugniot, Gaëlle, 'Where was the Royal Library of Pergamum?: An Institution Lost and Found Again', in Jason König, Katerina Oikonomopolou and Greg Woolf (eds), *Ancient Libraries* (Cambridge: Cambridge University Press, 2013), pp. 109–23

Coulter, Martin, and Shubber, Kadhim, 'Equifax to Pay almost $800m in US Settlement Over Data Breach', *Financial Times*, 22 July 2019, https://www.ft.com/content/dd98b94e- c62-11e9-8030-530adfa879c2 (Accessed: 15 April 2020)

Cox, Joseph, 'These Bots Tweet When Government Officials Edit Wikipedia', *Vice.com*, 10 July 2014, https://www.vice.com/en_us/article/pgaka8/these-bots-tweet-when-government-officials-edit-wikipedia (Accessed 30: August 2019)

Craig, Barbara, *Archival Appraisal: Theory and Practice* (Munich: K. G. Sauer, 2014)

Cuneiform Texts from Babylonian Tablets &c., in the British Museum (London: British Museum, 1896–)

Darnton, Robert, 'The Great Book Massacre', *New York Review of Books*, 26 April 2001, pp. 16–19

Davison, Phil, 'Ancient treasures destroyed', *Independent*, 27 August 1992, https://www.independent.co.uk/news/world/europe/ancienttreasures- destroyed- 1542650.html (Accessed: 18 February 2020)

de le Court, J. (ed.), *Recueil des ordonnances des Pays-Bas autrichiens. Troisième série: 1700–1794* (Brussels, 1894)

Deguara, Brittney, 'National Library Creates Facebook Time Capsule to Document New Zealand's History', *stuff.co.nz*, 5 September 2019, https://www.stuff.co.nz/ national/115494638/national- library- creates-facebook-time-capsule-to-document-new-zealands-history (Accessed: 6 September 2019)

Derrida, Jacques, *Archive Fever: A Freudian Impression* (Chicago: University of Chicago Press, 1998)

Desjardins, Jeff, 'What Happens in an Internet Minute in 2019', *Visualcapitalist.com*, 13 March 2019, https://www.visualcapitalist.com/what-happens-in-an-internet-minute-in-2019/ (Accessed: 5 June 2019)

Dimitrov, Martin K., and Sassoon, Joseph, 'State Security, Information, and Repression: A Comparison of Communist Bulgaria and Ba'thist Iraq', *Journal of Cold War Studies*, 16 (2014), pp. 3–31

Dixon, C. Scott, 'The Sense of the Past in Reformation Germany: Part II', *German History*, 30 (2012), pp. 175–98

Dolsten, Josefin, '5 Amazing Discoveries from a Hidden Trove', *Washington Jewish Week*, 30 November 2017, pp. 10–11

Donia, Robert J., *Sarajevo: A Biography* (London: Hurst & Co., 2006)

Doyle, Kate (ed.), 'Imminent Threat to Guatemala's Historical Archive of the National Police (AHPN)', *National Security Archive*, 30 May 2019, https://nsarchive.gwu. edu/news/guatemala/2019-05-30/imminent-threat- guatemalas- historical- archive-national- police- ahpn (Accessed: 2 June 2019)

Duffy, Eamon, *The Stripping of the Altars: Traditional Religion in England c.1400– c.1580* (New Haven, CT: Yale University Press, 1992)

Duke Humfrey's Library & the Divinity School, 1488–1988: An Exhibition at the Bodleian Library June–August 1988 (Oxford: Bodleian Library, 1988)

Dunford, Martin, *Yugoslavia: The Rough Guide* (London: Harrop Columbus, 1990)

Engelhart, Katie, 'How Britain Might Have Deliberately Concealed Evidence of Imperial Crimes', *Vice.com*, 6 September 2014, https://www.vice.com/en_us/ article/kz55yv/how-britain-might-have-deliberately-concealed-evidence-of-imperial-crimes (Accessed: 28 February 2020)

Esterow, Milton, 'The Hunt for the Nazi Loot Still Sitting on Library Shelves', *New York Times*, 14 January 2019, https://www.nytimes.com/2019/01/14/arts/nazi-loot-on-library-shelves.html (Accessed: 12 February 2020)

Feather, John, *Publishing, Piracy and Politics: An Historical Study of Copyright in Britain* (London: Mansell, 1994)

Feingold, Mordechai, 'Oriental Studies', in Nicholas Tyacke (ed.), *The History of the*

University of Oxford, 4: *Seventeenth- Century Oxford* (Oxford: Clarendon Press, 1997), pp. 449–504

Filkins, Dexter, 'Regrets Only?', *New York Times Magazine*, 7 October 2007, https://www.nytimes.com/2007/10/07/magazine/07MAKIYA- t.html (Accessed: 16 April 2019)

Finkel, Irving, 'Ashurbanipal's Library: Contents and Significance', in Gareth Brereton (ed.), *I am Ashurbanipal King of the World, King of Assyria* (London: Thames & Hudson/British Museum, 2018), pp. 88–97

Fishman, David E., 'Embers Plucked from the Fire: The Rescue of Jewish Cultural Treasures at Vilna', in Jonathan Rose (ed.), *The Holocaust and the Book: Destruction and Preservation* (Amherst, MA: University of Massachusetts Press, 2001), pp. 66–78

——, *The Book Smugglers: Partisans, Poets, and the Race to Save Jewish Treasures from the Nazis* (New York: Foredge, 2017)

Fleming, Patricia, Gallichan, Gilles, and Lamonde, Yves (eds), *History of the Book in Canada*, 1: *Beginnings to 1840* (Toronto: University of Toronto Press, 2004)

Flood, Alison, 'Turkish Government Destroys More Than 300,000 books', *Guardian*, 6 August 2019

Fox, Peter, *Trinity College Library Dublin: A History* (Cambridge: Cambridge University Press, 2014)

Frame, Grant, and George, A. R., 'The Royal Libraries of Nineveh: New Evidence for King Ashurbanipal's Tablet Collecting', *Iraq*, 67 (2005), pp. 265–84

Gallas, Elisabeth, *'Das Leichenhaus der Bücher': Kulturrestitution und jüdisches Geschichtsdenken nach 1945* (Göttingen: Vandenhoeck & Ruprecht, 2016)

Gameson, Richard, *The Earliest Books of Canterbury Cathedral: Manuscripts and Fragments to c.1200* (London: Bibliographical Society/ British Library/ Dean and Chapter of Canterbury, 2008)

——, 'From Vindolanda to Domesday: The Book in Britain from the Romans to the Normans', in Richard Gameson (ed.), *The Cambridge History of the Book in Britain*, 1: c.*400–1100* (Cambridge: Cambridge University Press, 2012), pp. 1–12

Ganz, David, 'Anglo-Saxon England', in Elisabeth Leedham-Green and Teresa Webber (eds), *The Cambridge History of Libraries in Britain and Ireland*, 1: *To 1640* (Cambridge: Cambridge University Press, 2006), pp. 91–108

García- Arenal, Mercedes, and Rodríguez Mediano, Fernando, 'Sacred History, Sacred Languages: The Question of Arabic in Early Modern Spain', in Jan Loop, et al. (eds), *The Teaching and Learning of Arabic in Early Modern Europe* (Leiden: Brill, 2017), pp. 133–62

Garton Ash, Timothy, *The File* (London: Atlantic Books, 1997)

——, 'True Confessions', *New York Review of Books*, 17 July 1997

——, *History of the Present: Essays, Sketches and Dispatches from Europe in the 1990s* (London: Allen Lane, 1999)

——, *Free Speech: Ten Principles for a Connected World* (London: Atlantic Books, 2016)

Gauck, Joachim, 'State Security Files', in Alex Boraine, Janet Levy and Ronel Sheffer (eds), *Dealing with the Past: Truth and Reconciliation in South Africa* (Cape Town: Institute for Democracy in South Africa, 1994), pp. 71–5

——, and Fry, Martin, 'Dealing with a Stasi Past', *Daedalus*, 123 (1994), pp. 277–84

Gellman, Barton, and Randal, Jonathan C., 'U.S. to Airlift Archive of Atrocities out of Iraq', *Washington Post*, 19 May 1992, p. A12

Gentleman, Amelia, 'Home Office Destroyed Windrush Landing Cards Says Ex- Staffer', *Guardian*, 17 April 2018, https://www.theguardian.com/uk-news/2018/apr/17/home-office-destroyed-windrush-landing-cards-says-ex-staffer (Accessed: 3 September 2019)

Gibbon, Edward, *The History of the Decline and Fall of the Roman Empire*, (ed.) David Womersely, 3 vols (London: Penguin Books, 1994–5)

Gleig, George Robert, *A Narrative of the Campaigns of the British Army at Washington and New Orleans, Under Generals Ross, Pakenham, and Lambert, in 1814 and 1815* (London: John Murray, 1821)

Gnisci, Jacopo (ed.), *Treasures of Ethiopia and Eritrea in the Bodleian Library, Oxford* (Oxford: Mana al-Athar, 2019)

Goldring, Elizabeth, *Nicholas Hilliard: Life of an Artist* (New Haven, CT: Published by the Paul Mellon Center for British Art by Yale University Press, 2019)

Goodman, Martin, *A History of Judaism* (London: Allen Lane, 2017)

Gordon, Martin K., 'Patrick Magruder: Citizen, Congressman, Librarian of Congress', *Quarterly Journal of the Library of Congress*, 32 (1975), pp. 153–71

Gravois, John, 'A Tug of War for Iraq's Memory', *Chronicle of Higher Education*, 54 (8 February 2008), pp. 7–10

Grendler, Paul F., *The Roman Inquisition and the Venetian Press, 1540–1605* (Princeton, NJ: Princeton University Press, 1977)

——, 'The Destruction of Hebrew Books in Venice in 1568', *Proceedings of the American Academy for Jewish Research*, 45 (1978), pp. 103–30

Grierson, Jamie, and Marsh, Sarah, 'Vital Immigration Papers Lost by UK Home Office', *Guardian*, 31 May 2018, https://www.theguardian.com/uk-news/2018/may/31/vital-immigration-papers-lost-by-uk-home-office (Accessed: 31 May 2018)

Grimsted, Patricia Kennedy, 'Displaced Archives and Restitution Problems on the Eastern Front in the Aftermath of the Second World War', *Contemporary European History*, 6 (1997), pp. 27–74

——, *Trophies of War and Empire: The Archival Heritage of Ukraine, World War II and the International Politics of Restitution* (Cambridge, MA: Harvard Ukrainian Research Institute, 2001)

——, 'The Postwar Fate of Einsatzstab Reichsleiter Rosenberg Archival and Library Plunder, and the Dispersal of ERR Records', *Holocaust and Genocide Studies*, 20, 2 (2006), pp. 278–308

Gross, Robert, and Kelley, Mary (eds), *A History of the Book in America*, 2: *An Extensive Republic: Print, Culture & Society in the New Nation 1790–1840* (Chapel Hill, NC: American Antiquarian Society and the University of North Carolina Press, 2010)

Große, Peter, and Sengewald, Barbara and Matthias, 'Der chronologische Ablauf der Ereignisse am 4. Dezember 1989', *Gesellschaft für Zeitgeschichte: Stasi-Besetzung*, 4.12.1989, http://www.gesellschaft-zeitgeschichte.de/geschichte/1-stasi-besetzung-1989-in-erfurt/der-4-dezember-1989-in-erfurt/ (Accessed: 6 June 2020)

Guppy, Henry, *The Reconstitution of the Library of the University of Louvain: Great Britain's Contribution 1914–1925* (Manchester: Manchester University Press, 1926)

Gutas, Dimitri, *Greek Thought, Arabic Culture: The Graeco-Arabic Translation Movement in Baghdad and Early Abbasid Society (2nd–4th/8th–10th centuries)* (London: Routledge, 2012)

Hacker, Joseph R., 'Sixteenth-Century Jewish Internal Censorship of Hebrew Books', in Joseph R. Hacker and Adam Shear (eds), *The Hebrew Book in Early Modern Italy* (Philadelphia, PA: University of Pennsylvania Press, 2011), pp. 109–20

Halvarsson, Edith, 'Over 20 Years of Digitization at the Bodleian Libraries', *Digital Preservation at Oxford and Cambridge*, 9 May 2017, http://www.dpoc.ac.uk/2017/05/09/over-20-years-of-digitization-at-the-bodleian-libraries/ (Accessed: 21 December 2019)

Hamel, Christopher de, *Syon Abbey: The Library of the Bridgettine Nuns and Their Peregrinations After the Reformation* (Otley: Printed for the Roxburghe Club, 1991)

——, 'The Dispersal of the Library of Christ Church Canterbury from the Fourteenth to the Sixteenth Century', in James P. Carley and Colin C. G. Tite (eds), *Books and Collectors 1200–1700: Essays Presented to Andrew Watson* (London: British Library, 1997), pp. 263–79

Hamilton, Alastair, 'The Learned Press: Oriental Languages', in Ian Gadd (ed.), *The History of Oxford University Press*, 1: *Beginnings to 1780* (Oxford: Oxford University Press, 2013), pp. 399–417

Hampshire, Edward, '"Apply the Flame More Searingly"': The Destruction and Migration of the Archives of British Colonial Administration: A Southeast Asia Case Study', *Journal of Imperial and Contemporary History*, 41 (2013), pp. 334–52

Handis, Michael W., 'Myth and History: Galen and the Alexandrian Library', in Jason König, Katerina Oikonomopolou and Greg Woolf (eds), *Ancient Libraries* (Cambridge: Cambridge University Press, 2013), pp. 364–76

Harris, Oliver, 'Motheaten, Mouldye, and Rotten: The Early Custodial History and Dissemination of John Leland's Manuscript Remains', *Bodleian Library Record*, 18 (2005), pp. 460–501

Harris, P. R., *A History of the British Museum Library 1753–1973* (London: British Library, 1998)

Harrison, William, and Edelen, George, *The Description of England: The Classic Contemporary Account of Tudor Social Life* (Washington, DC: Folger Library and Dover Publications, 1994)

Harvey, Adam, *MegaPixels*: https://megapixels.cc/ (Accessed: 2 September 2019)

Hatzimachili, Myrto, 'Ashes to Ashes? The Library of Alexandria after 48 bc', in Jason König, Katerina Oikonomopolou and Greg Woolf (eds), *Ancient Libraries* (Cambridge: Cambridge University Press, 2013), pp. 167–82

Haupt, P., 'Xenophon's Account of the Fall of Nineveh', *Journal of the American Oriental Society*, 28 (1907), pp. 99–107

Hayner, Priscilla B., *Unspeakable Truths: Transitional Justice and the Challenge of Truth Commissions*, 2nd edn (New York: Routledge, 2011)

Hebron, Stephen, *Marks of Genius: Masterpieces from the Collections of the Bodleian Libraries* (Oxford: Bodleian Library, 2014)

——, and Denliger, Elizabeth C., *Shelley's Ghost: Reshaping the Image of a Literary Family* (Oxford: Bodleian Library, 2010)

Hern, Alex, 'Flickr to Delete Millions of Photos as it Reduces Allowance for Free Users', *Guardian*, 18 November 2018, https://www.theguardian.com/technology/2018/nov/02/flickr-delete-millions-photos-reduce-allowance-free-users (Accessed: 2 June 2019)

Hill, Evan, 'Silicon Valley Can't Be Trusted with Our History', *Buzzfeednews.com*, 29 April 2018, https://www.buzzfeednews.com/article/evanhill/silicon-valley-cant-be-trusted-with-our-history (Accessed 1 July 2019)

Hill, Leonidas E., 'The Nazi Attack on "Un-German" Literature, 1933–1945', in Jonathan Rose (ed.), *The Holocaust and the Book: Destruction and Preservation* (Amherst, MA: University of Massachusetts Press, 2001), pp. 9–46

Hirschler, Konrad, *The Written Word in the Medieval Arabic Lands: A Social and Cultural History of Reading Practices* (Edinburgh: Edinburgh University Press, 2012)

——, *Medieval Damascus: Plurality and Diversity in an Arabic Library: The Ashrafiyya Library Catalogue* (Edinburgh: Edinburgh University Press, 2016)

Hoffman, Adina, and Cole, Peter, *Sacred Trash: The Lost and Found World of the Cairo Genizah* (New York: Schocken, 2011)

Hopf, Henning, Krief, Alain, Mehta, Goverdhan, and Matlin, Stephen A., 'Fake Science and the Knowledge Crisis: Ignorance Can Be Fatal', *Royal Society Open Science*, 6 (2019), 1–7, https://doi.org/10.1098/ rsos.190161

Horrigan, John B., *Libraries 2016*, Pew Research Center, Washington, DC, September 2016, https://www.pewinternet.org/2016/09/09/libraries-2016/ (Accessed: 8 September 2019)

Houston, George W., 'The Non-Philodemus Book Collection in the Villa of the Papyri', in Jason König, Katerina Oikonomopolou and Greg Woolf (eds), *Ancient Libraries* (Cambridge: Cambridge University Press, 2013), pp. 183–208

Hughes, Ted, *Winter Pollen: Occasional Prose*, (ed.) William Scammell (London: Faber & Faber, 1994)

Hunt, R. W. (ed.), *A Summary Catalogue of Western Manuscripts in the Bodleian Library at Oxford*, 1: *Historical Introduction and Conspectus of Shelf- Marks* (Oxford: Clarendon Press, 1953)

Huseinovic, Samir, and Arbutina, Zoran, 'Burned Library Symbolizes Multiethnic Sarajevo', *dw.com*, 25 August 2012, https://p.dw.com/p/15wWr (Accessed: 18 February 2020)

International Tribunal for the Prosecution of Persons Responsible for Serious Violations of International Humanitarian Law Committed in the Territory of the Former Yugoslavia Since 1991, *The Prosecutor vs. Ratko Mladić: 'Prosecution Submission of the Fourth Amended Indictment and Schedules of Incidents'*, Case Number: IT-09-92-PT, 16 December 2011, https://heritage.sense-agency.com/assets/sarajevo-national-library/sg-3-02-mladic-indictment-g-en.pdf (Accessed: 17 February 2020)

'Internet Archive is Suffering from a DDoS Attack', *Hacker News*, 15 June 2016, https://news.ycombinator.com/item?id=11911926 (Accessed: 2 June 2019)

'The *Irish Times* View: Neglect of the National Archives', *Irish Times*, 31 December 2019, https://www.irishtimes.com/opinion/editorial/the-irish-times-view-neglect-of-the-national-archives-1.4127639 (Accessed: 31 December 2019)

Jacob, Christian, 'Fragments of a History of Ancient Libraries', in Jason König, Katerina Oikonomopolou and Greg Woolf (eds), *Ancient Libraries* (Cambridge: Cambridge University Press, 2013), pp. 57–81

Jefferson, Thomas to Isaac Macpherson, 13 August 1813. Document 12 in Andrew A. Lipscomb and Albert Ellery Bergh (eds), *The Writings of Thomas Jefferson*, 13 (Washington, DC: Thomas Jefferson Memorial Association, 1905), pp. 333–5

Jenkinson, Hilary, and Bell, H. E., *Italian Archives During the War and at its Close* (London: HM Stationery Office, 1947)

Jeong, Sarah, 'Anti-ISIS Hacktivists are Attacking the Internet Archive', *Tech by Vice: Motherboard*, 15 June 2016, https://web.archive.org/web/20190523193053/https://www.vice.com/en_us/article/3davzn/anti-isis-hacktivists-are-attacking-the-internet-archive (Accessed: 1 September 2019)

Johnston, William Dawson, *History of the Library of Congress*, 1: *1800–1864* (Washington, DC: Government Printing Office, 1904)

Jones, Emrys, 'Ordeal by Fire', *Daily Mail*, 31 December 1940, p. 2

Jones, Meg Leta, *Ctrl + Z: The Right to be Forgotten* (New York: New York University Press, 2016)

Kalender, Fahrudin, 'In Memoriam: Aida (Fadila) Buturovic (1959–1992)', *Bibliotekarstvo: godišnjak Društva bibliotekara Bosne i Hercegovine*, 37–41 (1992–6), p. 73

Karabinos, Michael Joseph, 'Displaced Archives, Displaced History: Recovering the Seized Archives of Indonesia', *Bijdragen tot de Taal-, Land- en Volkenkunde*, 169 (2013), pp. 279–94

Kenosi, Lekoko, 'Preserving and Accessing the South African Truth and Reconciliation Commission Records', in James Lowry and Justus Wamukoya (eds), *Integrity in Government Through Records Management: Essays in Honour of Anne Thurston* (Farnham: Ashgate, 2014), pp. 111–23

Ker, Neil R., *Pastedowns in Oxford Bindings With a Survey of Oxford Binding c.1515–1620* (Oxford: Oxford Bibliographical Society publications, new series 5, 1954)

——, 'Cardinal Cervini's Manuscripts from the Cambridge Friars', in Andrew G. Watson (ed.), *Books, Collectors and Libraries: Studies in the Medieval Heritage* (London: Hambledon Press, 1985), pp. 437–58

——, 'Oxford College Libraries before 1500', in Andrew G. Watson (ed.), *Books, Collectors and Libraries: Studies in the Medieval Heritage* (London: Hambledon Press, 1985), pp. 301–20

Klinenberg, Eric, *Palaces for the People: How to Build a More Equal and United Society* (London: Bodley Head, 2018)

Knowles, David, *The Religious Orders in England*, 3: *The Tudor Age* (Cambridge: Cambridge University Press, 1959)

Knuth, Rebecca, *Libricide: The Regime-Sponsored Destruction of Books and Libraries in the Twentieth Century* (Westport, CT: Praeger, 2003)

——, *Burning Books and Levelling Libraries: Extremist Violence and Cultural Destruction* (Westport, CT: Praeger, 2006)

Koller, Markus, and Karpat, Kemal H. (eds), *Ottoman Bosnia: A History in Peril* (Madison, WI: Publication of the Center for Turkish Studies, University of Wisconsin Press, 2004)

Kominko, Maja (ed.), *From Dust to Digital: Ten Years of the Endangered Archives Programme* (Cambridge: Open Book Publishers, 2015)

König, Jason, Oikonomopolou, Katarina, and Woolf, Greg (eds), *Ancient Libraries* (Cambridge: Cambridge University Press, 2013)

Koslowski, Max, 'National Archives May Not Survive Unless Funding Doubles, Warns Council', *Canberra Times*, 18 July 2019, https://www.canberratimes.com.au/story/6279683/archives-may-not-survive-unless-funding-doubles-warns-council/?cs=14350 (Accessed: 11 September 2019)

Krevans, Nita, 'Bookburning and the Poetic Deathbed: The Legacy of Virgil', in Philip Hardie and Helen Moore (eds), *Classical Literary Careers and Their Reception* (Cambridge: Cambridge University Press, 2010), pp. 197–208

Kruk, Herman, 'Library and Reading Room in the Vilna Ghetto, Strashun Street 6', in Jonathan Rose (ed.), *The Holocaust and the Book: Destruction and Preservation* (Amherst, MA: University of Massachusetts Press, 2001), pp. 171–200

Kuznitz, Cecile Esther, *YIVO and the Making of Modern Jewish Culture: Scholarship for the Yiddish Nation* (Cambridge: Cambridge University Press, 2014)

Labbé, Thomas, et al., 'The Longest Homogeneous Series of Grape Harvest Dates, Beaune 1354–2018, and its Significance for the Understanding of Past and Present Climate', *Climate of the Past*, 15 (2019), pp. 1485–1501, https://doi.org/10.5194/cp-15-1485-2019

Lapidge, Michael, *The Anglo-Saxon Library* (Oxford: Oxford University Press, 2008)

Larkin, Philip, 'A Neglected Responsibility: Contemporary Literary Manuscripts', in *Required Writing: Miscellaneous Pieces 1955–1982* (London: Faber & Faber, 1983), pp. 98–108

——, *Selected Letters of Philip Larkin 1940–1985*, (ed.) Anthony Thwaite (London: Faber & Faber, 1992)

——, *Letters to Monica*, (ed.) Anthony Thwaite (London: Faber & Faber in association with the Bodleian Library, 2010)

——, *Complete Poems*, (ed.) Archie Burnett (New York: Farrar, Straus & Giroux, 2012)

——, *Letters Home 1936–1977*, (ed.) James Booth (London: Faber & Faber, 2018)

Layard, Austen H., *Discoveries in the Ruins of Nineveh and Babylon* (London: John Murray, 1853)

Led By Donkeys: How Four Friends with a Ladder Took on Brexit (London: Atlantic Books, 2019)

Leland, John, *The laboryouse journey & serche . . . for Englandes antiquitees . . .*, (ed.) John Bale (London: S. Mierdman, 1549)

——, *The Itinerary of John Leland*, (ed.) Lucy Toulmin Smith, 5 vols (London: Centaur Press, 1964)

——, *De uiris illustribus. On famous men*, (ed.) James P. Carley (Toronto: Pontifical Institute of Medieval Studies/Oxford: Bodleian Library, 2010)

Letters of Sir Thomas Bodley to the University of Oxford 1598–1611, (ed.) G. W. Wheeler (Oxford: Printed for private circulation at Oxford University Press, 1927)

'Librarian of Louvain Tells of War Losses', *New York Times*, 17 April 1941, p. 1

Libraries Connected, 'Value of Libraries', https://www.librariesconnected.org.uk/page/value-of-libraries (Accessed: 25 August 2019)

The Libraries of King Henry VIII, (ed.) James P. Carley (*Corpus of British Medieval Library Catalogues 7*) (London: British Library in association with the British Academy, 2000)

Lieberman, S. J., 'Canonical and Official Cuneiform Texts: Towards an Understanding of Assurbanipal's Personal Tablet Collection', in Tzvi Abusch, John Huehnergard and Piotr Steinkeller (eds), *Lingering Over Words: Studies in Ancient Near Eastern Literature in Honor of William L.*

Moran (Atlanta, GA: Scholars' Press, 1990), pp. 310–11

Lipstadt, Deborah, *Denying the Holocaust: The Growing Assault on Truth and Memory* (New York: Free Press, 1993)

Lloyd, Seton, *Foundations in the Dust: The Story of Mesopotamian Exploration* (London: Thames & Hudson, 1980)

Locker-Lampson, Frederick, 'Tennyson on the Romantic Poets', in Norman Page (ed.), *Tennyson: Interviews and Recollections* (Basingstoke: Macmillan, 1983)

Lor, Peter, 'Burning Libraries for the People: Questions and Challenges for the Library Profession in South Africa', *Libri* (2013), pp. 359–72

The Lorsch Gospels – Introduction by Wolfgang Braunfels (New York: George Braziller, 1967)

Lowndes, Susan, *Portugal: A Traveller's Guide* (London: Thornton Cox, 1989)

Lowry, James (ed.), *Displaced Archives* (London: Routledge, 2014)

Lustig, Jason, 'Who Are to Be the Successors of European Jewry? The Restitution of German Jewish Communal and Cultural Property', *Journal of Contemporary History*, 52 (2017), pp. 519–45

MacCarthy, Fiona, *Byron: Life and Legend* (London: John Murray, 2002)

McClanahan, Kel, 'Trump and the Demise of the Presidential Records Honor System', *JustSecurity*, 22 March 2019, https://www.justsecurity.org/63348/trump-and-the-demise-of-the-presidential-records-honor-system/ (Accessed: 13 August 2019)

McConica, James (ed.), *The History of the University of Oxford*, III: *The Collegiate University* (Oxford: Oxford University Press, 1986)

MacCulloch, Diarmaid, *Thomas Cromwell: A Life* (London: Allen Lane, 2018)

McDougall, James, *A History of Algeria* (Cambridge: Cambridge University Press, 2017)

MacGinnis, John, 'The Fall of Assyria and the Aftermath of the Empire', in Gareth Brereton (ed.), *I am Ashurbanipal King of the World, King of Assyria* (London: Thames & Hudson/British Museum, 2018), pp. 276–85

McKenzie, Judith S., Gibson, Sheila, and Reyes, A. T., 'Reconstructing the Serapeum in Alexandria from the Archaeological Evidence', *Journal of Roman Studies*, 94 (2004), pp. 73–121

McKitterick, David, *Cambridge University Library, A History: The Eighteenth and Nineteenth Centuries* (Cambridge: Cambridge University Press, 1986)

MacLeod, Roy, 'Introduction: Alexandria in History and Myth', in Roy MacLeod (ed.), *The Library of Alexandria: Centre of Learning in the Ancient World* (London: I. B. Tauris, 2000), pp. 1–15

MacMillan, Margaret, *The War That Ended Peace: How Europe Abandoned Peace for the First World War* (London: Profile, 2013)

Macray, William Dunn, *Annals of the Bodleian Library Oxford*, 2nd edn, Enlarged and Continued from 1868 to 1880 (Oxford: Clarendon Press, 1890)

Maddrell, Paul, 'The Revolution Made Law: The Work Since 2001 of the Federal Commissioner for the Records of the State Security Service of the Former German Democratic Republic', *Cold War History*, 4 (2004), pp. 153–62

Madison, James, *The Papers of James Madison*, (ed.) Henry Gilpin, 4 vols (New York: J. & H. G. Langley, 1841)

Makiya, Kanan, *Republic of Fear: The Politics of Modern Iraq* (Berkeley, CA: University of California Press, 1998)

——, 'A Model for Post-Saddam Iraq', *Journal of Democracy*, 14 (2003), pp. 5–12

——, 'A Personal Note', in *The Rope* (New York: Pantheon, 2016), pp. 297–319

Malcolm, Janet, *The Silent Woman: Sylvia Plath and Ted Hughes* (New York: Knopf, 1994)

Malcolm, Noel, *Bosnia: A Short History* (London: Macmillan, 1994)

——, 'Preface', in Markus Koller and Kemal H. Karpat (eds), *Ottoman Bosnia: A History in Peril* (Madison, WI: Publication of the Center for Turkish Studies, University of Wisconsin, 2004), pp. vii–viii

Matthäus, Jürgen, 'Nazi Genocides', in Richard J. Bosworth and Joseph A. Maiolo (eds), *The Cambridge History of the Second World War*, 2: *Politics and Ideology* (Cambridge: Cambridge University Press, 2015), pp. 162–80

Matthies, Volker, *The Siege of Magdala: The British Empire Against the Emperor of Ethiopia* (Princeton, NJ: Markus Wiener, 2012)

Max, Stanley M., 'Tory Reaction to the Public Libraries Bill, 1850', *Journal of Library History*, 19 (1974–87), pp. 504–24

Mayer- Schönberger, Viktor, *Delete: The Virtue of Forgetting in the Digital Age* (Princeton, NJ: Princeton University Press, 2009)

Meehan, Bernard, *The Book of Kells* (London: Thames & Hudson, 2012)

Mercier, Désiré- Félicien- François- Joseph, *Pastoral Letter of his Eminence Cardinal Mercier Archbishop of Malines Primate of Belgium Christmas 1914* (London: Burns & Oates Ltd, 1914)

Mill, John Stuart, *On Liberty, Utilitarianism, and Other Essays*, (eds) Mark Philp and Frederick Rosen (Oxford: Oxford University Press, 2015)

Mittler, Elmar (ed.), *Bibliotheca Palatina: Katalog zur Austellung vom. 8 Juli bis 2. Nov 1986, Heideliggeitskirche Heidelberg* (Heidelberg: Braus, 1986)

Moldrich, Donovan, 'Tamils Accuse Police of Cultural Genocide', *The Times*, 8 September 1984, p. 4

Montagne, Renée, 'Iraq's Memory Foundation: Context in Culture', *Morning Edition* (NPR), 22 March 2005, https://www.npr.org/templates/story/story.php?storyId=4554528 (Accessed: 16 April 2019)

Montgomery, Bruce P., 'The Iraqi Secret Police Files: A Documentary Record of the Anfal Genocide', *Archivaria*, 52 (2001), pp. 69–99

——, 'Immortality in the Secret Police Files: The Iraq Memory Foundation and the Baath Party Archive', *International Journal of Cultural Property*, 18 (2011), pp. 309–36

——, 'US Seizure, Exploitation, and Restitution of Saddam Hussein's Archive of Atrocity', *Journal of American Studies*, 48 (2014), pp. 559–93

——, and Brill, Michael P., 'The Ghosts of Past Wars Live on in a Critical Archive', *War on the Rocks*, 11 September 2019, https://warontherocks.com/2019/09/the-ghosts-of-past-wars-live-on-in-a-critical-archive/ (Accessed: 3 October 2019)

Moran, Jessica, 'Is Your Facebook Account an Archive of the Future?', *National Library of New Zealand Blog*, 30 August 2019, https://natlib.govt.nz/blog/posts/is-your-facebook-account-an-archive-of-the-future (Accessed: 6 September 2019)

Motion, Andrew, *Philip Larkin: A Writer's Life* (London: Faber & Faber, 1993)

Murgia, Madhumita, 'Microsoft Quietly Deletes Largest Public Face Recognition Data Set', *Financial Times*, 6 June 2019, https://www.ft.com/content/7d3e0d6a-87a0-11e9-a028-86cea8523dc2 (Accessed: 2 September 2019)

Murray, Nicholas, *Kafka* (London: Little Brown, 2004)

Myres, J. N. L., 'Recent Discoveries in the Bodleian Library', *Archaeologia*, 101 (1967), pp. 151–68

Naisbitt, John, *Megatrends* (London: Futura, 1984)

Naudé, Gabriel, *Advice on Establishing a Library*, with an Introduction by Archer Taylor (Berkeley, CA: University of California Press, 1950)

'Nazis Charge, British Set Fire to Library', *New York Times*, 27 June 1940, p. 12

'News Reel Shows Nazi Bombing', *Daily Mail*, 28 May 1940, p. 3

Now Special Edition, 17 March 2003, transcript, https://www.pbs.org/now/transcript/transcript031703_full.html (Accessed: 17 March 2019)

Oates, Joan, and Oates, David, *Nimrud: An Assyrian Imperial City Revealed* (London: British School of Archaeology in Iraq, 2001)

O'Brien, Hettie, 'Spy Stories: How Privacy is Informed by the Past', *Times Literary Supplement*, 16 August 2019, p. 11

O'Dell, Eoin, 'Not Archiving the .ie Domain, and the Death of New Politics', *Cearta.ie: the Irish for Rights*, 17 May 2019, http://www.cearta.ie/2019/05/not-archiving-the-ie-domain-and-the-death-of-new-politics/ (Accessed: 18 May 2019)

Ojo, Oluseye, 'National Archives "in a Very Sorry State", Historians Warn', *Sunnewsonline*, 1 September 2019, https://www.sunnewsonline.com/national-archives-in-very-sorry-state-historians-warn/ (Accessed: 10 September 2019)

Orwell, George, *Nineteen Eighty- Four* (London: Penguin, 1989)

Ostrowski, Carl, *Books, Maps, and Politics: A Cultural History of the Library of Congress 1783–1861* (Amherst, MA: University of Massachusetts Press, 2004)

Ovenden, Richard, 'Scipio le Squyer and the Fate of Monastic Cartularies in the Early Seventeenth Century', *The Library*, 6th series, 13 (1991), pp. 323–37

——, 'The Libraries of the Antiquaries, 1580–1640 and the Idea of a National Collection', in Elisabeth Leedham-Green and Teresa Webber (eds), *The Cambridge History of Libraries in Britain and Ireland*, 1: *To 1640* (Cambridge: Cambridge University Press, 2006), pp. 527–61

——, 'Catalogues of the Bodleian Library and Other Collections', in Ian Gadd (ed.), *The History of Oxford University Press*, 1: *Beginnings to 1780* (Oxford: Oxford University Press, 2013), pp. 278–92

——, 'Virtual Memory: The Race to Save the Information Age', *Financial Times Weekend*, 21–22 May 2016, https://www.ft.com/content/907fe3a6-1ce3-11e6-b286-cddde55ca122 (Accessed: 22 November 2018)

——, 'The Manuscript Library of Lord William Howard of Naworth (1563–1640)', in James Willoughby and Jeremy Catto (eds), *Books and Bookmen in Early Modern Britain: Essays Presented to James P. Carley* (Toronto: Pontifical Institute of Medieval Studies, 2018), pp. 278–318

——, 'The Windrush Scandal Reminds Us of the Value of Archives', *Financial Times*, 25 April 2018, https://www.ft.com/content/5cc54f2a-4882-11e8-8c77-ff51caedcde6 (Accessed: 22 November 2018)

——, 'We Must Fight to Preserve Digital Information', *The Economist*, 21 February 2019, https://www.economist.com/open-future/2019/02/21/we-must-fight-to-preserve-digital-information

Pankhurst, Richard, 'The Removal and Restitution of the Third World's Historical and Cultural Objects: The Case of Ethiopia', *Development Dialogue*, 1–2 (1982), pp. 134–40

Pankhurst, Rita, 'The Library of Emperor Tewodros II at Maqdala', *Bulletin of the School of Oriental and African Studies*, 36 (1973), pp. 14–42

Parkes, M. B., 'The Provision of Books', in J. I. Catto and Ralph Evans (eds), *A History of the University of Oxford*, 2: *Late Medieval Oxford* (Oxford: Clarendon Press, 1992), pp. 407–84

Parpola, Simo, 'Assyrian Library Records', *Journal of Near Eastern Studies*, 42 (1983), pp. 1–23

——, 'Library of Assurbanipal', in Roger S. Bagnall, et al. (eds), *The Encyclopedia of Ancient History* (Oxford: Wiley-Blackwell, 2010)

Pearson, David, *Oxford Bookbinding 1500–1640* (Oxford: Oxford Bibliographical Society Publications, 3rd series, 3, 2000)

Pedersén, Olof, *Archives and Libraries in the Ancient Near East 1500–300 bc* (Bethesda, MD: CDL Press, 1998)

Pepys, Samuel, *The Diary of Samuel Pepys*, (eds) Robert Latham and William Matthews, 11 vols (London: G. Bell & Sons, 1970–83)

Peterson, William S., *The Kelmscott Press: A History of William Morris's Typographical Adventure* (Oxford: Oxford University Press, 1991)

Pfeiffer, Judith (ed.), *Politics, Patronage and the Transmission of Knowledge in 13th–*

15th Century Tabriz (Leiden: Brill, 2013)

Philip, Ian, *The Bodleian Library in the Seventeenth and Eighteenth Centuries* (Oxford: Clarendon Press, 1983)

Piper, Ernst, *Alfred Rosenberg: Hitler's Chefideologe* (Munich: Karl Blessing Verlag, 2005)

Plath, Sylvia, *The Journals of Sylvia Plath*, Foreword by Ted Hughes (New York: Ballantyne Books, 1983)

——, *The Unabridged Journals of Sylvia Plath: 1950–1962*, (ed.) Karen V. Kukil (New York: Anchor, 2000)

Pogson, K. M., 'A Grand Inquisitor and His Books', *Bodleian Quarterly Record*, 3 (1920), pp. 239–44

Poole, Reginald Lane, *A Lecture on the History of the University Archives* (Oxford: Clarendon Press, 1912)

Posner, Ernst, 'The Effect of Changes in Sovereignty on Archives', *American Archivist*, 5 (1942), pp. 141–55

——, *Archives & the Public Interest: Selected essays by Ernst Posner*, (ed.) Ken Munden (Washington, DC: Public Affairs, 1967)

——, *Archives in the Ancient World* (Cambridge, MA: Harvard University Press, 1972)

Potts, D. T., 'Before Alexandria: Libraries in the Ancient Near East', in Roy MacLeod (ed.), *The Library of Alexandria: Centre of Learning in the Ancient World* (London: I. B. Tauris, 2000), pp. 19–33

Prest, Wilfred, *William Blackstone: Law and Letters in the Eighteenth Century* (Oxford: Oxford University Press, 2008)

Price, David H., *Johannes Reuchlin and the Campaign to Destroy Jewish Books* (Oxford: Oxford University Press, 2010)

Proctor, Tammy M., 'The Louvain Library and US Ambition in Interwar Belgium', *Journal of Contemporary History*, 50 (2015), pp. 147–67

Pullman, Philip, *The Book of Dust*, 1: *La Belle Sauvage* (London: David Fickling in association with Penguin, 2017)

Purcell, Mark, 'Warfare and Collection-Building: The Faro Raid of 1596', *Library History*, 18 (2013), pp. 17–24

Rabinowitz, Dan, *The Lost Library: The Legacy of Vilna's Strashun Library in the Aftermath of the Holocaust* (Waltham, MA: Brandeis University Press, 2019)

Rajak, Tessa, *Translation and Survival: The Greek Bible of the Ancient Jewish Diaspora* (Oxford: Oxford University Press, 2009)

Rankovic, Didi, 'The Internet Archive Risks Being Blocked in Russia Over Copyright

Suits', *Reclaimthenet.org*, 24 August 2019, https://reclaimthenet.org/the-internet-archive-risks-blocked-isps/ (Accessed: 30 August 2019)

Raven, James (ed.), *Lost Libraries: The Destruction of Great Book Collections Since Antiquity* (London: Palgrave Macmillan, 2004)

——, 'The Resonances of Loss', in James Raven (ed.), *Lost Libraries: The Destruction of Great Book Collections Since Antiquity* (London: Palgrave Macmillan, 2004), pp. 1–40

Read, Christopher (ed.), *Letters of Ted Hughes* (London: Faber & Faber, 2007)

Reade, Julian, 'Archaeology and the Kuyunjik Archives', in Klaas R. Veenhof (ed.), *Cuneiform Archives and Libraries: Papers Read at the 30e Rencontre assyriologique internationale, Leiden, 3–8 July 1983* (Istanbul: Nederlands Historisch-Archaeologisch Instituut te Istanbul, 1986), pp. 213–22

——, 'Hormuzd Rassam and His Discoveries', *Iraq*, 55 (1993), pp. 39–62

Reynolds, L. D., and Wilson, N. G., *Scribes & Scholars: A Guide to the Transmission of the Greek & Latin Literature*, 3rd edn (Oxford: Clarendon Press, 1991)

Rich, Claudius James, *Narrative of a Residence in Koordistan, and on the Site of Ancient Nineveh* (London: James Duncan, 1836)

Riedlmayer, András, '*Convivencia* Under Fire: Genocide and Book Burning in Bosnia', in Jonathan Rose (ed.), *The Holocaust and the Book: Destruction and Preservation* (Amherst, MA: University of Massachusetts Press, 2001), pp. 266–91

——, 'The Bosnian Manuscript Ingathering Project', in Markus Koller and Kemal Karpat (eds), *Ottoman Bosnia: A History in Peril* (Madison, WI: Publication of the Center for Turkish Studies, University of Wisconsin Press, 2004), pp. 27–38

——, *Destruction of Cultural Heritage in Bosnia-Herzegovina, 1992–1996: A Post-War Survey of Selected Municipalities* (Milosevic Case No. IT- 02- 54, Exhibit P486, Date 08/-7/2003 and Krajisnik Case No. IT-00-39, Exhibit P732, Date: 23/05/2005)

——, 'Crimes of War, Crimes of Peace: Destruction of Libraries During and After the Balkan Wars of the 1990s', in Michèle Cloonan and Ross Harvey (eds), *Preserving Cultural Heritage*, *Library Trends*, 56 (2007), pp. 107–32

——, 'Foundations of the Ottoman Period in the Balkan Wars of the 1990s', in Mehmet Kurtoğlu (ed.), *Balkan'larda Osmanlı Vakıfları ve Eserleri Uluslararası Sempozyumu, İstanbul-Edirne 9-10-11 Mayıs 2012* (Ankara: T. C. Başbakanlık Vakıflar Genel Müdürlüğü, 2012), pp. 89–110

Riley-Smith, Ben, 'Expenses and Sex Scandal Deleted from MPs' Wikipedia Pages by Computers Inside Parliament', *Daily Telegraph*, 26 May 2015, https://www.telegraph.co.uk/news/general-election-2015/11574217/Expenses-and-sex-scandal-deleted-from-MPs-Wikipedia-pages-by-computers-inside-Parliament.html (Accessed: 29 August 2019)

Ritchie, J. C., 'The Nazi Book- Burning', *Modern Language Review*, 83 (1988), pp. 627–43

Robertson, J. C., 'Reckoning with London: Interpreting the *Bills of Mortality* Before John Graunt', *Urban History*, 23 (1996), pp. 325–50

Robson, Ann, 'The Intellectual Background to the Public Library Movement in Britain', *Journal of Library History*, 11 (1976), pp. 187–205

Robson, Eleanor, 'The Clay Tablet Book in Sumer, Assyria, and Babylonia', in Simon Eliot and Jonathan Rose (eds), *A Companion to the History of the Book* (Malden, MA: Blackwell Publishing, 2009), pp. 67–83

——, and Stevens, K., 'Scholarly Tablet Collections in First- Millennium Assyria and Babylonia, *c.*700–200 bce', in Gojko Barjamovic and Kim

Ryholt (eds), *Libraries Before Alexandria: Near Eastern Traditions* (Oxford: Oxford University Press, 2019), pp. 319–66

Rose, Jonathan, 'Introduction', in Jonathan Rose (ed.), *The Holocaust and the Book: Destruction and Preservation* (Amherst, MA: University of Massachusetts Press, 2001), pp. 1–6

Rosenbach, A. S. W., *A Book Hunter's Holiday: Adventures With Books and Manuscripts* (Boston: Houghton Mifflin, 1936)

Rosenzweig, Roy, 'Scarcity or Abundance? Preserving the Past in a Digital Era', *American Historical Review*, 108 (2003), pp. 735–62

Roskies, David G. (ed.), *Voices from the Warsaw Ghetto: Writing Our History* (New Haven, CT: Yale University Press, 2019)

Rossi, Valentina Sagaria, and Schmidtke, Sabine, 'The Zaydi Manuscript Tradition (ZMT) Project: Digitizing the Collections of Yemeni Manuscripts in Italian Libraries', *COMSt Bulletin*, 5/1 (2019), pp. 43–59

Rozenberg, Joshua, 'Magna Carta in the Modern Age', in Claire Breay and Julian Harrison (eds), *Magna Carta: Law, Liberty, Legacy* (London: British Library, 2015), pp. 209–57

Rundle, David, 'Habits of Manuscript-Collecting: The Dispersals of the Library of Humfrey, Duke of Gloucester', in James Raven (ed.), *Lost Libraries: The Destruction of Great Book Collections Since Antiquity* (London: Palgrave Macmillan, 2004), pp. 106–24

Rydell, Anders, *The Book Thieves: The Nazi Looting of Europe's Libraries and the Race to Return a Literary Inheritance* (New York: Viking, 2017)

Sahner, Christian C., 'Yemen's Threatened Cultural Heritage', *Wall Street Journal*, 26

December 2018, https://www.wsj.com/articles/yemens-threatened-cultural-herit-age-11545739200 (Accessed: 4 January 2019)

SalahEldeen, Hany M., and Nelson, Michael L., 'Losing My Revolution: How Many Resources Shared on Social Media Have Been Lost?', in Panayiotis Zaphiris, George Buchanan, Edie Rasmussen and Fernando Loizides (eds), *Theory and Practice of Digital Libraries: Second International Conference, TPDL 2012, Paphos, Cyprus, September 23–27, 2012. Proceedings* (Berlin: Springer, 2012), pp. 125–37

Saleh, Maryam, 'Protection or Plunder: A U.S. Journalist Took Thousands of ISIS Files Out of Iraq, Reigniting a Bitter Dispute Over the Theft of Iraqi History', *Intercept*, 23 May 2018, https://theintercept.com/2018/05/23/isis-files-podcast-new-york-times-iraq/

Sambandan, V. S., 'The Story of the Jaffna Public Library', *Frontline*, 20, 15–28 March 2003, https://frontline.thehindu.com/magazine/archive (Accessed: 13 April 2019)

Sassoon, Joseph, *Saddam Hussein's Ba'ath Party: Inside an Authoritarian Regime* (Cambridge: Cambridge University Press, 2012)

——, 'The East German Ministry for State Security and Iraq, 1968–1989', *Journal of Cold War Studies*, 16 (2014), pp. 4–23

——, *Anatomy of Authoritarianism in the Arab Republics* (Cambridge: Cambridge University Press, 2016)

Savoy, Bénédicte, and Sarr, Felwine, *Report on the Restitution of African Cultural Heritage, Toward a New Relational Ethics* (Paris: Ministère de la Culture / CRNS-ENS Paris Saclay Université Paris Nanterre, 2018), http://restitutionreport2018.com/sarr_savoy_en.pdf (Accessed: 12 January 2019)

Schipper, Friedrich T., and Frank, Erich, 'A Concise Legal History of the Protection of Cultural Property in the Event of Armed Conflict and a Comparative Analysis of the 1935 Roerich Pact and the 1954 Hague Convention in the Context of the Law of War', *Archaeologies: Journal of the World Archaeological Congress*, 9 (2013), pp. 13–28

Schivelbusch, Wolfgang, *Die Bibliothek von Löwen: eine Episode aus der Zeit der Weltkriege* (Munich: Carl Henser Verlag, 1988)

Schmidt- Glintzer, Helwig, and Arnold, Helwig (eds), *A Treasure House of Books: The Library of Duke August of Brunswick- Wolfenbüttel* (Wiesbaden: Harrassowitz, 1998)

Schmidtke, Sabine, 'The History of Zaydī Studies: An Introduction', *Arabica*, 59 (2012), pp. 85–199

——, 'The Zaydi Manuscript Tradition: Preserving, Studying, and Democratizing Access to the World Heritage of Islamic Manuscripts', *IAS The Institute Letter* (Spring 2017), pp. 14–15

Schork, Kurt, 'Jewel of a City Destroyed by Fire', *The Times*, 27 August 1992, p. 10

Shamir, Avner, 'Johannes Pfefferkorn and the Dual Form of the Confiscation Campaign', in Jonathan Adams and Cordelia Heß (eds), *Revealing the Secrets of the Jews: Johannes Pfefferkorn and Christian Writings About Jewish Life and Literature in Early Modern Europe* (Munich: de Gruyter, 2017), pp. 61–76

Shelley, Percy Bysshe, *Letters of Percy Bysshe Shelley*, (ed.) F. L. Jones, 2 vols (Oxford: Clarendon Press, 1964)

Shepard, Todd, '"Of Sovereignty": Disputed Archives, "Wholly Modern" Archives, and the Post-Decolonisation French and Algerian Republics, 1962–2012', *American Historical Review* (2015), pp. 869–83

Sherwood, Harriet, 'Led by Donkeys Reveal Their Faces at Last: "No One Knew It Was Us"', *Observer*, 25 May 2019, https://www.theguardian.com/politics/2019/may/25/led-by-donkeys-reveal-identities-brexit-billboards-posters

Sider, Sandra, 'Herculaneum's Library in ad 79: The Villa of the Papyri', *Libraries & Culture* (1990), pp. 534–42

Slack, Paul, 'Government and Information in Seventeenth-Century England', *Past & Present*, 184 (2004), pp. 33–68

——, *The Invention of Improvement: Information and Material Progress in Seventeenth- Century England* (Oxford: Oxford University Press, 2015)

Southern, R. W., 'From Schools to University', in J. I. Catto (ed.), *The History of the University of Oxford*, 1: *The Early Oxford Schools* (Oxford: Clarendon Press, 1984), pp. 1–36

Sroka, Marek, 'The Destruction of Jewish Libraries and Archives in Cracow During World War II', *Libraries & Culture*, 28 (2003), pp. 147–65

Stach, Reiner, *Kafka: The Years of Insight* (Princeton, NJ: Princeton University Press, 2008)

Steinweis, Alan E., *Studying the Jew: Scholarly Antisemitism in Nazi Germany* (Cambridge, MA: Harvard University Press, 2006)

Stevenson, Tom, 'How to Run a Caliphate', *London Review of Books*, 20 June 2019, pp. 9–10

Stipcević, Aleksandar, 'The Oriental Books and Libraries in Bosnia during the War, 1992–1994', *Libraries & Culture*, 33 (1998), pp. 277–82

Stroumsa, Sarah, 'Between "Canon" and Library in Medieval Jewish Philosophical Thought', *Intellectual History of the Islamicate World*, 5 (2017), pp. 28–54

Suetonius, *Lives of the Caesars*, (ed.) John Carew Rolfe, 2 vols (Cambridge, MA: Harvard University Press, 2014)

Sutter, Sem C., 'The Lost Jewish Libraries of Vilna and the Frankfurt Institut zur Erforschung der Judenfrage', in James Raven (ed.), *Lost Libraries: The Destruction of Great Book Collections Since Antiquity* (London: Palgrave MacMillan, 2004), pp. 219–35

Swaine, John, 'Trump Inauguration Crowd Photos Were Edited After He Intervened', *Guardian*, 6 September 2018, https://www.theguardian.com/world/2018/sep/06/donald-trump-inauguration-crowd-size-photos-edited (Accessed: 14 January 2020)

Sweney, Mark, 'Amazon Halved Corporation Tax Bill Despite UK Profits Tripling', *Guardian*, 3 August 2018, https://www.theguardian.com/technology/2018/aug/02/amazon-halved-uk-corporation-tax- bill-to-45m-last-year (Accessed: 11 September 2019)

Talbot, Stephen, 'Saddam's Road to Hell: Interview with the Filmmaker', *pbs.org*, 24 January 2006, https://www.pbs.org/frontlineworld/stories/iraq501/audio_index.html (Accessed: 24 November 2019)

Thielman, Sam, 'You Are Not What You Read: Librarians Purge User Data to Protect Privacy', *Guardian*, 13 January 2016, https://www.theguardian.com/us-news/2016/jan/13/us-library-records-purged-data-privacy (Accessed: 21 December 2019)

Thomson, Rodney, 'Identifiable Books from the Pre-Conquest Library of Malmesbury Abbey', *Anglo- Saxon England*, 10 (1981), pp. 1–19

'Time to Press Ahead with Archive Law', *South China Morning Post*, 30 April 2019, https://www.scmp.com/comment/insight-opinion/article/3008341/time-press-ahead-archive-law (Accessed: 12 July 2019)

'To Repair a War Crime: Louvain's Future Library', *Illustrated London News*, 30 July 1921, pp. 145–6

Toynbee, Arnold J., *The German Terror in Belgium* (London: Hodder & Stoughton, 1917)

Travers, Tony, 'Local Government: Margaret Thatcher's 11 Year War', *Guardian*, 9 April 2013, https://www.theguardian.com/local-government-network/2013/apr/09/local-government-margaret-thatcher-war-politics (Accessed: 18 January 2020)

Trecentale Bodleianum: A Memorial Volume for the Three Hundredth Anniversary of the Public Funeral of Sir Thomas Bodley March 29 1613 (Oxford: Clarendon Press, 1913)

*Trial of the Major War Criminals Before the International Military Tribunal, Nuremberg, 14 November 1945–1 October 194*6, 42 vols (Nuremberg: International Military Tribunal, 1947–9)

Tripp, Charles, *A History of Iraq*, 3rd edn (Cambridge: Cambridge University Press, 2007)

Truth and Reconciliation Commission of South Africa, *Final Report* (1998), http://www.justice.gov.za/trc/report/finalreport/Volume%201.pdf (Accessed: 21 September, 2019)

Tucci, Pier Luigi, 'Galen's Storeroom, Rome's Libraries, and the Fire of a.d. 192', *Journal of Roman Archaeology*, 21 (2008), pp. 133–49

Tucker, Judith E., and Brand, Laurie A., 'Acquisition and Unethical Use of Documents Removed from Iraq by *New York Times* Journalist

Rukmini Callimachi', Communication from Academic Freedom Committee of the Middle Eastern Studies Association of North America, 2 May 2018, https://mesana.org/advocacy/committee-on-academic-freedom/2018/05/02/acquisition-and-unethical-use-of-documents-removed-from-iraq-by-rukmini-callimachi (Accessed: 17 March 2019)

Tyacke, Sarah, 'Archives in a Wider World: The Culture and Politics of Archives', in Wallace Kirsop (ed.), *The Commonwealth of Books: Essays and Studies in Honour of Ian Willison* (Monash: Centre for the Book, 2007), pp. 209–26

Vaisey, David, *Bodleian Library Treasures* (Oxford: Bodleian Library, 2015)

Vincent, James, 'Transgender YouTubers had Their Videos Grabbed to Train Facial Recognition Software', *Verge*, 22 August 2017, https://www.theverge.com/2017/8/22/16180080/transgender-youtubers-ai-facial-recognition-dataset (Accessed: 28 February 2020)

Vincent, Nicholas, *The Magna Carta* (New York, Sotheby's: 18 December 2007)

Vogel, Steve, '"Mr Madison Will Have to Put on His Armor": Cockburn and the Capture of Washington', in *America Under Fire: Mr Madison's War & the Burning of Washington City* (Washington, DC: David M. Rubinstein National Center for White House History, 2014), pp. 137–46

von Merveldt, Nikola, 'Books Cannot Be Killed By Fire: The German Freedom Library and the American Library of Nazi-Banned Books as Agents of Cultural Memory', *Library Trends*, 55 (2007), pp. 523–35

Walasek, Helen, 'Cultural Heritage, the Search for Justice, and Human Rights', in Helen Walasek (ed.), *Bosnia and the Destruction of Cultural Heritage* (Farnham: Ashgate, 2015), pp. 307–22

——, 'Domains of Restoration: Actors and Agendas in Post- Conflict Bosnia- Herzegovina', in Helen Walasek (ed), *Bosnia and the Destruction of Cultural Heritage* (Farnham: Ashgate, 2015), pp. 205–58

Watson, Andrew G., 'Thomas Allen of Oxford and His Manuscripts', in M. B. Parkes and Andrew G. Watson (eds), *Medieval Scribes, Manuscripts & Libraries: Essays Presented to N. R. Ker* (London: Scolar Press, 1978), pp. 279–313

——, *A Descriptive Catalogue of the Medieval Manuscripts of All Souls College Oxford* (Oxford: Oxford University Press, 1997)

Webster, Charles, *The Great Instauration: Science, Medicine, and Reform 1626–1660*, 2nd edn (Oxford: Peter Lang, 2002)

Weiss, Rachel, 'Learning From Loss: Digitally-Reconstructing the Trésor des Chartes at the Sainte-Chapelle', MA Dissertation, University of California, Los Angeles, 2016 (Ann Arbor, MI: Proquest Dissertations Publishing, 2016)

Wheen, Francis, 'The Burning of Paradise', *New Statesman*, 102, 17 July 1981, p. 13

'The White House. Memorandum for All Personnel, Through Donald F. McGahan II ... Subject: Presidential Records Act Obligations', 22 February 2017, https://www.archives.gov/files/foia/Memo%20to%20WH%20Staff%20Re%20Presidential%20Records%20Act%20 (Trump,%2002-22-17)_redacted%20(1).pdf (Accessed: 15 February 2020)

Winters, Jane, and Prescott, Andrew, 'Negotiating the Born-Digital: A Problem of Search', *Archives and Manuscripts*, 47 (2019), pp. 391–403

Wood, Anthony, *The Life of Anthony à Wood from 1632 to 1672, written by himself* (Oxford: Clarendon Press, 1772)

——, *The History and Antiquities of the University of Oxford*, (ed.) John Gutch, 2 vols (Oxford: Printed for the Editor, 1792–96)

——, *The Life and Times of Anthony Wood, Antiquary, of Oxford, 1632–1695 Described by Himself*, (ed.) Andrew Clark, 5 vols (Oxford: Oxford Historical Society, 1891–1900)

——, *The Life and Times of Anthony Wood in His Own Words*, (ed.) Nicolas K. Kiessling (Oxford: Bodleian Library, 2009)

Woodward, Colin, 'Huge Number of Maine Public Records Have Likely Been Destroyed', *Pressandherald.com*, 30 December 2018, https://www.pressherald.com/2018/12/30/huge-number-of-maine-public-records-have-likely-been-destroyed/ (Accessed: 17 September 2019)

Wright, C. E., 'The Dispersal of the Libraries in the Sixteenth Century', in Francis Wormald and C. E. Wright (eds), *The English Library Before 1700* (London: Athlone Press, 1958), pp. 148–75

Wright, Oliver, 'Lobbying Company Tried to Wipe Out "Wife Beater" Beer References', *Independent*, 4 January 2012, https://www.independent.co.uk/news/uk/politics/lobbying-company-tried-to-wipe-out-wife-beater-beer-references-6284622.html (Accessed 29 August 2019)

Wright, Robert, Cocco, Federica, and Ford, Jonathan, 'Windrush Migrants' Cases Backed by Records in National Archives', *Financial Times Weekend*, 21–2 April 2018, p. 1

Xenophon, *Anabasis*, (eds) Carleton L. Brownson and John Dillery (Cambridge, MA: Harvard University Press, 2001)

Zgonjanin, Sanja, 'The Prosecution of War Crimes for the Destruction of Libraries and Archives During Times of Armed Conflict', *Libraries & Culture* (2005), pp. 128–87

Zittrain, Jonathan, Albert, Kendra, and Lessig, Lawrence, 'Perma: Scoping and Addressing the Problem of Link and Reference Rot in Legal Citations', *Legal Information Management*, 88 (2014), pp. 88–99

Zuboff, Shoshana, *The Age of Surveillance Capitalism: The Fight for the Future at the New Frontier of Power* (London: Profile, 2019)

出版后记

　　人类对知识的保存及其选择，关乎集体记忆和社会的良性运转。然而知识的保存从来都不是容易之事，其过程之曲折往往引人叹息，损失之巨大又令人心碎。2000 多年前亚述皇家图书馆的泥板历经战火和劫掠，享誉世界的亚历山大图书馆由于管理不善而衰落，亨利八世时代的宗教改革运动令英格兰的众多修道院罹难，纳粹对鲁汶大学图书馆以及犹太文化发动攻击，萨拉热窝的波黑国家与大学图书馆遭受了无谓的轰炸，作家们的遗留手稿面临着亲密之人的销毁……与已经失去的相比，我们保存下来的少之又少！

　　本书作者理查德·奥文登自 2014 年以来担任英国第二大图书馆博德利图书馆的馆长，他在《焚书：知识的受难史》中对知识保存的危机逐一进行了生动的描述和重现，不仅具有权威性，更传达了作为一名知识保存者的洞见和担忧。对于普通读者而言，这本"书之书"所具有的价值不仅在于讲述具体的历史事件，更在于唤起我们对知识存储和保护的清醒意识，特别是意识到在"互联网没有记忆"的时代个人与社会面临的危机。

　　因编校水平有限，书中难免有各种疏漏，望广大读者指正。

服务热线：133-6631-2326　188-1142-1266

读者信箱：reader@hinabook.com

后浪出版公司

2023 年 5 月

© 民主与建设出版社，2023

图书在版编目（CIP）数据

焚书：知识的受难史 / (英) 理查德·奥文登
(Richard Ovenden) 著；刘佳玥译. -- 北京：民主与
建设出版社，2023.7（2023.10重印）
书名原文：Burning the Books: A History of
Knowledge Under Attack
ISBN 978-7-5139-4164-8

Ⅰ.①焚… Ⅱ.①理… ②刘… Ⅲ.①图书馆史—世
界 Ⅳ.①G259.19

中国国家版本馆CIP数据核字(2023)第069658号

焚书：知识的受难史

FENSHU: ZHISHI DE SHOUNAN SHI

著　者	［英］理查德·奥文登		
译　者	刘佳玥		
出版统筹	吴兴元	**责任编辑**	王　颂
特约编辑	万灵子　汪　萍	**营销推广**	ONEBOOK
封面设计	许晋维	hsujinwei.design@gmail.com	
出版发行	民主与建设出版社有限责任公司		
电　话	（010）59417747　59419778		
社　址	北京市海淀区西三环中路 10 号望海楼 E 座 7 层		
邮　编	100142		
印　刷	天津联城印刷有限公司		
版　次	2023 年 7 月第 1 版		
印　次	2023 年 10 月第 2 次印刷		
开　本	880 毫米 × 1194 毫米　1/32		
印　张	10.25		
字　数	231 千字		
书　号	ISBN 978-7-5139-4164-8		
定　价	68.00 元		

注：如有印、装质量问题，请与出版社联系。